新编21世纪职业教育精品教材 · 民航服务类

民航旅客运输

（第二版）

主　编◎赵　影　陈　颖

中国人民大学出版社
· 北京 ·

前　言

我国航空客运业自改革开放以来取得了显著发展。如今，我国已成为全球第二大航空市场。随着行业的迅猛发展及国际航线网络的不断扩张，民航企业之间的竞争也越来越激烈，主要体现在航空产品、航线网络、服务质量等多个方面。航空公司服务主要包括空、地两个方面，一直以来，空中服务受到诸多关注，而地面客运勤务工作未能得到足够的重视。旅客运输的地面勤务工作不仅是空中服务的支撑与保障，更是航空客运产品的重要组成部分。旅客运输的地面勤务工作涉及流程长、岗位多、人员多，且需要多个部门协同作业，管理难度大；确保安全是民航客运工作的首要目标，日益严峻的空防形势和不断变更的行业规则，对民航客运从业人员提出了专业基础知识扎实、专业技能熟练、岗位适应性强、能吃苦耐劳、与人沟通协作能力强的高标准要求。

为适应行业发展需要，本书编写人员总结了多年民航旅客运输课程的教学经验，在充分调研市场的基础上编写了此书。在编写过程中，我们力求把握行业发展脉络，坚持理论与实践相结合，本着“理论够用、突出实践”的原则，对民航旅客运输过程中从客票销售、票款核算到旅客进出港服务的全流程进行了归纳总结，同时兼顾国内运输与国际运输两方面。本书既可作为高等院校民航运输服务、空中乘务专业教学用书，也可供民航客运服务人员在岗培训、自学提升之用。

本书的编写分工为：模块一、模块二、模块八由陈颖编写，模块三至模块七由赵影编写。第二版修订工作由赵影和陈颖共同完成。

在编写过程中，我们借鉴了多位专家的学术成果，参考和引用了他们的部分资料，得到多位航企专家的技术指导和支持，在此特作说明并谨致谢忱。由于编者水平有限，书中难免会出现不妥和疏漏之处，恳请广大专家和读者不吝赐教。

编者

2025 年 4 月

目 录

模块一
民航旅客运输服务概述

学习目标

了解我国民航客运业发展的基本情况及民航客运产品，熟悉民航旅客运输产品的销售渠道及民航销售系统。

航空运输是指在具有航空线路和飞机场的条件下，使用航空器完成空中地理位置的移动，把旅客、货物、行李、邮件等从一地送往另一地的交通作业。按照航线种类的不同，航空运输分为国内运输和国际运输两大类，即在国内和国际航线上从事的航空运输活动。航空运输由于速度快、远距离运输能力强及高效益，在总产值上的排名不断提升，在经济全球化的浪潮中，对国际交往发挥着越来越大的不可替代的作用。

近年来，我国民航运输业飞速发展，2024 年全行业全年共完成运输总周转量 1 485.2 亿吨千米，同比增长 25%；旅客运输量 7.3 亿人次，同比增长 17.9%；较 2019 年分别增长 14.8%、10.6%。2024 年，全国民航共执行客运航班约 550 万班，同比增长 10.5%。国内客运航班运行量超 475 万班，同比增长 4.2%；国际及地区客运航班恢复势头强劲，运行量超 72 万班，同比增长 83.3%。新增“一带一路”共建国家航点 19 个，我国至中亚、西亚、欧洲方向旅客运输量超过 2019 年水平，分别增长 152.4%、49.5%、25.7%。

一、我国民航客运业的地位

首先，民航是国民经济现代化的基础构架。交通运输是国民经济的基础，民航运输作为能实现高速长途运输的交通运输方式，不仅是国民经济的基础，而且是实现国民经济现代化的基础，又是现代化的标志和综合国力的直接体现。因此，随着国民经济的发展及现代化水平的提高，必须不断加强民航运输建设，以适应和促进国民经济发展“三步走”战略目标的实现。

其次，民航运输是以高新技术装备起来的现代化运输方式，具有快捷性、舒适性、机动性、安全性和国际性等特点。随着在旅客运输中的比重不断提高，民航运输在综合运输体系中的地位已经由改革开放前的从属地位和运输辅助力量，成长为旅客运输的主力之一，特别是在长途客运和国际运输方面，已成为最主要的运输方式，也是某些其他运输工具不能通达地区和具有某些特殊需要时的主要运输方式。

最后，中国经济是世界经济体系的重要组成部分，经济的发展必须有民航运输作为支撑。发展民航运输对把外国企业“请进来”和让中国企业“走出去”具有重要的促进和支撑作用。

二、影响民航客运业发展的主要因素

民航客运业的发展与民航企业自身的经营管理水平有着密切关系，但受其他因素的影响也非常大。只有了解这些影响因素，在民航客运的发展过程中利用或避免这些因素，才能促进我国民航客运业更好更快地发展。

（一）国民经济的发展速度是影响民航客运市场的首要因素

从统计规律看，经济发展速度和航空运输业的发展速度是直接相关联的，一般来说，航空运输业发展速度是经济发展速度的1.5～2倍。从我国来看，1978年以前的10年，我国经济在原有的水平上徘徊不前，航空运输业也基本是在低水平上缓慢发展；1978年后的15年中，国民经济年均增长15.3%，航空运输业年均增长22.5%。从世界范围看，20世纪50—60年代航空运输业得到持续稳定的发展，年均增长率在10%以上；到了20世纪70年代，由于石油危机的爆发，航空运输业的年增长率降到5%左右。国民经济的发展促进了各行业的发展，使公务性的客运市场有了很大增长；同时，人均国民收入的增长，也带动了居民出行人数的大幅增加。

（二）旅游业发展的影响

民航客运业是旅游业的上游产业，对国外游客来说，航空运输是他们的首选旅行方式；在国内旅游市场上，航空运输也占有很大的比例。因此，旅游市场是民航客运市场的重要组成部分，特别是我国这样旅游资源丰富的国家，更要把旅游市场作为民航客运市场的重要组成部分进行深入研究与挖掘。

（三）其他运输行业相互竞争的影响

民航运输与其他运输方式相互配合，组成了完整的国民运输体系，这些不同的运输方式各具优势，相互配合又相互竞争。近年来，随着铁路行业特别是高铁的快速发展，再加上国家政策的扶持、高铁票价相对较低及手续便捷的优势，对于时间相对充裕的长距离行程，飞机不再是人们的首选。尤其是在中短途距离的运输上，高铁表现出了极强的竞争优势。面对来自铁路运输的竞争压力，民航客运业不仅要在价格上有所优惠，在服务上也要有所创新和改变，这样才能在竞争中取得更大的优势，立于不败之地。

（四）国家政策的影响

在计划经济年代，国家政策对空运市场具有决定性的影响，如票价的规定、对特区政策的倾斜、税收的减免等。随着市场机制的健全，国家的政策主要集中于宏观调控，对空运市场的影响相对减少，但在行业发展、地区平衡、航线布局、合理竞争等方面，国家政策仍然对民航客运市场有着重要影响。

三、民航旅客运输产品

民航旅客运输产品的基本要素主要包括航线、航班时刻、机型、班期、班次、舱位、票价、地面与机上服务等。民航旅客需求受公司品牌、安全记录、机型、服务、常旅客计划、航班时刻、航班正点率、折扣票、旅行社安排等多种因素影响，其中旅客首先注重的是航空公司品牌、安全记录和航班时刻，前两者是航空公司长期努力在市场中建立的企业信誉与形象，而航班时刻则是航空公司在航线市场中的竞争能力。

航班时刻是短途旅客（通常是指 1 000 千米航程以内的旅客）选择航空公司的重要影响因素之一，大多数短途旅客偏爱 09:00—20:00 的航班。票价因素对购票选择的影响在逐年提升，已成为旅客特别是休闲旅客选择航空公司的重要关注点之一，这也是低成本航空公司赖以生存的市场空间。同时，企业、政府机关和科研院所出于降低出差费用的考虑，对机票价格也比以往任何时候都更为敏感。

航线是航空公司产品的重要内涵之一，反映了航空公司的市场规模和综合能力，联程旅客更希望是同一个公司的航班一票到底，因此直达航程更受旅客欢迎。同时，代码共享和航空公司联盟的出现使得联程旅客有了更多的选择，尤其对常旅客更有吸引力，可以获得更多的积分和里程奖励。

对于远程旅客而言，他们更为偏爱直达航班，可以减少中转的诸多麻烦，尽管现在大多数机场能够直接处理中转行李。长途旅客特别关注航班起飞时刻和到达时刻，这是出于对到达站城市的地面交通和夜间安全的考虑。长途旅客也比较关注机型，宽敞的座位可以减少旅途疲劳。特别是头等舱和公务舱旅客，更希望有舒适并能够进行事务处理的私人空间，这也是空客 A380 和波音 747 等大型客机所定位的市场。总体来说，航线、机型、航班时刻、票价最能体现航空公司的产品竞争性。

延伸服务是现代航空公司与机场差异化产品设计的重要内涵，也是它们的产品竞争力所在。民航旅客运输市场产品的延伸服务内容，主要体现在旅客购票与支付便利性、进出机场便利性、机场候机环境和候机服务、登机便利性、航班信息、常旅客计划、航班延误处理、免费行李限制、行李完好率、机场和机上购物、个性化服务等方面。近年来，一些航空公司推出网上购票、网上支付与选座、市内和异地值机交运行李与免费送达机场服务，延误航班旅客手机信息通知服务，常旅客免费市区接送机场服务，航班延误保险服务，机上代订旅馆、旅行社和租车服务等，通过提供更多方便旅客的延伸服务，体现产品的差异性和竞争性。

四、民航旅客运输产品分销

民航旅客运输产品的销售有两种方式：直接销售方式和间接销售方式。

（一）直接销售方式

航空公司通常在本地和外地设立若干营业部，负责本地区的市场直接销售。直接销售方式的优越性主要是能够直接对市场采取灵活的销售政策，资金回笼快。但是由于直销需要专门的销售机构、销售场所和销售人员，所以在市场规模不大时，销售成本相对较高。因此，大多数航空公司在规模较小的城市采取委托代理的销售方式。随着互联网的普及和电子商务技术的发展，航空公司可以利用自己的网站进行网上销售，网上电子银行直接支付方式极大地方便了客户，手机订票和订座也越来越受到市场的欢迎。

直接销售方式的优越性还体现在航空公司能够直接向消费者销售，可以降低航空公司的销售成本；可以与旅客直接沟通，推介本公司的各类产品，倾听消费者对产品的要求和建议，以便改善服务。通过直接销售，航空公司可以直接掌握市场动态，能够为企业的决策提供第一手信息。

（二）间接销售方式

随着航空公司经营规模的扩大，直接销售方式已经不能满足自身市场发展需要，必须借助第三方的销售力量进行市场开拓和产品销售。旅行社或销售代理人是航空公司的主要销售渠道之一。1978 年美国政府“航空公司放松管制”政策出台之后，以及 20 世纪 90 年代初我国民航运输市场大发展时期，旅行社或销售代理人曾经一度成为民航运输市场竞争中航空公司竞相争夺的销售力量。

1987 年我国民航运输业进行政企分开体制改革以后，航空公司开始以市场化的企业模式经营，促进了我国民航运输市场的快速发展。随着民航运输市场规模的不断扩大，航空公司产品的销售由早期分布在中大城市的民航主管部门专属销售机构“民航售票处”代销模式，开始向社会化的民航销售代理人模式转变。1987 年我国开始试行民航运输销售代理制，1987 年 1 月 21 日，我国第一个航空运输销售代理人——中国航空服务有限公司在北京成立，这标志着我国民航销售代理机制正式开始市场化。1993 年 7 月，经国务院批准，民航局正式颁发《民用航空运输销售代理业管理规定》，加强对民航销售代理人市场准入和市场行为的规范与管理，保障民航运输市场秩序及民航运输企业与公众的利益，促进民航运输市场健康发展。

民航销售代理人是从事民航客货运输销售业务的营利性机构。它们接受航空客货运输企业的委托，根据与航空公司签订的委托销售代理合同进行授权范围内的航空运输服务销售，并按销售收入获取一定比例的佣金。尽管电子商务在民航运输市场销售中的应用越来越广泛，但是销售代理人目前在我国民航运输销售市场上仍占有较为重要的地位。

在“互联网+”时代，航空公司的销售模式在发生变化。“提直降代”成为国内航空公司顺应时代的发展目标，同时这也是2015年国资委交给各主要航空公司的一项重要任务。而此前长期以来，机票销售有航空公司直销和代理分销两种形式。代理制度的积极意义，在于其本身丰富的客户资源和强大的分销能力，同时为航空公司节省了场地、人工等管理费用。在过去，航空公司除支付给代理固定的国内、国际出票代理费外，还给予各种前返、后返销售奖励，以调动代理销售自家机票的积极性。多年来，航空公司对代理的依赖性一直很高，这也曾推动了机票B2B市场的繁荣。但近年来，“提直降代”成了航空公司销售模式转型发展的目标，造成一部分代理企业受冲击甚至倒闭，因为利润空间不断缩水，众多中小型机票代理商生存困难，而规模较大的机票代理公司开始转型。

为进一步适应航空运输销售代理市场的发展，根据国家“放管服”改革要求，结合销售代理行业发展实际，中国航空运输协会决定实施航空运输销售代理管理服务改革。2019年2月27日，中国航空运输协会发布公告：自2019年3月1日起全面停止销售代理资质认可，原中国航协“航空运输销售代理资质认可证书”不再有效。

作为销售代理管理服务改革的重要配套内容，《航空运输客运销售代理人业务规范》和《航空运输货运销售代理人业务规范》于2019年3月22日、4月1日先后经团体标准评审会和航协理事长办公会审议通过，并自发布之日起正式实施。

五、民航销售系统

民航发展初期采用手工售票，随着销售规模的逐渐扩大，开始使用现在的民航销售系统。该系统是一个以旅客订座为核心的全球性大型计算机网络系统，每天处理大量的旅客订票、出票等销售交易。随着代码共享、航空公司联盟、电子商务等新业务、新计划的发展，这个系统的功能越来越复杂。

民航销售系统主要包括计算机旅客订座系统（CRS）、销售结算与清算系统（BSP）、收入管理系统（RMS）和客户关系管理系统（CRM）。

（一）计算机旅客订座系统（CRS）

CRS主要用于旅客订票和出票处理，系统中存储着代理服务的航空公司航班信息和每一航班座位信息，包括座位等级、价格、订座状况、出票状况、旅客信息和售票人信息等。系统根据旅客要求的出行日期和时间、始发地和目的地、航班班次和舱位要求，以及指定的机型和航空公司等要求，在相应的航空公司提供的航班中进行座位预留，即订座。在旅客支付票款之后，系统进行出票处理。

1964 年，美国航空公司研制成功了世界上第一套计算机座位控制系统（ICS）并投入使用，代替了烦琐的手工订座。后来 IBM 公司与泛美航空公司、达美航空公司等联合研制了更为先进的订座系统（Sabre），这也是目前世界上应用最广的四大民航旅客分销系统之一。如今的民航旅客全球分销系统（GDS），则在民航旅客订座功能的基础上，增加了航班控制、旅游产品销售等多种功能，通过电话线或者互联网可以连接到世界上的任何一个角落。因此，CRS 和 GDS 不仅是民航旅客运输市场的销售工具，而且是开拓市场的战略武器。目前世界上的民航 GDS 主要有北美洲的 Sabre 和 Worldspan、欧洲的 Amadeus 和 Cendant-Galileo、我国的 Travelsky（中航信）、东南亚的 Abacus、韩国的 Topas、日本的 Axess 和 Infini、南太平洋区域的 Fantasia 及 SITA 的 Sahara 等。

随着市场竞争和 IT 技术的快速发展，民航销售系统已经不仅仅用于订座和订舱，还广泛运用新技术、新理念、新系统辅助市场销售，以提高市场销售效率和效益。

（二）销售结算与清算系统（BSP）

BSP 是国际上普遍使用的一种航空旅客运输销售结算工具，该系统于 1971 年开始在日本投入使用，目前已在全球广泛应用。它基于计算机网络通信和自动清算系统，使用国际上统一格式的票据凭证（中性凭证）供代理人开展销售业务，制作销售报告，并通过指定的银行间票款结算、转账与付款，避免了航空公司和代理人之间多种票证、多头结算、多次付款的复杂程序。采用 BSP，可规范民航运输市场销售行为，方便民航运输企业之间的业务结算，提高结算效率和清算质量。目前我国所有客货运输销售都通过 BSP 系统进行清算。

（三）收入管理系统（RMS）

RMS 是一种基于计算机旅客订座系统提供订座和出票信息的计算机软件系统，主要用于根据订座系统销售的实际情况对市场趋势进行动态预测，并根据市场变化趋势与销售过程中的价格和座位存量等进行策略性的销售控制，包括超售，使航班销售收入最大化。收入管理系统不仅可以对航班销售收入进行管理，而且可以对航班成本进行管理，以提高航班利润，因此也被称为收益管理系统。收入管理系统的主要特点是，以市场销售和航班离港数据为依据，根据市场销售动态和预测趋势进行实时定价，确定动态销售策略，重点关注高端市场，力求使现有航班资源销售收入最大化。

世界上第一套收入管理系统是在 1985 年由美国航空公司研发成功并投入使用的。我国几大骨干航空公司先后引进美国 PROS 公司的收入管理系统，并进行本地化开发升级。目前收入管理系统已被广泛运用，成为航空公司增加市场销售收入的重要工具。

（四）客户关系管理系统（CRM）

CRM 是一种基于计算机旅客订座系统销售信息的计算机软件系统。其主要功能是运用信息技术，通过 CRS 或 GDS 收集旅客或客户的出行、偏好等相关信息，分析旅客或客户对航空公司的累积贡献和潜在价值，挖掘高价值客户，并以客户满意为目标，通过一系列措施，如生日短信问候、特殊气象信息短信、电话询问、里程奖励、会员俱乐部等方式，提升客户忠诚度，达到巩固现有市场和拓展高价值客户市场的目的。CRM 中目前运用最为广泛的是常旅客计划，通过里程奖励和候机优待等措施吸引旅客，稳定部分客户市场。CRM 还有一个重要作用：销售部门能够集中管理高价值客户信息，避免了传统销售过程中客户信息随销售人员的流动而流失的弊端。

六、中国民航订座系统

中国民航订座系统包括 CRS 和 ICS 两部分。CRS（Computer Reservation System）是为代理人提供的计算机分销服务系统；ICS（Inventory Control System）指编目航班控制系统，也称为航空公司系统，是为航空公司提供航班控制服务的系统。

（一）CRS 与 ICS

1. CRS 与 ICS 之间的连接模式

CRS 与 ICS 之间的连接模式如图 1 - 1 所示。

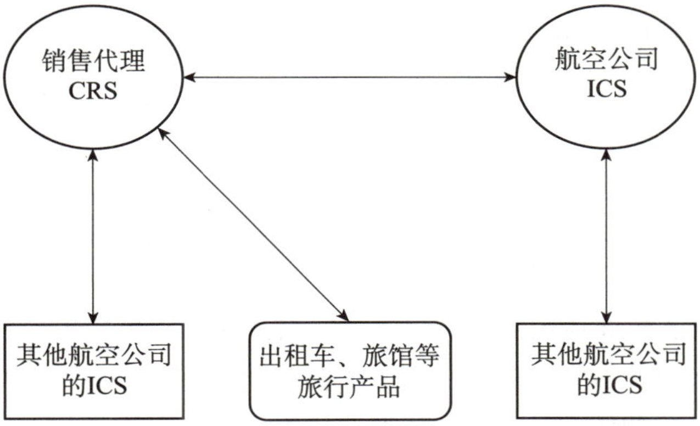

图 1 - 1　CRS 与 ICS 之间的连接模式

图 1 - 1 中，ICS 为航空公司专用，CRS 则面向销售代理。在民航的订座系统中，ICS 的服务对象为航空公司的航班与座位控制人员、航空公司市场与营运部门的管理人员及航空公司售票处。CRS 的服务对象则为从事订座业务的销售代理人员。

CRS 如何销售航空公司的座位是由 CRS 与 ICS 的技术连接方式及商务协议决定的。ICS 加入 CRS 的协议等级主要有如下几种方式（按由低到高的顺序）：

（1）无协议级：CRS 无法知道 ICS 中的航班状况，只能通过拍发电报用 NN 向 ICS 申请座位。

（2）AVS 级：CRS 根据 ICS 的 AVS 报（航空可利用状态报）修改系统中航班可利用状态信息，故 CRS 系统中航班座位状态显示（查询指令 AV）的是 CRS 中的状态，而不是到 ICS 中直接提取，这样显示的信息不与 ICS 中一致，即该显示信息不是实时的、准确的，所以在 CRS 中的订座有可能被拒绝。

(3) 直接存取级（Direct Access，DA）：CRS 通过 ICS 发来的电报或直接从 ICS 中存取信息得到准确的 ICS 座位可利用状态，所订座位由 ICS 予以保证。

(4) 直接销售级（Direct Sell，DS）：CRS 通过 ICS 发来的电报或直接从 ICS 中存取信息得到准确的座位可利用信息，据此订座，每订一个新航段，CRS 都会将信息传给 ICS，ICS 根据当时航班的实际情况决定是否证实，一旦证实，ICS 系统会将此座位保留，等待 CRS 完成全部 PNR（旅客订座记录）。

中国 CRS 与中国 ICS 的技术连接方式是无缝存取级（Seamless），这是直接销售级中的最高级别，也是世界上最先进的连接方式之一。航空公司的座位管理人员借助 ICS 与 CRS 的实时连接，可完成如下任务：

(1) 各类旅客订座记录（PNR）的提取，座位确认、取消，修改 PNR 中的航段。

(2) 随时向 CRS 拍发航班状态更改电报。

(3) 可针对 CRS 中的具体订座部门进行座位销售的分配与限制。

由于 CRS 可以与国外航空公司的 ICS 连接，而 ICS 也可同国际上的各大 CRS 连接，这样就可以将我国的航空市场推向全世界。

2. CRS 与 ICS 之间的关系

CRS 与 ICS 之间存在不同等级的连接方式，CRS 内部也存在不同的连接等级，采用不同等级传递数据有着不同的影响。

(1) 直联的航空公司：连接等级高，AV、SD 数据都会比较准确（注：AV、SD 是两个订座指令）。

(2) 通过其他系统连接的航空公司：与该系统间的连接等级高的航空公司，AV、SD 数据比较准确；与该系统间的连接等级低的航空公司，AV、SD 数据准确性较差。

(3) 无连接关系的航空公司：无法取得数据，只能申请座位，硬件、软件及其数据库相互独立，但紧密连接。与国外航空公司系统连接，可以直接销售其航班，显示的内容也更加准确；与国外代理人系统连接，可以显示对方系统的航班信息，与众多航空公司建立起联系。但无论如何连接，它们之间都保持着数据传递实时进行、保证数据传输准确性和匹配性、共享网络系统的关系。

（二）CRS 的主要功能

(1) 显示功能。显示航班班期时刻、指定航班座位可利用情况、票价信息等。

(2) 旅客订座功能。对控制或非控制航班预订单程、联程、回程座位，申请候补，取消座位，以旅客订座记录为单元进行存储和处理。

(3) 航班控制功能。这是指航班控制人员对航班实施管理的功能，包括建立及修改航班数据，调整航班座位开放情况，划分营业员职能范围，设置航班配额，保证航班正常、合理地运营。

（4）信息自动处理功能。自动接收系统外来电报，自动拍发系统外发电报。

（5）管理报告功能。为航空公司决策者和管理部门提供各种类型的航班运营统计资料，包括各航班旅客订座数量和流向、营业员工作状况及外航对本航空公司的订座等情况。

（6）预付票款功能。通过预付票款通知（PTA）、电报往来，为旅客提供当地付款、异地取票服务，以方便旅客。

（7）自动出票功能。使用客票打印机，替代手工抄写客票，为旅客快速、准确、清晰地自动打印客票。

（8）票价计算功能。在国际航线上，两点或多点之间可能有多种票价计算公式。票价计算功能能够自动计算，提供最为合理的价格，为旅客节省费用。

（三）CRS 网络的主要特征

CRS 作为代理人分销系统，其目的一是为航空代理商提供全球民航航班的分销功能；二是为代理商提供非航空旅游产品的分销功能；三是为代理商提供准确的销售数据与相关辅助决策的分析结果。基于以上目的，从 CRS 的组成来看，它是一个覆盖广大地域范围的计算机网络。该网络主要有以下特征：

（1）实时性。网络上的终端从提交命令到返回结果，这段响应时间一般不超过 3 秒钟。

（2）不间断性。由于 CRS 覆盖的地域十分广泛，一天 24 小时内任何时间网络上都有终端在工作，因此，系统运行在任何时候都不能中断。

（3）高可靠性。系统中的数据在任何意外情况下都不能被破坏，为此，系统采取了多套主机、随时备份等措施。

一方面，通过 CRS，分布于世界各地的销售代理都可以使用网络上的终端来出售机票及旅行产品；另一方面，航空公司通过将自己的营运数据输入 CRS，可使自己的航班座位销售区域最大化，同时通过有效的座位控制，可提高航班座位利用率和商业利润。

思考练习

一、单项选择题

1.（　　）时间段是大多数短途旅客偏爱的航班。

A. 06:00—16:00　　B. 07:00—17:00

C. 08:00—19:00　　D. 09:00—20:00

2. 我国第一个航空运输销售代理人——中国航空服务有限公司（　　）在北京成立，这标志着我国民航销售代理机制正式开始市场化。

A. 1987 年 1 月 21 日　　B. 1988 年 1 月 21 日

C. 1989 年 1 月 21 日　　D. 1990 年 1 月 21 日

3. 世界上第一套收入管理系统是在（　　）年由（　　）航空公司研发成功并投入使用的。

A. 1984 年　中国　　B. 1985 年　美国

C. 1986 年　日本　　D. 1987 年　英国

4. 从 CRS 的组成来看，它是一个覆盖广大地域范围的计算机网络，该网络的主要特征是（　　）。

A. 实时性　　B. 不间断性　　C. 高可靠性　　D. 以上都是

5. 中国民航客票销售系统中 CRS 与 ICS 的技术连接方式是（　　）。

A. 直接存储级　　B. 直接销售级　　C. 无协议级　　D. 无缝存取级

二、判断题

1. 旅游业的发展是影响民航客运市场的首要因素。（　　）

2. 远程旅客一般偏爱直达航班，因为可以减少中转的诸多麻烦。（　　）

3. 延伸服务是现代航空公司与机场差异化产品设计的重要内涵。（　　）

4. 民航客票销售代理企业当前仍需获得中航协颁发的“航空客运销售代理资质认可证书”方可从事民航客票销售业务。（　　）

5. BSP 是一种航空旅客运输销售的客户关系管理系统。（　　）

三、思考题

1. 航空公司的客户关系管理系统具有哪些功能？

2. 对于直接销售与间接销售两种客票销售方式，在当前电子商务快速发展的背景下，航空公司该如何平衡两种销售方式所占的比例？

3. CRS 网络的主要特征是什么？

模块二 民航旅客运价

学习目标

了解民航旅客运价的制定依据及民航旅客运价的种类，能够针对不同类别旅客明确其所适用的运价及相关税费，了解电子客票行程单、国内客票及行李票。

单元一　我国民航旅客运价发展及制定

民航旅客运价也称客票价，是指由出发地机场到目的地机场的航空运输价格，不包括始发地或目的地机场与市区之间的地面运输费用，也不包括民航发展基金以及旅客购买其他付费服务、使用其他付费设施所需要的费用。民航旅客运价包括国际航空旅客运价和国内航空旅客运价。

一、我国民航旅客运价的发展

自 1950 年 8 月 1 日开航以来，我国民航客运价格机制经历了从政府严格管制到逐渐放松管制的反复探索过程。

（一）国内航线旅客运价的发展

民航国内运价从较为单一的票价体系转变为一种票价、多种折扣的多等级票价体系，进一步适应了国内航空运输市场的发展变化，满足了旅客不同的消费需求，使旅客能有更多的选择。同时，能够促使航空公司提高运价管理水平，在提高收益的基础上提高市场占有率，体现了现代企业收益管理的思想。

（二）国际航线旅客运价的发展

根据民航局 1995 年发布的《国际航空运价管理规定》，国际航班的运价按以下规定执行：

（1）中国民用航空局（以下简称“中国民航局”）负责制定国际航空运价管理的有关政策、法规及制度。

（2）凡由中国始发和（或）至中国的国际航空运价，一般由中、外方航空公司根据政府间航空运输协定协商确定，并向中国民航局申报，经批准后方可生效。

（3）经国际航空运输协会运价协调大会讨论通过的有关中国的国际航空运价决议，必须经中国民航局批准后方可生效。

（4）外方航空公司经中国至第三国（经营第五种业务权）涉及中国的国际航空运价，须经中国民航局批准后方可生效。

国际航协通常每半年组织召开一次全球运价协调会议，各成员航空公司对国际旅客、行李、货物运价进行多边协商，形成指导性基础运价，各国航空公司在此基础上结合国际运价分区和本国情况制定具体运价和销售价格。

二、民航运价的构成

民航运价就是民航运输产品的价格，是单位旅客或单位货物一定运输距离的价格，是经批准的民航运输产品价格的总称。运价是以民航运输价值为基础的，而运输价值难以精确计算，在实际工作中，民航运价是由其运输成本、利润和税金等要素构成的。

运输成本是补偿运输生产中消耗的物化劳动和活劳动的货币表现。航空运输成本包括飞机折旧（或租金）、燃油费、飞机和发动机大修理费、飞机维修费、飞机保险费、空勤人员工资、起降服务费、管理费等。它近似反映了运输价值量的变动趋势，可以作为制定运价的主要依据，是运输产品定价的最低界限。

飞机的运输成本也可以称作总使用成本，用 TOC 表示。TOC 可以分为两部分：与飞机运营直接相关的“直接使用成本”（DOC）和与飞机运营无直接关系的“间接使用成本”（IOC）。三者之间的关系可用公式表示为：

$$TOC=DOC+IOC$$

DOC 是衡量飞机使用经济性的依据，由现金成本和所有权成本构成。

现金成本包括：

（1）飞行机组费，其中包括工资、福利、津贴和熟练飞行训练费。

（2）客舱乘务员费用，包括工资、福利、津贴。

（3）燃油费。

（4）维修费，由直接维修费和间接维修费组成。

（5）飞机起降费和灯光费。按照中国民航局的规定，对每次航班只收费一次，根据飞机总重量分档收费，国际航班收费还需区分机场、机型和起落时间是否在峰值时间。

（6）航路费和机场进近指挥费。按照中国民航局的规定，根据飞机在航路上飞行的千米数及飞机的总重分档收费。

（7）旅客过港服务费和运输服务费。

（8）机上餐食、饮料供应成本。

（9）飞机清洁费和商务特种车辆使用费。

所有权成本包括：

（1）保险费，其中包括基本费、战争险费和旅客保险费等。

（2）折旧。折旧只是对当初购置费的分摊，其中包括飞机、备品配件等。

（3）利息。

IOC 是指与飞机飞行无直接关系的费用，如航空公司的管理费和财务费用、销售费用、广告宣传费、地面交通费、办公室租赁费、通信费等。为了便于分析，航空公司往往将 IOC 费用折算成 DOC 费用的百分数。各航空公司折合的百分数是不一样的，大多数中国航空公司的折合百分数为 25%～50%，有的甚至更高些。

一定的利润是扩大再生产的资金来源。运价中的利润确定问题，关系到国民收入在国民经济各部门的分配，关系到正确处理国家、企业、个人三者之间的经济利益问题。制定运价时，应保证企业获得一定的利润，以维持简单再生产和扩大再生产。

从理论上说，税金和利润的性质是一样的，同属于劳动者为社会创造的价值。但是税金和利润的职能不同，税金根据国家的政策收取，受国家的政策支配。

三、民航旅客运输基准价

我国民航旅客运输价格采用基准价定价法制定票价水平，作为政府指导价。民航客货运输基准价是由国家发展改革委会同中国民航局，依据航空运输的社会平均成本及社会承受力进行核定和调整并颁布的国内航线客货运输基本标准价格，航空运输企业在此基础上，依据相关航线票价浮动幅度管理规定和市场行情等因素，确定航线具体销售价格。

四、民航运价的特点

民航运价的特点是由其本身在经济技术上的特点所决定的。

（一）运价与运输距离有密切关系

运输价格受两个因素影响：运输数量、运输距离。在运输数量一定的情况下，运输距离不同，运输所消耗的费用也不同。运价的制定是以运输成本为主要依据的，虽然运输中的所有地面作业费不因距离长短而增减，但运行作业费是随运输距离的远近而发生变化的，运输成本随着距离的变化而递远递减，因此单位产品的运价也会随着运输距离的延长而降低。

（二）运价只有销售价格一种

由于运输生产过程与消费过程是合一的，所以表现在运价上只有单一的销售价格形式。由于运输产品在生产的同时被消费，不能脱离生产过程，所以运价只有销售价格一种。

（三）运输价格高

航空运输生产的耗费大，运输产品成本高。这主要是因为飞机本身的价值高，这种运输工具在运输生产过程中的价值转移（磨损、折旧等）对产品成本的影响较大。航空运输工具的燃料消耗也比其他运输方式高几倍到几十倍，对旅客服务设备及维修等方面的要求也较高。

（四）运价有较复杂的差价体系

民航运输对象既有旅客又有货物，各种运输对象对运输服务、运输质量有不同的要求，需要提供的运输条件也各不相同，这就决定了运输业必须实行适应多种运输需要的多种运价制度。国内航线客运价有公布运价和折扣运价两种，这两种票价根据客舱布局、餐食以及服务标准的等级差别而不同，在大型客机上还分为头等舱、公务舱、普通舱票价。国内航线客运价中还有根据不同情况制定的特别票价，如儿童票价、婴儿票价、旅游票价、团体票价、季节浮动票价，以及各种各样的优惠票价。航空运输客运价种类之多，是其他交通方式所没有的，正因为如此，航空运价较其他运价具有更大的灵活性。

（五）运价与运量的变动关系密切

国内航空运输对旅游线路或运力不能满足运量需求的航线采用高运价，对运力充足、运量不足的航线采用低运价。同时，我国给予航空公司一定范围内的票价浮动权，使其根据航线执行情况进行适当的运价调剂，或实行临时性优惠客运价，给航空公司带来活力。

五、民航运价的种类及其比例关系

根据运输内容的不同，民航运价的种类分为客票价、货运价、行李运价、包机运价等。

国内运价中除了包机运价有其独特的计算方法外，其他运价均以经济舱成人单程全票价为基准：

（1）行李运价（逾重行李费率）为相应经济等客票价的 1.5%。

（2）货运价分为每批货物重量在 45 千克以下、45 千克及以上两级：45 千克以下货物每千克运价为相应经济等客票价的 0.8%，45 千克及以上货物每千克运价为相应经济等客票价的 0.6%。

（3）邮件运价按照国内普通货物运输价格计费。

简而言之，这几种国内航空运价之间的比例关系大致为：

经济等客票价：行李每千克运价：45千克以下货物每千克运价：45千克及以上货物每千克运价＝1：0.015：0.008：0.006

例 某航线经济舱成人单程全票价为CNY2 680.00，一位旅客乘坐经济舱（免费行李限额为20.0kg）托运了26.0kg行李，其应支付多少逾重行李费？

逾重行李费每千克费率为经济舱全票价的1.5%，则：

CNY2 680.00×1.5%×(26.0－20.0)kg＝CNY241.20～CNY242.00

旅客应支付的逾重行李费为CNY242.00。

六、国内航线旅客运价的使用

在使用国内旅客运价时，须遵循下列原则：

（1）应根据旅客的航程、座位等级，按开始旅行之日的适用运价使用和计算。

（2）客票售出后，如票价调整，票款不作变动。

例 某国内旅客于4月28日购买了5月3日CZ3101航班经济舱由广州（CAN）至北京（PEK）客票一张，当时票价为1 000.00元，但5月1日起，票价调整为1 200.00元，那么该旅客在5月3日乘机时其票价不作变动。

相反，若4月28日旅客购票时票价为1 200.00元，而5月1日后票价调整为1 000.00元，其票价亦不作变动，若旅客要求退回差价，处理时应先按自愿退票处理，后按新票价重新购票；退票应根据退票的有关规定收取退票手续费。

（3）现行直达票价只适用于规定航线的航班运输。如旅客由于其本身的需要，不乘坐直达航班而选择非直达航班运输路线，则按旅客实际经行的航程，分段相加计算票价。

例 旅客张先生的旅行路线是自天津（TSN）至上海（SHA），乘坐CA1501航班，然后转乘MU5301航班从上海（SHA）至桂林（KWL）。运价为TSN—SHA：CNY820.00；SHA—KWL：CNY1 040.00。

如果为其出票，则全航程的票价应为：CNY820.00＋CNY1 040.00＝CNY1 860.00。

（4）使用特种票价的旅客，应遵守该特种票价规定的使用限制条件。

（5）旅客应按国家规定的货币和付款方式交付票款，除与航空公司另有协议外，票款一律现付。

（6）当收取的票款与使用的票价不符或计算有错误时，应按照航空公司相关规定，由旅客补付不足的票款或由航空公司退还多收的票款。

（7）客票价以人民币 10 元为计算单位，航空公司收取的其他费用以人民币 1 元为计算单位，尾数一律按照有数就进的原则进位。

（8）政府、有关当局或机场经营者规定的对旅客或由旅客享用的任何服务、设施征收的税款或费用不包括在航空公司所公布的票价范围内。

单元二　国内民航旅客运价的种类

民航旅客运价即票价。当前国内航线客票价根据旅客、服务等级、旅程方式和出票时间、地点等具体情况，可划分为不同的票价种类。

一、服务等级票价

服务等级是指为旅客提供服务的等级，提供服务的等级不同，收取的票价不同。服务等级票价一般分为三种：头等舱票价、公务舱票价和经济舱票价。每种等级又按照正常票价和多种不同特殊优惠票价划分为不同的舱位代号。

（一）头等舱票价（代号 F）

航空公司在有头等舱布局的国内航班上向旅客提供头等舱座位。头等舱是大多数民航客机里最豪华的一个舱等（部分航空公司提供更高一级的豪华头等舱），通常设置在飞机的前端。头等舱的航空座椅较经济舱座椅更宽大舒适，排距更大；向旅客免费提供的餐食及地面膳宿标准高于经济舱。头等舱每人免费交运行李的限额为 40.0kg，国内航线头等舱票价通常为经济舱票价的 150%以上。

（二）公务舱票价（代号 C）

航空公司在有公务舱布局的国内航班上向旅客提供公务舱座位。公务舱是为了适应公共旅客对座位和服务的需求而设置的，在飞机客舱布局方面较头等舱窄，餐食及地面膳宿标准略低于头等舱，但高于经济舱。航空公司在主要航线的飞机上都安排了公务舱座位。公务舱每人免费行李额为 30.0kg，国内航线公务舱票价通常为经济舱票价的 130%以上。

我国自 2010 年 6 月 1 日起，民航国内航线头等舱、公务舱票价实行市场调节价。各航空公司须将价格种类、水平及适用条件，头等舱和公务舱座位数量、与经济舱的差异以及相匹配的设施设备和服务标准等，提前 30 日报中国民航局和国家发展改革委备案后，才可向社会公布执行。

（三）经济舱票价（代号 Y）

经济舱票价也称普通舱票价，航空公司在国内航班上向一般旅客提供经济舱座位。经济舱票价水平最低，旅客所接受的服务是各个舱位等级中最基础的。经济舱每人免费行李额为 20.0kg。

国内经济舱运价分为公布运价和折扣运价两种。公布运价是由政府制定并发布的、适用于国内航班（含中国民航国际航班的国内段）的上限运价。该运价为国家对外公布的直达票价，是国内旅客运价的基础价格，其形成要经过法律、行政和听证等程序。

折扣运价是指承运人根据政府有关运价的规定，结合自身的市场情况和企业发展战略制定的运价，即在公布运价基础上有一定折扣的运价。具体优惠幅度由航空公司根据航线、航班的运营情况确定。旅客购买各种折扣客票必须注意航空公司规定的特别限制条件，如不得提前订座、不得签转、不得退票等。

（四）分程或联程运输中的混合等级票价

混合等级票价是指在旅客整个旅程的不同航段使用不同的服务等级的票价。例如：部分航段乘坐经济舱座位，部分航段乘坐头等舱座位。混合等级票价同样适用于乘坐头等舱和公务舱座位、公务舱和经济舱座位。在国内航线上，其票价按旅客实际乘坐的不同等级航段分段相加。

国际航线混合等级票价按国际航空客票价计算公式进行计算，在后面的章节中会涉及此问题。

二、按照旅程方式确定的旅客票价

国内航线客票价按旅客不同的旅程方式分为单程票价、来回程票价、联程票价。

（一）单程票价

单程票价也称直达票价，它仅适用于规定航线上的一地到另一地的航班运输。我国现行对外公布的票价均为航空运输的直达票价。例如：昆明（KMG）至成都（CTU）现行的 Y 舱单程票价为 CNY990.00。

（二）来回程票价

来回程票价是指从出发地至目的地并按原航程返回原出发地的客票票价。来回程票价由去程和回程两个单程票价组成。

某些航空公司规定，某一时间段内，如果来回程均乘坐本公司的航班，则票价在两个单程票价的基础上可享受一定的折扣。

（三）联程票价

联程是指旅客的旅程超过一个航班，需在某航班的中途站或终点站换乘另一个航班才能到达目的地。在国内航线上，其票价按旅客实际乘坐的不同航段分段相加。

国际航线联程票价按国际航空客票价计算公式进行计算，在后面的章节中会涉及此问题。

三、儿童、婴儿旅客票价

（一）儿童旅客票价

在航空运输中，儿童是指年满 2 周岁但未满 12 周岁的旅客。这类旅客在国内航线上应按成人票价的 50％购买儿童票；在国际航线上则按照不同地区的票价管理规定，按照成人票价的 50％、67％、80％或 85％付费（具体规定可查阅《运价手册》中关于该地区的运价规定），航空公司为其提供座位，有相应舱位等级的免费行李额。例如，某儿童旅客乘坐商务舱，其免费行李额为 30.0kg。哈尔滨（HRB）至厦门（XMN）的 Y 舱成人票价为 CNY2 300.00，相应航段的 Y 舱儿童票价为 CNY2 300.00×50％＝CNY1 150.00。该儿童旅客的免费行李额为 20.0kg。

年满 12 周岁的儿童乘机需要购买全票，如有折扣票价，可按与成人一致的票价折扣购票。

（二）婴儿旅客票价

出生时间在 14 天以上但未满 2 周岁的婴儿，按成人票价的 10％购买婴儿票，航空公司不为其提供座位，也没有免费行李额，仅可免费携带一个婴儿摇篮或可折叠式婴儿车。如需要单独占用座位，应按照相应航线的儿童票价购票。例如：哈尔滨（HRB）至厦门（XMN）的 Y 舱成人票价为 CNY2 300.00，则相应航段的 Y 舱婴儿票价为 CNY2 300.00×10％＝CNY230.00。该婴儿旅客无免费行李额。

每位成人旅客所带未满 2 周岁的婴儿超过一名时，其中只有一名婴儿可购买婴儿票，超过的人数应该购买儿童票，承运人为其提供座位、提供相应舱位等级的免费行李额。

例 某旅客带孪生婴儿（未满 2 周岁），欲购买大连（DLG）至宁波（NGB）的 Y 舱客票，经济舱成人全票价为 CNY1 150.00，则该旅客共需要支付：

CNY1 150.00＋CNY1 150.00×10％＋CNY1 150.00×50％
＝CNY1 150.00＋CNY115.00＋CNY575.00
＝CNY1 150.00＋CNY120.00＋CNY580.00（进位后）
＝CNY1 850.00

（三）无成人陪伴儿童旅客票价

5 周岁以下的儿童乘机，须有成人陪伴，如无成人陪伴，不予接收。5 周岁（含）以上、12 周岁以下无成人陪伴儿童乘机时，应在购票前提出申请，经承运人同意后方可购票乘机。

另外，一些航空公司对未满12周岁的无成人陪伴儿童乘机，按儿童票价购票（适用成年人票价的50%）。但有个别航空公司规定无成人陪伴儿童乘机，儿童票价不适用，必须按成人票价购票。售票时，应按有关航空公司的规定办理。

儿童和婴儿的年龄是指开始旅行的实际年龄，如其在开始旅行时未满规定的年龄，而在旅途中超过规定年龄的，不补收差价。

例 某儿童旅客的出生年月日为2007年5月25日，其与家长购买了2019年5月24日23:05起飞的海口（HAK）至北京（PEK）航班，飞机落地时间为2019年5月25日02:25。因该旅客起飞时属儿童旅客，所以应按儿童旅客购票，在旅行过程中年龄超过规定，无须补差价。

四、特种票价

特种票价是航空公司对特殊运输对象给予一定折扣的票价，它以公布的成人全票价为基础计算。除另有规定外，一般不得重复享受其他折扣。

（一）团体旅客特种票价

旅客人数在10人（含）以上，航程、乘机日期、航班和舱位等级相同并按同一类团体票价支付票款的旅客称为团体旅客。购买儿童、婴儿客票的旅客不计入团体人数内。

团体旅客可以在开放的航班上申请订座，订妥座位后，应在规定或预先约定的时限内购票，否则，所订座位不予保留。

航空公司可以按有关规定向国内外团体旅客提供优惠特种票价，大型团体在某一航班上的，经过专项批准后可提供更为优惠的票价。该票价附有不得转签、出票时限等限制条件。

（二）军（警）残旅客票价

因公致残的现役军人和因公致残的人民警察在乘坐国内航班时，凭革命伤残军人证或人民警察伤残抚恤证，在规定的购票时限内，按适用正常票价的50%购票。

例 青岛（TAO）至三亚（SYX）的Y舱全票价是CNY2 380.00，则符合军（警）残规定的旅客购票只需要支付CNY2 380.00×50%=CNY1 190.00。

（三）教师、学生票价

教师和学生在寒暑假期间乘坐国内航班时，凭教师证和学生证，按适用正常票价的60%和50%购票（具体请参见各航空公司的相关业务规定）。

例 海口（HAK）至兰州（LZD）的Y舱全票价是CNY2 110.00，则寒暑假期间教师凭教师证购票只需要支付CNY2 110.00×60%=CNY1 266.00，进位后为CNY1 270.00；学生凭学生证购票只需要支付CNY2 110.00×50%=CNY1 055.00，进位后为CNY1 060.00。

（四）季节票价

季节票价是指航空公司在旅游淡季向旅客提供的优惠票价，属于促销票价。航空公司可以在经济舱正常票价的基础上对符合购票的时限、旅客身份、航班时刻表、季节浮动等限制条件的团体或单个旅客给予一定优惠。限制条件详见各航空公司优惠运输文件。

（五）行业票价

行业票价是指航空公司内部职工、销售代理人、民航局职工及协作单位职工因私或因公乘坐飞机，经航空公司批准，可享受低于适用票价50%的一种票价。旅客必须在购票前提出书面申请，经航空公司主管部门受理和审批同意后签发“授权出票通知”，旅客凭“授权出票通知”、身份证件到指定的航空公司售票处办理购票手续。

行业票价一般分为优惠75%（AD75）、50%（AD50）和100%（AD00）三种。优惠票价在任何情况下不得重复享受其他票价优惠。例如享受了适用成人票50%的学生票，就不能重复享受优惠票价的50%或75%，但可在几种优惠或折扣票价中选择一种。

购买航空公司优惠票的旅客均不得事先订座，只能持票在航空公司的值机柜台申请候补，在航班有空余座位的情况下，办理乘机手续。

五、免票运输

免票运输通常有以下三种类型：

（1）由承运人特殊批准授权的旅客，例如业务合作单位工作人员、公司内部员工因公出差，可凭免费证明免费乘机。

（2）货运包机押运人员凭包机货运单和包机单位乘机介绍信可填发免费客票，工作人员在填开客票时，须在客票的票价计算栏内写明包机运输协议书号码。

（3）航空公司常旅客可凭里程积分换取免票，有关说明与规定可见各航空公司常旅客手册。

六、额外占用座位的票价

旅客因各种原因希望额外占用座位时，可根据实际占用的座位数计收票款。当额外占用的座位超过一个时，需在额外占用的座位标识“EXST”前注明额外占用座位数。旅客多占座的票价计算方法如下：

（1）病伤旅客如要求放置担架或躺卧，需拆去或多占座位时，按病伤旅客的运输要求办理。在飞行途中旅客临时因病需要多占座位时，如当时有空余座位，应予照顾解决，不另补票。

（2）旅客因放置物品（如自理行李、外交信袋等）而多占座位，应按实际占用座位数购票。每个座位装载的物品重量不得超过75kg。根据自理行李、商业信袋、外交信袋的全部实际重量，按逾重行李计收运费，与按照实际占用客舱的座位数的正常客票价计收的费用相比，取高者为其运费。

例 旅客王女士购买福州航空公司运营的海口（HAK）至福州（FOC）航线机票，王女士此行携带一个重要行李，重量为54.0kg，为确保安全，王女士计划将此行李带入客舱放在单独座位上。该航线经济舱成人全价票为CNY1 410.00元，王女士购票时选择了全价无折扣的Y舱。计算这一带入客舱的占座行李需要缴纳的费用。

按逾重行李计费：CNY1 410.00×1.5%×54.0=CNY1 142.10，进位为CNY1 143.00。

按正常客票价计费：CNY1 410.00。

二者取高者，这一占座行李需要缴纳的费用为CNY1 410.00。

（3）旅客因舒适或其他目的多占座位，按实际占用的座位数购票。

七、包舱运输票价

在有小客舱的大型飞机飞行的国内航班上，可以向旅客提供包舱，人数以小客舱内的座位数为限，包舱内的座位数乘以直达票价，即包舱票价。

根据旅客乘坐飞机的特殊需要，购票单位向航空公司购买飞机中某一舱位的全部座位，但旅客人数不得超过所包舱的总座位数。

购买包舱票价旅客的免费行李额，按适用舱位票价享受的免费行李额乘以包舱的座位总数计算，而不是按旅客实际人数计算。

例 某团体共58人，包用B-757飞机共60个座位的经济舱，航程为昆明（KMG）至桂林（KWL），适用的经济舱票价为CNY840.00，该团体共付票款为CNY840.00×60=CNY50 400.00；免费行李额为20.0kg×60=1 200.0kg。

八、包机费用

包机费用由承运人与包机人共同商议而定，包括包机费、调机费、留机费。包机费有两种计算方法：

包机费＝每千米费率×计费里程

包机费＝每小时费率×飞行时间

用这两种方法计算后进行比较，取高者。机型不同，包机费率也不同。若包机每日飞行不足 1 小时，按 1 小时收费。

如包机人要求在执行包机期间需作停留，在 1 小时之内不收取留机费。凡超过 1 小时，从第 2 小时起，每停留 1 小时（不足半小时，按半小时计算，超过半小时不足 1 小时按 1 小时计算），按该机型的 1 小时包机收费标准的 20％收取留机费。

调机费按包机收费标准的 50％收取，包机人单程包机，其调机和包机航段的收费标准按包机收费标准的 150％收取，其包机航段的回程和调机的回程不再收费。现在各航空公司的包机费用一般采取协议收费，并没有严格按照上述方法计算。

因承运人原因而发生变更，超过包机合同规定的离站时间 2 小时不能执行包机任务或退包，承运人应按合同规定的全部费用的 10％～50％赔偿包机人；因包机人原因而发生变更，承运人因执行该项包机任务发生的调机等费用应由包机人承担，包机人因故取消包机，应付承运人退包费。

九、相关税费及保险

（一）相关税费

相关税费是指政府、有关当局或机场经营人规定的对旅客或由旅客享用的任何服务或设施而征收的不包括在公布票价中的税收或费用，该项税款或费用应由旅客支付。我国国内航线收取的相关税费主要有民航发展基金和燃油附加费两种。

（1）民航发展基金（代号 CN）。民航发展基金由承运人代为收取，不包括在票价中，由旅客支付。为了简化程序，从 2004 年开始，旅客原先在机场缴纳的机场建设费改为在支付票款时一并缴纳。成人旅客乘坐国际航班收取 90 元人民币的民航发展基金，乘坐国内航班收取 50 元人民币的民航发展基金。乘坐 EMB、CRJ 等 70 座以下机型的成人旅客收取 10 元人民币的民航发展基金，婴儿和儿童旅客免收。

（2）燃油附加费（代号 YQ）。各航空公司根据燃油价格的变动调整燃油附加费的金额。婴儿旅客免收燃油附加费，儿童按成人收费标准的 50％收取燃油附加费。因公致残的现役军人和人民警察，燃油附加费减半收取。

由于各个国家对于进出境及过境所收取的税费不一，因此国际航班需具体查询该航线涉及国家收取税费的相关规定。

（二）国内旅客运输保险

航空保险是指保险人在其承保的航空领域中的各种保险标的发生承保范围内的损失时，保险人按保险单条款给予赔偿的一种保险。

（1）国内航空运输承运人对旅客身体损害的赔偿。2006 年 3 月之前，此项赔付的最高限额是人民币 7 万元。2006 年 2 月 28 日，经国务院批准，《国内航空运输承运人赔偿责任限额规定》发布，并于 2006 年 3 月 28 日起正式施行。自此，我国航班赔偿责任最高限额从 7 万元人民币提高到 40 万元人民币。

（2）旅客还可以向保险公司投保航空运输人身意外伤害险，此项保险金额的给付，不得免除或减少承运人应当承担的赔偿限额。

由此可见，我国现行的国内航空运输旅客人身意外伤害保险是“双向保险制”。航空承运人的赔偿是必要的；保险公司的赔偿则按旅客乘机前自愿投保航空运输人身意外伤害险的数额来确定。

单元三 国内客票及行李票

客票及行李票简称客票。客票是由承运人或其代理人填开的，是旅客与承运人之间的运输契约，是承运人之间进行业务处理和财务结算的凭证，也是旅客乘机、交运行李和报销的凭证。

电子客票也称电子机票，是纸质机票的电子形式，电子机票将票面信息存储在订座系统中，可以像纸票一样执行出票、作废、退票、换开、改转签等操作。目前，它作为世界上最先进的客票形式，依托现代信息技术，可以实现无纸化、电子化的订票、结账和办理乘机手续等全过程，给旅客带来诸多便利并为航空公司降低成本。电子客票虽然不具备纸质形式，但其以电子形式存在。每位旅客成功出票后，均相应产生一个客票号码，作为旅客购票成功及客票查询、签转、退票的电子凭据。对于旅客而言，电子客票的使用与传统纸质机票并无差别。

一、航空客票的内容和类型

（一）航空客票的主要内容

航空客票应当至少包括以下内容：

（1）承运人名称。

（2）出票人名称，出票时间、地点。

（3）旅客姓名。

（4）航班始发地点、经停地点和目的地点。

（5）航班号、舱位等级、日期和离站时间。

（6）票价和付款方式。

（7）客票号：国内客票的号码由 13 位数字组成，前三位为航空公司运输凭证代码，第四位为客票乘机联的联数，后九位为客票序号，客票序号最后有一位检查号（0～6）。

例 中国南方航空公司的二联式客票号：784 221881208 5。“784”是南方航空公司的数字代码；第 4 位数字“2”指具有两张乘机联或两个航段；“21881208”是客票的顺序号；最后一个数字“5”是检查号。

（二）航空客票的类型

按照使用时间的不同，航空客票可分为定期客票和不定期客票。定期客票是指列明航班、乘机日期和订妥座位的客票，又称 OK 票。定期客票只适用于客票上列明的乘机日期和航班、起讫点。不定期客票指未列明航班、乘机日期和未订妥座位的客票，又称 OPEN 票；旅客如使用不定期客票，需要提前向承运人预订航班座位。

二、国内客票及行李票的填开

国内客票及行李票的填写方式有手工填写与机器打印两种，目前绝大多数客票为机器打印，手工填写客票一般仅在包机运输的航班上偶尔使用。如是手工填写，在客票上必须盖业务章，机器打印客票则不需要。客票上各栏目的填写方法如下。

（一）“旅客姓名”栏（NAME OF PASSENGER）

（1）按旅客身份证件上的全名填写。

（2）外国人：姓/名或名的首字母＋称呼 MR、MISS、MRS。例如：旅客 JOHN SMITH，应填写为 SMITH/JOHN MR 或 SMITH/J MR。

（3）对按 50％付费的儿童旅客，在姓名后加 CHD（Child）；对按 10％付费的婴儿旅客，在姓名后加 INF（Infant），并在出票时注意在客票签注栏内注明陪伴人客票的号码，在陪伴人客票签注栏内注明婴儿客票的号码。有时在儿童或婴儿旅客的姓名后加出生年月日或年龄。

（4）5～12 周岁无成人陪伴儿童，在其姓名后注明 UM（Unaccompanied Minor）＋年龄；12～16 周岁无成人陪伴者，在其姓名后注明 YP（Young Passenger）＋年龄。

（5）其他特殊旅客应在其姓名后注明相应代码字样。在旅客姓名后加注的常用特殊服务代码如表 2－1 所示。

表 2－1　常用特殊服务代码

服务代码	服务内容	服务代码	服务内容
AVML	亚洲素食	BSCT	婴儿座
BBML	婴儿餐	BULK	大型行李
BLND	盲人旅客	CBBG	占座的客舱行李
CIP	最重要的商务旅客	CHML	儿童餐
COUR	商业信使	DIPL	外交信使
DEPA	有人陪伴遣返旅客	DEPU	无人陪伴遣返旅客

续表

服务代码	服务内容	服务代码	服务内容
DEAF	聋哑旅客（能读懂唇语）	DBML	糖尿病人餐食
EXST	占用一个以上座位的付费旅客	FQTV	常旅客
FRAG	易碎行李（需标明数量、重量、尺寸）	MAAS	需要协助的旅客
PETC	在客舱内携带宠物的旅客	RQST	特别座位要求
LANC	需要语言帮助的旅客	STCR	担架旅客
SPML	特殊餐食要求	TWOV	无需签证旅客
UMNR	无成人陪伴的未成年人	VGML	素食
VIP	重要旅客	INAD	未办理签证手续或护照有效期失效而被有关国家拒绝入境的旅客
WCHS	轮椅旅客	XBAG	逾重行李
SP	无自理能力需要帮助的旅客		

（二）“自……至……”栏（FROM…TO…）

根据旅客航程将始发地点填入“自”栏内，然后按顺序将承运人、变更航班和不同订座情况的地点和目的地填入以下各“至”栏内。填写时，地名一律用汉字全名，在地名后面注明该地机场的三字代码。如果一个城市有两个（含）以上的机场，必须注明抵离机场的三字代码。

（三）“承运人”栏（CARRIER）

填写各航段已经申请或订妥座位的承运人的二字代码。如无已经申请或订妥座位的承运人，此栏不填。

（四）“航班号”栏（FLIGHT）

填写已订妥座位或已申请座位的航班号。

（五）“座位等级”栏（CLASS）

填写已订妥座位或已申请座位的座位等级代号。按照旅客所订座位等级分别以代号表示：头等舱为 F、商务舱为 C、经济舱为 Y；特种票价舱位为 T、K、H、M、G、S、L、R、Q 等（以各航空公司规定为准）。

（六）“日期”栏（DATE）

填写乘机日期和月份。两个阿拉伯数字表示日，月份用三个字母缩写表示。如 10 月 1 日表示为 01OCT。

（七）“离港时间”栏（DEPARTURE TIME）

根据班期时刻的离港时间填写，以 24 小时制表示。如上午八点半为 0830、晚上八点零五分为 2005。以上时间为始发地当地时间。

（八）“订座情况”栏（STATUS）

OK 表示座位已订妥；

RQ 表示已经订座但未获得证实或列入候补；

NS 表示不单独占座；

SA 表示利用空余座位。

旅客没有订座或没有订妥座位，应在“订座记录”各栏（包括“航班号”“座位等级”“日期”“离港时间”“订座情况”栏）横贯填写“OPEN”字样。

如在填开客票后，旅客所申请的座位才获得证实，则需填写更改标签，粘贴在有关乘机联的相应栏目内，并加盖营业用章或客票专用章。

（九）“客票级别/客票类别”栏（FARE BASIS/TKT DESIGNATOR）

本栏填写旅客所付的票价限定代号和旅客在部分航段上所享受的折扣票价类别的代号。如果旅客所享受的票价折扣适用于整本客票，应当在本栏内航程种类代号后填写相应折扣类别代号。

（十）“行李”栏

（1）“免费行李额”栏（ALLOW）。根据旅客所持客票的票价类别和座位等级分别填写免费的行李额，一般以千克（kg）计算。按成人票价 10%付费的婴儿，没有免费行李额，此栏填写“NIL”。

（2）“交运行李”（BAGGAGE CHECKED）、“件数”（PCS）、“重量”（WT）栏：旅客办理乘机手续时，由值机人员填写交运行李的总件数和总重量。

团体旅客行李仅在团队负责人的客票内填写，并在旅客的“签注”栏内注明“PL”（Pieces of Luggage）和旅客人数。

> **例** 16 位旅客的团体注明“PL16”字样，并在该团体的其他旅客的客票上的交运行李的“件数”和“重量”栏内填写“PL”和团队负责人客票号码的最后三个数字，如“PL568”，“568”即为团队负责人客票号码的最后三个数字。

（十一）“票价计算”栏（FARE CALCULATION）

填写票价的计算过程或运用此票价的依据，票价信息可由系统自动输入，也可由售票工作人员手工输入。指令格式为：

FC：始发站　承运人目的地　本航段票价　（第二航段承运人　第二航段目的地　本航段票价，如果航段很多，重复）CNY 总额　END

始发站前会自动生成航程始发日期。

例 旅客购买 2025 年 2 月 21 日东航承运的海口（HAK）至哈尔滨（HRB）航线机票，票价为人民币 1 250.00 元。票价计算指令为：

FC：21FEB25 HAK MU HRB 1 250.00 CNY1 250.00 END<XIMT>。

例 2025 年 2 月 21 日东航承运的海口（HAK）至哈尔滨（HRB）航线机票，票价为人民币 1 250.00 元；同日东航承运的哈尔滨（HRB）至黑河（HEK）航线机票，票价为 1 410.00。票价计算指令为：

FC：21FEB25 HAK MU HRB 1 250.00 MU HEK 1 410.00 CNY2 660.00 END <XIMT>。

（十二）“票价”栏（FARE）

填写全航程的票价总额，付款货币为人民币时，应在票价总额前打印货币三字代码 CNY。客票价以人民币 10 元为计算单位，尾数按照有数就进的原则进位。如果填开两本（含）以上客票，在每本客票的“票价”栏内都要填写全航程的票价总额。

（十三）“实付等值货币”栏（EQUIV FARE PD）

旅客用人民币付款，此处填写“CNY”；以旅费证（MCO）或预付票款通知（PTA）换开客票可填 MCO 或 PTA 换开的外币，并注明 MCO 或 PTA 的原票证号码，然后折算成人民币，填写 CNY。

（十四）“税款”栏（TAX）

填写税款的货币代号和总金额，没有税款时可不填。国内客票此栏可填写民航发展基金（CN）和国内航线燃油附加费（YQ）。12 周岁（含）以下的儿童和婴儿免交民航发展基金，其他持全票、优惠票或免票的旅客须按规定交纳。

（十五）“总额”栏（TOTAL）

填写实收票款和税款的货币代号和总金额。

（十六）“付款方式”栏（FORM OF PAYMENT）

根据付款情况，将旅客的付款方式填写在本栏。分别为：CASH（现金）、CHEQUE（支票）、TKT（客票换开）、MCO（旅费证）、PTA（预付票款通知）。

（十七）“始发地/目的地”栏（ORIGIN/DESTINATION）

旅客航程需用两本或两本以上的客票时，每本客票都应将全航程的始发地和目的地的三字代码填入本栏。

（十八）“订座记录编号”栏（BOOKING REFERENCE）

将旅客的订座记录编号填入本栏。

（十九）“换开凭证”栏（ISSUED IN EXCHANGE FOR）

填写凭以换开客票的原客票、旅费证或预付票款通知的票证号码（包括承运人的票证代号、票证序号等）。

（二十）“连续客票”栏（CONJUNCTION TICKET）

在全航程使用几本连续客票时，应在每本客票的本栏内填写各本客票的客票号码。具体填写方法是列明第一本客票的全部客票号码，然后加列其他各本后续客票号码的最后两个数字。例如：填开东方航空公司三本连续客票 781—1129123072，781—1129123073，781—1129123074，在本栏内填写为 781—1129123072/73/74。

（二十一）“原出票”栏（ORIGINAL ISSUE）

当客票根据原客票换开时，本栏按下列规定填写：

（1）应在所填开的新客票的本栏内填入被换开客票的全部号码、出票日期和地点以及出售该客票的空运企业或代理人的代号。本栏所填写的内容也作为原出票人签转权利的证明。

（2）如在原始票证的相同栏内已有填注，应将填注的内容照转入所填开的新客票的本栏内。

（二十二）“签注”栏（RESTRICTIONS/ENDORSEMENTS）

填写使用整本客票或某一乘机联需要特别注明的事项：

（1）将客票的有关乘机联签转给其他承运人时，应按照签转规定在本栏注明，或使用签转图章。如客票不得签转，也应在本栏注明“NON ENDORSABLE”，中国公民可用中文填写“不得签转”字样。

（2）签注对客票使用者限制的规定。

（3）签注对客票有效期的延长。

（4）签注旅客使用折扣票和特价票的施行限制。

（5）签注航班的订座情况。

（6）团体旅客的免费行李额合并计算时，应在本栏注明“PL”代号，并在代号后面注明团体旅客的人数，如“PL16”。

（7）客票“签注”栏的背面没有复写油墨，签注的事项只适用于填写的乘机联，涉及全本客票，应当在各联的本栏内分别填明。

（二十三）“出票日期及地点”栏（DATE AND PLACE OF ISSUE）

填写出票日期及地点，由经手人在“出票人”或“营业员”处签字并盖业务用章。盖章和签字必须清晰，易于辨认。未盖业务用章的客票一律无效。

（二十四）“填开单位”栏（ISSUED BY）

印制或打印客票所属航空公司的全名称，包括中英文。

三、航空客票的有效期

（一）客票有效期的生效

（1）正常票价客票的有效期自旅行开始之日起，一年内运输有效。如果客票全部未使用，则从填开客票之日起，一年内运输有效。定期客票的有效期自旅行开始之日的次日 0 时起计算，不定期客票自填开之日的次日 0 时起计算，至有效期满之日的次日 0 时为止。

例 2025 年 5 月 1 日为旅行开始日或填开客票之日，客票有效期从 2025 年 5 月 2 日 0 时开始至 2026 年 5 月 2 日 0 时止。

一张联程客票，其航程为 PEK（北京）—SHA（上海）—CAN（广州）—PEK（北京），其 PEK—SHA 的起飞时间为 2025 年 8 月 10 日（CA 1501），有效期应从 2025 年 8 月 11 日 0 时起计算，以后两个航程必须在 2026 年 8 月 11 日 0 时以前完成全部旅行，否则无效。

2025 年 8 月 10 日购买 PEK—SHA 不定期客票，旅客必须在 2026 年 8 月 11 日 0 时以前旅行完毕，否则无效。

（2）客票变更后，客票的有效期仍以变更前客票的有效期为准。

例 一名旅客持旅行开始日为 2025 年 1 月 1 日的定期客票，因自身原因，将客票由 1 月 1 日改签为 1 月 20 日，变更后的有效期仍以变更前客票的有效期为准，即从 2025 年 1 月 2 日 0 时开始至 2026 年 1 月 2 日 0 时止。

（3）特种客票的有效期，按照承运人规定的票价限制条件的有效期计算。

例 旅客持有一张出票日期为 2024 年 12 月、乘机日期为 2025 年 8 月 16 日北京至拉萨的往返机票，后因故不能按约定日期成行，于 2025 年 8 月 13 日到售票处想将乘机日期改到 2026 年 7 月。售票处工作人员认为机票有效期为一年，只能改到 2025 年 12 月，而旅客坚持认为，客票“旅客须知”上说“定期客票自旅行之日起计算，一年内运输有效”，其所持票是定期客票，应从 2025 年 8 月 16 日开始算有效期。

参照《中国民用航空旅客、行李国内运输规则》第 10 条关于客票有效期的规定，客票自旅行开始之日起，一年内运输有效。如果客票全部未使用，则从填开客票之日起，一年内运输有效。因此该售票处工作人员的做法是正确的。

（二）客票有效期的延长

（1）由于承运人的下列原因之一，造成旅客未能在客票有效期内旅行，其客票有效期将延长到承运人能够按照该客票已付票价的舱位等级为旅客提供座位的第一个航班为止。

1）取消旅客已经订妥座位的航班。

2）取消航班约定经停地点中含有的出发地点、目的地点或中途分程点。

3）未能在合理的时间内按照航班时刻飞行。

4）造成旅客已订妥座位的航班衔接错失。

5）更换了旅客的舱位等级。

6）未能提供事先已订妥的座位。

（2）如果持正常票价客票或与正常票价有效期相同的特种票价客票的旅客未能在客票有效期内旅行，是由于承运人在旅客订座时未能按其客票的舱位等级提供航班座位，其客票有效期可以延长至承运人能够按照该客票已付票价的舱位等级提供座位的第一个航班为止，但延长期限不得超过 7 天。

（3）已经开始旅行的旅客在其持有的客票有效期内因病使旅行受阻时，除承运人对所付票价另有规定外，承运人可将该旅客的客票有效期延长至根据医生诊断证明确定该旅客适宜旅行之日为止；或延长至适宜旅行之日以后承运人能够按照旅客已付票价的舱位等级提供座位的第一个航班为止。

如客票中未能使用的乘机联包含一个或一个以上的中途分程点，该客票有效期的延长不能超过自医生诊断证明之日起 3 个月。承运人也可同等延长患病旅客的陪伴亲属的客票有效期。

（4）如旅客在旅途中死亡，该旅客陪同人员的客票可用取消最短停留期限或延长客票有效期的方法予以更改。如已开始旅行旅客的直系亲属死亡，旅客（包括旅客随行的直系亲属）的客票也可予以更改。此种更改应在收到死亡证明之后办理，此种客票有效期的延长不得超过死亡之日起 45 天。

四、航空客票的使用规定

无论是纸质客票还是电子客票，都可根据航程中的航段数量分成不同的乘机联。客票的乘机联必须按照客票所列明的航程，从始发地点开始顺序使用。如客票的第一张乘机联未被使用，而旅客在中途分程地点或约定的经停地点开始旅行，则该客票的第一张乘机联作废。

航空客票的每一张乘机联上必须列明舱位等级，并在航班上订妥座位和日期后方可由承运人接受运输。对未订妥座位的乘机联，承运人应按旅客的申请，根据适用的票价和所申请航班的座位可利用情况为旅客预订座位。

五、电子客票行程单

航空运输电子客票使用“航空运输电子客票行程单”（以下简称“行程单”，见表 2-2）

作为旅客购买电子客票的付款凭证或报销凭证，同时具有提示旅客行程的作用。行程单由国家税务总局监制并按照《中华人民共和国发票管理办法》纳入税务机关发票管理，是旅客购买国内航空运输电子客票的付款及报销凭证。

表 2-2 航空运输电子客票行程单

ITINERARY/RECEIPT OF E-TICKET FOR AIR TRANSPORT　　　印刷序号：SERIAL NUMBER：

<table>
<tr><td colspan="3">旅客姓名
NAME OF PASSENGER</td><td colspan="3">有效身份证件号码
ID NO.</td><td colspan="4">签注
ENDORSMENTS/RESTRICTIONS (CARBON)</td></tr>
<tr><td colspan="3"></td><td colspan="3"></td><td colspan="4"></td></tr>
<tr><td></td><td>承运人
CARRIER</td><td>航班号
FLIGHT</td><td>座位等级
CLASS</td><td>日期
DATE</td><td>时间
TIME</td><td>客票级别/
客票类别
FARE BASIS</td><td>有效起始日期
NOT VALID
BEFORE</td><td>有效截止日期
NOT VALID
AFTER</td><td>免费行李
ALLOW</td></tr>
<tr><td rowspan="2">自 FROM
至 TO
至 TO
至 TO
至 TO</td><td></td><td></td><td></td><td></td><td></td><td></td><td></td><td></td><td></td></tr>
<tr><td colspan="2">票价
FARE</td><td colspan="2">民航发展基金
AIRPORT TAX</td><td colspan="2">燃油附加费
FUEL SURCHARGE</td><td>其他税费
OTHER TAX</td><td colspan="2">合计
TOTAL</td></tr>
<tr><td colspan="3">电子客票号码
E-TICKET NO.</td><td colspan="2">验证码
CK</td><td colspan="3">提示信息
INFORMATION</td><td colspan="2">保险费
INSURANCE</td></tr>
<tr><td colspan="4">销售单位代号
AGENT CODE</td><td colspan="3">填开单位
ISSUED BY</td><td colspan="3">填开日期
DATE OF ISSUE</td></tr>
</table>

行程单采用一人一票制，不作为机场办理乘机手续和安全检查的必要凭证使用，自 2006 年 6 月 1 日起开始执行。

电子客票可以在航空公司售票处或代理人处销售，也可通过航空公司网站或中国航信的网站销售。

思考练习

一、单项选择题

1. 行李运价（逾重行李费率）为相应经济舱客票价的（　　）。

A. 1.5%　　B. 1.6%　　C. 1.7%　　D. 2.0%

2. 国内航线婴儿旅客票价按相应舱位成人全价票的（　　）计费。

A. 10%　　B. 30%　　C. 50%　　D. 75%

3. 在航空运输中，儿童是指年满 2 周岁但未满 12 周岁的旅客。这类旅客在国内航线上应按成人票价的（　　）购买儿童票。

A. 30%　　B. 50%　　C. 60%　　D. 80%

4. 亚洲素食的代码是（　　）。

A. BBML　　B. BLND　　C. BULK　　D. AVML

5. 正常票价客票的有效期自旅行开始之日起，（　　）内运输有效。

A. 一年　　B. 二年　　C. 三年　　D. 五年

二、判断题

1. 团体旅客是指旅客人数在 15 人以上，航程、乘机日期、航班和舱位等级相同并按同一等级票价支付票款的旅客。（　　）

2. 旅客因个人舒适原因购买经济舱一排 3 个座位，为旅客订座时，需在其姓名后标注“EXST2”。（　　）

3. 某单位共 7 人乘机，包用一个航班商务舱共 8 个座位，免费行李限额应为 210.0kg。（　　）

4. 无成人陪伴儿童的特殊服务代码为 UMNR。（　　）

5. 旅客购票时使用支票付款，付款方式应为 CHEQUE。（　　）

三、思考题

1. 我国国际航线旅客运价按什么规定执行？

2. 从运输成本角度来看，低成本航空公司如何才能降低成本？

3. 民航运价的特点有哪些？

4. 一位旅客购买某航线经济舱客票，该航线经济舱成人单程全价票为 CNY1 880.00，旅客购票时票价为七折。办理值机手续时，该旅客托运行李过磅重量为 31.5kg。请问，该旅客需支付多少逾重行李费？

5. 哈尔滨（HRB）至厦门（XMN）的 C 舱成人票价为 CNY3 830.00，该航段的 C 舱儿童票价是多少？儿童旅客的免费行李额为多少？

6. 一商贸公司高管李经理携带重达 73.0kg 的商务信袋出差，航程为北京（PEK）至广州（CAN），旅客购买该航线折扣经济舱客票，票价为 CNY1 020.00 元。为确保商务信袋安全，李经理决定将其带入客舱放置于座位上。计算应如何收取商务信袋的费用。（该航线经济舱成人全价票为 CNY3 060.00）

7. 如旅客未能在客票的有效期内旅行，需符合哪些条件航空公司才会将该客票的有效期延长？延长至何时？

模块三 国际航空旅客运价基础

学习目标

了解国际航程的基础知识，能够判断国际航程的方向，能够对用各国货币表示的机票价格进行换算。

单元一　国际航程概述

国际航空旅行可通过不同的旅行路线到达目的地，不同的旅行路线所需里程、航班时刻、运价及进出境手续均有差别，只有符合旅客需求的航程才是最佳航程。因此，国际客票销售工作人员只有熟悉各类国际旅行知识，深入了解旅客需求，才能为旅客安排最佳旅行路线。

一、国际航空运输参阅资料

由于国际航空旅行涉及多个国家，各个国家对于外国旅客进出国境均有一定的规定，因此为使旅行活动顺利完成，需要通过查阅国际航空运输相关资料，了解国际航空旅行知识、查询国际航班等。

（一）旅行知识手册（TIM）

旅行知识手册作为查询世界各国航空旅行信息资料的手册，为航空公司、代理人和旅行者提供了权威的国际旅行相关信息。旅行知识手册上列明的每个国家的旅行知识都由护照、签证、健康证明、相关税费、海关规定、货币及支付方式六部分内容组成，是查询国际旅行信息的重要参考资料。

旅行知识手册是世界通用的一本旅行手册，提供了200多个国家和地区的最新旅行知识，能让旅行者明确出国旅行时需要哪些正式的官方文件。TIM每月出版一次，只用英文出版。当工作人员无法确定旅客是否符合出票条件时，必须查阅手册的相关规定，才能避免出现不必要的工作失误和差错。随着网络的发展，该手册已经出版了电子版本，以便用户查阅。

（二）国际航班时刻表

国际航班时刻表（Official Airline Guide，OAG）是由英国的一家面向客运航空、空运物流和商务旅行市场的全球性航班信息和数据解决方案公司提供的国际航班时刻信息。OAG是世界上应用范围很广的一本航空指南，每月出版一次，有800多家航空公司的航班信息。

1. OAG的主要内容

OAG由航班指南和航班指南附录组成。

航班指南的主要内容包括：航班时刻表、航空公司指定代码、联营航空公司代码（代码共享）、航空公司数字代码、机型代码、城市或机场代码、州或省的两字代码、航班资料说明、最短衔接时间、航线表、机场航站楼、国际时间换算表、OAG办事处和销售总代理。

航班指南附录中有200多个国家的信息，每季度出版一次，与航班指南配套使用，主要内容包括：货币代码、机场或城市代码、免费行李限额、航空公司常旅客优惠、汽车租赁业常租旅客优惠、卫生保健信息、世界疫情图、各国使馆和旅游办事处网址、国际组织及其定义、世界各国旅行信息、世界地图、机场示意图、飞机座位布局图。

2. OAG的使用

OAG被形容为“航空旅行大全”。其主要用途是向人们提供旅行路线的详细信息。下面以阿曼飞往开罗的航班信息为例进行说明（见表3－1）。

表3－1 Flight from Amman to Cairo

AMMAN JORDAN（AMM）	＋0200
QUEEN ALIA INTERNATIONAL（AMM）22mls/35kms S of Amman. A designator code followed by an * indicates that the airline serves more than one terminal. Contact the airline for details and check-in information. North Terminal Serving Airlines AF，AH，AZ，BA，DL，EK，GF，IY，JU，KL，KU，LH，ME，MS，NW，OA，OS *，PK，QR，RJ *，RO，SD，SR，SU，SV，TK，TU，TW，UA，6U. South Terminal	

续表

Serving Airlines AC, CY, IB, OS *, RJ *, UL.
CIVIL-MARKA (ADJ): 3.5mls/6kms NE of city centre.
Check-in PF 90mins, RJ Dom 15, Int 60mins.
To QUEEN ALIA INTERNATIONAL AIRPORT BUS
Public Transport Corporation Service from Alabdali.

Validity From	To	Days of Service	Flight Dep.	Arr.	No.	Acft.	Class	Stops
Cairo	**CAI**							
—	—	-2-----	**0900AMM**	**1130**	MS 815	321	CY	0
—	—	-----5--	**1045AMM**	**1315**	RJ 505	320	FYMBK	0
—	—	12-----	**1215AMM**	**1445**	RJ 505	320	FYMBK	0
—	—	--3----	**1315AMM**	**1545**	MS 815	321	CY	0
—	—	-----6-	**1530AMM**	**1800**	RJ 505	320	FYMBK	0
—	—	--3----	**1735AMM**	**2000**	RJ 507	320	FYMBK	0
—	—	------7	**2005AMM**	**2235**	RJ 507	320	FYMBK	0
—	—	---4---	**2030AMM**	**2300**	RJ 503	320	FYMBK	0
—	—	---4---	**2100AMM**	**2330**	MS 815	321	CY	0
—	—	----5--	**2100AMM**	**2330**	MS 815	320	FY	0
—	—	------7	**2100AMM**	**2330**	MS 815	735	FY	0
—	—	1------	**2215AMM**	* **0045**	MS 815	320	FY	0
—	—	-----6-	**2215AMM**	* **0045**	MS 815	735	FY	0

（1）机场信息。

航班指南中首先介绍始发地机场的信息，包括机场的全称、三字代码、所在时区、机场与市区的距离、航站楼及服务的航空公司、办理值机手续的时间、往返市内的交通情况。

（2）航班时刻信息。

城市间的航班信息包括：

1）航班服务从开始到结束的日期。

2）航班运营的具体日期（用“周×”表示）。

3）每一航班出发和到达的时间，用粗体字表示的时间代表启程出发的时间和终点到达的时间，用细体字表示的时间代表到达转机机场和再出发的时间（中转时间），*表示此时间和出发时间已经不是同一天。

4）承运的航空公司和航班号。

5）运营使用的机型。

6）每一班次提供的舱位等级。

7）非经停/经停航班说明。

在“机型”栏下除飞机外，还有下列交通工具的信息以供选择：巴士（BUS）、铁道车辆（EQV）、气垫飞行器（HOV）、汽艇（LCH）、豪华汽车（LMO）、支线交通（RFS）、高速列车（TGV）、火车（TRN）。

二、航空旅客国际旅行知识

（一）护照

护照是由一个主权国家的权力机关发给本国公民的出入国境和在国外旅行、居留使用的身份证件和国籍证明。

1. 护照的内容

护照包含下列内容：

姓、名、国籍、出生日期、性别、出生地点、签发日期、签发机构、期满日、观察报告、持有者签名、持有者照片。观察报告栏可以不填，如需要可以填写类似内容："此本护照替换于 2024 年 6 月 3 日丢失的号码为 L8765876R 的护照。"

进入别的国家还有其他证件可以用于证明身份，如身份证、旅行证明、军官证、海员证、执照、出生证等，这些证件的使用范围要小于护照。

2. 护照的类型

护照的类型主要有普通护照、公务护照、外交护照、外国侨民护照。

儿童身份证明及难民证均可代替护照使用。

3. 使用护照注意事项

护照的有效期：护照的有效期通常为 5 年、10 年不等，必须在旅行期间内有效；护照的签发机关有随时收回护照的权力；护照有效期满，或者没有空余处签证时均需换护照。

护照的有效范围：除了特殊注明的国家，护照通常在所有国家都有效。

有些国家允许合用护照，那意味着两个以上的人一起旅行可以持一本合用护照。一般是配偶或他们的子女一起使用一本合用护照。合用护照必须是护照上的所有人一起旅行方有效；如果护照的持有者能提供护照上其他人留在国内的证明，也可以不在护照上的其他人的陪同下单独旅行。

（二）签证

签证是由政府机关印在护照或其他旅行证件上的签注（盖章），或贴上一张标签，表明持有人已被当局允许进入或再进入其国境，是一国公民进入另一个国家的许可证。签证的盖章或标签带有清晰的说明文字，指明持有人进入该国的事由、允许停留的时间或通过其领土前往其他国家的许可。签证制度主要是针对外国人设立的，签证不能单独使用，签证也是对持证人身份和旅行目的的文书确认。签证通常规定了停留期限、有效日期及在此期限内允许进入该国的次数。

根据申请人申请目的的不同，签证可分为出境签证、入境签证、出入境签证、入出境签证和过境签证。

根据出入境事由的不同，签证可分为外交签证、公务签证、移民签证、非移民签证、礼遇签证、旅游观光签证、工作签证、留学签证、商务签证以及家属签证等。我国的签证主要有外交签证、礼遇签证、公务签证和普通签证四种。

根据居留时间的不同，签证可分为短期签证、长期签证和永久居留签证。

根据签证使用效力的不同，签证可分为一次有效签证、二次有效签证和多次有效签证。

根据使用人数的不同，签证可分为个人签证和团体签证。

根据为持有人提供方便程度的不同，签证可分为另纸签证、落地签证等。

如果两国之间有互免签证的双边协议，则两国的公民进入对方国家无需签证。

申根签证是指根据申根协议而签发的签证。

（三）健康证明

有些国家要求进入其国境必须进行必要的预防接种，所以旅行前需查询自己所经停的国家是否需要对某些疾病进行预防接种。免疫接种方式一般有两种：强制预防接种和建议预防接种。仅有一些特定的国家需要强制预防接种，更多的是建议预防接种。

世界卫生组织公布了一些国家关于国际旅行和健康的手册，在手册中可以查询到在哪个机场需要何种疾病的接种证明。手册中还列出了世界上哪些地区是疾病的感染区，如霍乱、疟疾、瘟疫、黄热病等。黄热病和霍乱是两种最常见的需要预防接种的疾病。通常只有到感染区旅行才需要注射疫苗。

如果到需要预防接种的地区旅行，需要出示预防接种证明书，没有此证书将被隔离或被驱逐出境。通常情况下，转机旅客不需要预防接种。所有的预防接种都需要提前进行，在跨洋旅行中，有些疫苗接种时间需要比离开日期提前一个月。旅客需保留预防接种日期的记录，不同的预防接种有效期不同，保留记录可以知道何时需要注射辅助药剂。

（四）相关税费

出境旅行通常会涉及各种税费，购买国际机票的税大致分为三种：离境税、过境税、入境税。个别国家还有其他名目的税，例如，美国除上述税以外，还有海关使用税、机场税、动植物检疫检查费等。

和航空旅行有关的税费由销售代理人代收，加在机票价格上，这些税费需要在客票上列明。其他的税费由旅客在机场向征收部门现付。征收到达税、离境税或过境税是一国政府的直接收入来源，其他的税费更多是为了保障而征，如噪声污染税。表3-2所示的是伯利兹的离境税信息。

表 3－2 Tax Information for Belize

4. Tax：Departure tax is levied on all passengers：BZD22.50（incl. security tax）or equivalent in USD. Place of payment：Airport of departure in Belize. Exempt are： （1）transit passengers proceeding within 48 hours； （2）children of 12 years； （3）ministers of the Belize government； （4）officials visiting Belize on invitation of the Belize government.

（五）海关规定

海关控制着一个国家到另一个国家的商品的运送。海关要保护本国人口不受易传染性疾病扩散带来的伤害，同样，也保护濒危物种。进出口某些商品在有些国家是受限或禁止的，如果要超过这些受限商品的进出口数量，需要付特别的关税。

大多数国家都规定了一定数量的免税商品，如烟草、烈性酒和香水。关于国际旅行和健康的手册上介绍了不同国家在进出口这些商品时可以免税的数量。个人生活用品如衣服、珠宝、化妆品、照相机、手提电脑等，通常不会受限。旅客随身携带的受限物品通常有宠物、野生动植物、枪支、弹药等。

（六）货币及支付方式

各国海关对旅客进出国境每人所允许携带的当地货币和外国货币的数量均有限额。这些限额通常对国内居民和国外居民的规定是不同的。各国对旅客携带的贵重金属如金、银等也有限制。如果旅客不遵守规定将会受到惩罚，惩罚的种类从罚款到监禁不等。

三、国际航程的构成要素

航程是指旅客客票上所标明的全部行程。一个航程由始发地、目的地、中间停留点、航段、运价计算区、票价计算点等要素组成。

（一）始发地

始发地是指航程最初开始的地点，是第一个开票点，也是票价计算点。

（二）目的地

目的地是指旅客的最终目的地，即结束旅行的地点。目的地既是开票点，也是票价计算点。

（三）中间停留点

中间停留点是票价计算点之间的开票点，包括中途分程点（Stopover point）和中间经停点（No stopover point）。

如果旅客在航程中的某一点发生了超过 24 小时的航班转换，该点就称为中途分程点。客票上作为中途分程点的城市名称或代号前面可标注代号“O”，这个代号不是强制性的，也可以不标。

如果旅客在旅途中非自愿地中断航程，并在 24 小时内换乘航班继续旅行，该点就称为中间经停点（非中途分程点）。它可以是本航空公司中转（Online Connection）或航空公司间中转（Interline Connection）。为了标明这种联程中转，在客票上作为中间经停点的城市名称或代号之前标注代号“X”。这是一个必须要填写的代号，因为它不仅影响到所适用的运价检查，还涉及运价的分摊。

在图 3－1 所示的国际客票上，NEW YORK 是航程的始发地，BERGEN 是航程的目的地，PARIS、COPENHAGEN、OSLO 均是中间停留点，其中 PARIS 是中间经停点，其余两地是中途分程点。任意两个地点之间均称为航段，NEW YORK—BERGEN 称为运价计算区。

图 3－1 国际客票票样

（四）航段

航段是指航程中任意两个地点之间的航程。

（五）运价计算区

运价计算区是指在来回程或环程中为了运价计算的方便而人为确定的路程，通常是指在两个连续的票价计算点之间的航程。在单程中，全航程就是一个运价计算区。

（六）票价计算点

票价计算点是指运价计算区的端点，标志着运价计算区的开始和结束，也称为票价组合点。如果航程仅有一个运价计算区（见图 3－2），则始发地和目的地是仅有的一组票价计算点。

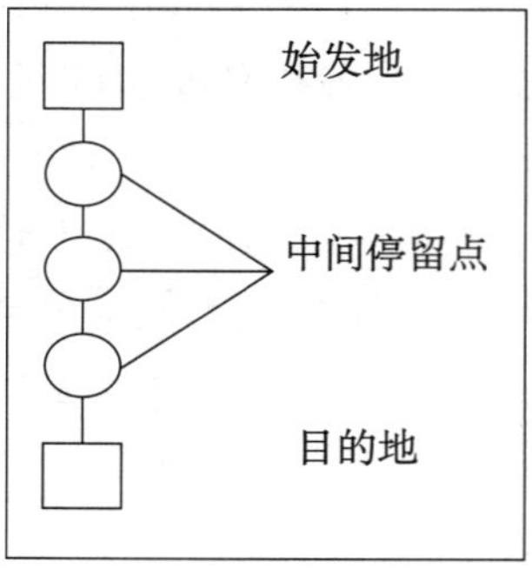

图 3-2　仅有一个运价计算区的航程

四、国际航程的分类

按照旅行方式的不同，国际航程可分为以下几类。

（一）单程

单程（One Way Journey，OW）是指一个航程的始发地和目的地在不同的国家，行程为单向，即只去不回型。从运价计算的角度出发，单程是指非来回程亦非环程的航程，且全程不一定全部为航空运输。如：SHA—HKG—MNL、CAS—NYC—SJU。

（二）来回程

来回程（Round Trip，RT）是指由始发地出发前往目的地，然后再返回到始发地且全程为航空运输的航程。来回程具有以下特征：一是具有两个运价计算区，即去程运价计算区和回程运价计算区，两个运价计算区运价相等，每一个运价计算区均使用相同的 1/2RT 运价；二是始发地和目的地是同一个城市。

来回程包括下列两种类型：

（1）去程和回程路线相同、运价相同。如：SHA—HKG—SHA、BJS—TYO—HNL—TYO—BJS。当去程和回程路线完全一致，而去程和回程运价不相等，且运价不相等是由于承运人、淡旺季、服务等级、周末、周中不同等原因时，该航程同样视为来回程。

（2）去程和回程路线不同、运价相同。如：TYO—HKG—BKK—MNL—TYO、BJS—HKG—SIN—MNL—BJS。当去程和回程路线不一致，全程由两组运价组成，且经过计算去程与回程的运价相同时，依然属于来回程。

（三）环程

环程（Circle Trip，CT）是指旅客从始发地出发，连续经过若干中间停留点，最终回到始发地的航空旅行。如：BJS—SYD—SIN—BKK—HKG—BJS。环程至少包括两个运价计算区，虽然与来回程有些类似，但实质不同。它具有以下特征：

（1）来回程的运价计算区只有两个，环程的运价计算区可以不止两个，但使用特殊运价的环程仅允许有两个运价计算区。

（2）环程的去程和回程路线不同，运价也不同。

（3）每一个运价计算区均适用 1/2RT 运价，回程运价使用与实际旅行方向相反的运价。

（四）环球程

环球程（Round the World Trip，RTW）是环程的一种特殊类型，指从始发地出发后向东或向西环绕地球，然后回到始发地的旅行。

构成环球程需同时具备以下特征：

（1）向东（西）连续飞行。

（2）航程中既经过太平洋，又经过大西洋。

（3）始发地和目的地是同一地点。

（4）全航程须经过 IATA 一区、IATA 二区和 IATA 三区。如：PEK—TYO—SFO—NYC—LON—DXB—PEK、HKG—PAR—YMQ—CHI—SEA—SEL—HKG。

（五）缺口程

缺口程（Open Jaw Trip，OJ）是指在航程中有一个或两个地面运输段的航程。地面运输段称为缺口，缺口的两端地点必须在一个国家内。缺口程可分为单缺口和双缺口两种。

1. 单缺口

单缺口（Single Open Jaw，SOJ）是指航程中有一个地面运输段。

（1）始发站单缺口（Destination Single Open Jaw，DSOJ）是指始发站与目的地为同一国家的两个城市。如：SHA—TYO—PEK，SHA 与 PEK 之间为缺口；PEK—TYO—DLC，PEK 与 DLC 之间为缺口。

（2）折返点单缺口（Turnaround Single Open Jaw，TSOJ）是指航程中有一个地面运输航段，航段的组合点是一个国家的两个城市。如：SHA—TYO……OSA—SHA。

2. 双缺口

双缺口（Double Open Jaw，DOJ）是指航程中有两个地面运输段，其中一个位于始发站，另一个位于航程中间。如：SHA—TYO……OSA—CAN，SHA 与 CAN 之间为缺口，TYO 与 OSA 之间为缺口。

单元二 国际航程的方向

由于地球是圆形的，从一地到另一地之间可通过不同方向的旅行路线实现，不同方向的旅行线路所需里程也有所差异。航空票价是以里程为基础的，即遵循着

“里程越长、运价越贵”的基本原则。因此，计算国际航空运价，首先需要确定航程的方向。

一、IATA 的地理分区

为了更好地协调世界各国航空运输业务，根据相关国家之间航空运输往来的密切程度以及地理位置，国际航空运输协会（IATA，以下简称国际航协）将世界划分为三个区域（IATA Traffic Conference Areas，或 Area，或 TC），即 IATA 一区、IATA 二区和 IATA 三区（也可表述为 A1/A2/A3 或 TC1/TC2/TC3）。每个区还划分为若干个次区域（Sub-Areas）。根据各个区的划分，国际航协将全球划分为东西半球，东半球包括二区和三区；西半球只包括一区。IATA 区域和次区域的划分与自然地理上的划分有所不同。

（一）IATA 一区

IATA 一区包括南北美洲大陆及邻近岛屿格陵兰岛、百慕大群岛、西印度群岛、加勒比海群岛以及夏威夷群岛（包括中途岛和巴尔米拉环礁）。IATA 一区的次区域可按大洲和大洋的不同进行划分。

1. 按大洲的不同进行划分

IATA 一区按大洲的不同分为北美洲地区、中美洲地区、南美洲地区和加勒比地区。

（1）北美洲地区：北美洲地区主要包括美国（US）、加拿大（CA）、墨西哥（MX）、法属圣皮埃尔和密克隆群岛（PM）。

（2）中美洲地区：中美洲地区主要包括伯利兹（BZ）、哥斯达黎加（CR）、洪都拉斯（HN）、萨尔瓦多（SV）、危地马拉（GT）、尼加拉瓜（NI）等国家及其邻近岛屿。

（3）南美洲地区：南美洲地区主要包括阿根廷（AR）、巴西（BR）、智利（CL）、秘鲁（PE）、厄瓜多尔（EC）、玻利维亚（BO）、法属圭亚那（GF）、苏里南（SR）、圭亚那（GY）、乌拉圭（UY）、巴拿马（PA）、委内瑞拉（VE）、哥伦比亚（CO）、巴拉圭（PY）。

（4）加勒比地区：加勒比地区主要包括巴哈马（BS）、圭亚那（GY）、百慕大群岛（BM）、苏里南（SR）、法属圭亚那（GF）、加勒比海群岛（注：南美洲地区与加勒比地区有一部分是重合的）。

加勒比海群岛是指安圭拉（AI）、安提瓜和巴布达（AG）、阿鲁巴岛（AW）、巴巴多斯（BB）、英属开曼群岛（KY）、古巴（CU）、多米尼克（DM）、多米尼加共和国（DO）、格林纳达（GD）、瓜德罗普岛（GP）、海地（HT）、牙买加（JM）、英属蒙特塞拉特岛（MS）、荷属安的列斯群岛（AN）、圣基茨-尼维斯（KN）、圣卢西亚（LC）、英属维尔京群岛（VG）、英属圣文森特和格林纳丁斯（VC）、特立尼达和多巴哥（TT）、英属特克斯和凯科斯群岛（TC）等国家及其相邻岛屿。

2. 按大洋的不同进行划分

IATA 一区按大洋的不同分为北大西洋地区、中大西洋地区、南大西洋地区。

（1）北大西洋地区：主要包括加拿大（CA）、格陵兰岛（GL）、墨西哥（MX）、美国（US）（包含阿拉斯加、夏威夷、波多黎各、美属维尔京群岛）。

（2）中大西洋地区：主要包括所有加勒比地区、中美洲、南美洲和巴拿马运河区域，不包括阿根廷、巴西、智利、巴拉圭和乌拉圭。具体包括安圭拉（AI）、安提瓜和巴布达（AG）、阿鲁巴岛（AW）、巴哈马（BS）、巴巴多斯（BB）、伯利兹（BZ）、百慕大群岛（BM）、玻利维亚（BO）、英属开曼群岛（KY）、哥伦比亚（CO）、哥斯达黎加（CR）、古巴（CU）、多米尼克（DM）、多米尼加共和国（DO）、厄瓜多尔（EC）、萨尔瓦多（SV）、法属圭亚那（GF）、格林纳达（GD）、瓜德罗普岛（GP）、危地马拉（GT）、圭亚那（GY）、海地（HT）、洪都拉斯（HN）、牙买加（JM）、马提尼克岛（MQ）、英属蒙特塞拉特岛（MS）、荷属安的列斯群岛（AN）、尼加拉瓜（NI）、巴拿马（PA）、秘鲁（PE）、圣基茨-尼维斯（KN）、圣卢西亚（LC）、英属圣文森特和格林纳丁斯（VC）、苏里南（SR）、特立尼达和多巴哥（TT）、英属特克斯和凯科斯群岛（TC）、委内瑞拉（VE）、英属维尔京群岛（VG）。

（3）南大西洋地区：包括阿根廷（AR）、巴西（BR）、智利（CL）、巴拉圭（PY）、乌拉圭（UY）。南大西洋地区简称为“ABCPU”。

（二）IATA 二区

IATA 二区包括欧洲（包括俄罗斯联邦的欧洲部分）和邻近的岛屿、冰岛、亚速尔群岛、非洲及其邻近的岛屿、阿松森岛以及亚洲的一部分，即伊朗以西（包括伊朗）。IATA 二区划分为三个次区，分别是欧洲地区、中东地区、非洲地区。

1. 欧洲地区

欧洲地区包括自然地理概念上的欧洲国家以及在自然地理上属于北非的阿尔及利亚、摩洛哥、突尼斯及亚洲的土耳其。具体包括阿尔巴尼亚（AL）、阿尔及利亚（DZ）、安道尔（AD）、亚美尼亚（AM）、奥地利（AT）、阿塞拜疆（AZ）、列支敦士登（LI）、立陶宛（LT）、波斯尼亚和黑塞哥维那（BA）、马其顿（MK）、马耳他（MT）、摩尔多瓦（MD）、摩纳哥（MC）、摩洛哥（MA）、芬兰（FI）、波兰（PL）、德国（DE）、希腊（GR）、匈牙利（HU）、冰岛（IS）、爱尔兰（IE）、意大利（IT）、拉脱维亚（LV）、瑞典（SE）、瑞士（CH）、土耳其（TR）、乌克兰（UA）、英国（GB）、爱沙尼亚（EE）、挪威（NO）、格鲁吉亚（GE）、直布罗陀（GI）、俄罗斯联邦（乌拉尔山以西）（RU）、圣马力诺（SM）、斯洛伐克（SK）、斯洛文尼亚（SI）、西班牙（ES）、白俄罗斯（BY）、比利时（BE）、卢森堡（LU）、突尼斯（TN）、保加利亚（BG）、克罗地亚（HR）、捷克（CZ）、丹麦（DK）、荷兰（NL）、法国（FR）、葡萄牙（PT）、罗马尼亚（RO）。

与其相关的概念还包括：

欧洲大陆，指所有上述欧洲国家，但除去阿尔及利亚、冰岛、爱尔兰、突尼斯和英国。

伊比利亚半岛，指直布罗陀、葡萄牙、西班牙。

斯堪的纳维亚，指丹麦（不包括格陵兰）、挪威、瑞典。

2. 中东地区

中东地区包括位于阿拉伯半岛上的中东国家和地理概念上隶属于非洲的埃及、苏丹两国。塞浦路斯通常被视为欧洲的一部分，但其也被划分到中东地区。具体包括巴林（BH）、伊朗（IR）、约旦（JO）、卡塔尔（QA）、阿曼（OM）、塞浦路斯（CY）、伊拉克（IQ）、科威特（KW）、沙特阿拉伯（SA）、叙利亚（SY）、埃及（EG）、以色列（IL）、黎巴嫩（LB）、苏丹（SD）、也门（YE）、阿拉伯联合酋长国（AE）。

3. 非洲地区

非洲地区包括除阿尔及利亚、摩洛哥、突尼斯、埃及、苏丹五国外其他在地理上属于非洲的国家。非洲地区又可分为中非、东非、南非、西非四个子区域。

中非包括：马拉维（MW）、赞比亚（ZM）、津巴布韦（ZW）。

东非包括：布隆迪（BI）、吉布提（DJ）、埃塞俄比亚（ET）、肯尼亚（KE）、坦桑尼亚（TZ）、卢旺达（RW）、乌干达（UG）、索马里（SO）。

南非包括：博茨瓦纳（BW）、莱索托（LS）、莫桑比克（MZ）、纳米比亚（NA）、南非共和国（ZA）、斯威士兰（SZ）。

西非包括：安哥拉（AO）、几内亚比绍（GW）、喀麦隆（CM）、毛里塔尼亚（MR）、乍得（TD）、科特迪瓦（CI）、赤道几内亚（GQ）、多哥（TG）、加纳（GH）、几内亚（GN）、布基纳法索（BF）、马里（ML）、中非共和国（CF）、尼日利亚（NG）、塞内加尔（SN）、塞拉利昂（SL）、冈比亚（GM）、贝宁（BJ）、利比里亚（LR）、佛得角（CV）、尼日尔（NE）、刚果（布）（CG）、圣多美和普林西比（ST）、加蓬（GA）、刚果（金）（ZR）。

（三）IATA 三区

IATA 三区是指伊朗以东的亚洲部分及其邻近的岛屿、东印度群岛、澳大利亚、新西兰及其邻近的岛屿、太平洋岛屿中除去属于 IATA 一区的部分。IATA 三区可以划分为四个次区，分别是南亚次大陆地区、东南亚地区、东亚地区、西南太平洋地区。

1. 南亚次大陆地区

南亚次大陆地区主要包括位于南亚次大陆的国家，具体包括阿富汗（AF）、尼泊尔（NP）、孟加拉国（BD）、巴基斯坦（PK）、不丹（BT）、斯里兰卡（LK）、马尔代夫（MV）、印度（包括安达曼群岛）（IN）。

2. 东南亚地区

东南亚地区主要包括位于东南亚的国家或地区以及在地理上属于中亚的国家，具体包括柬埔寨（KH）、中国（CN）、中国香港地区（HK）、印度尼西亚（ID）、吉尔吉斯斯坦（KG）、老挝（LA）、马来西亚（MY）、马绍尔群岛（MH）、蒙古（MN）、缅甸（MM）、帕劳（PW）、菲律宾（PH）、俄罗斯联邦（乌拉尔山以东部分）（RU）、塔吉克斯坦（TJ）、泰国（TH）、乌兹别克斯坦（UZ）、越南（VN）、文莱（BN）、关岛（GU）、哈萨克斯坦（KZ）、中国澳门地区（MO）、密克罗尼西亚联邦（FM）、北马里亚纳群岛（MP）、新加坡（SG）、中国台湾地区（TW）、土库曼斯坦（TM）。

3. 东亚地区

东亚地区仅包括日本（JP）、韩国（KR）、朝鲜（KP）三个国家。

4. 西南太平洋地区

西南太平洋地区主要包括位于西南太平洋的国家和岛屿（不包括隶属于 IATA 一区的岛屿），具体包括美属萨摩亚（AS）、巴布亚新几内亚（PG）、斐济（FJ）、法属波利尼西亚（PF）、瑙鲁（NR）、瓦利斯和富图纳群岛（WF）、纽埃（NU）、库克群岛（CK）、所罗门群岛（SB）、基里巴斯（KI）、瓦努阿图（VU）、澳大利亚（AU）、萨摩亚独立国（WS）、汤加（TO）、图瓦卢（TV）、新西兰（NZ）、新喀里多尼亚群岛（NC）。

二、环球指示代号（方向性代号）

国际航程的环球指示代号（Global Indicator，GI）也称方向性代号，是准确计算国际客运价的重要依据。因为以不同的方向从一个城市到另一个城市飞行里程不同，所以便有不同的运价，例如从北京至纽约，旅客既可以选择太平洋航线，也可以选择大西洋航线。如果旅客选择大西洋航线，则运价要比太平洋航线高出很多，所以在计算运价时，首先要确定旅客选择的航线属于哪一种旅行方向。

（一）WH

WH（Western Hemisphere，西半球）航线是指西半球境内即 IATA 一区范围内的航线。如：NYC—RIO、LIM—BUE。

（二）AT

AT（via the Atlantic，经大西洋）航线主要是指 IATA 一区至 IATA 二区的航线，从 IATA 三区经 IATA 二区至 IATA 一区的航线也属于 AT 航线。如：SFO—PAR、BJS—KHI—PAR—NYC。

（三）PA

PA（via the Pacific，经太平洋，主要指北/中太平洋）航线主要是从 IATA 一区至 IATA 三区并经过太平洋的航线。如：TYO—HKG—SFO、SHA—ANC—NYC。

（四）AP

AP（via the Atlantic and Pacific）航线是指既经大西洋又经太平洋的环球航线，主要是从 IATA 二区至 IATA 三区并经过 IATA 一区的航线。如：HKG—SFO—NYC—LON、ROM—MIA—BKK。

（五）PN

PN（via the Pacific and North America）航线是指从南美洲经北美洲至西南太平洋航线（经过太平洋和北美洲），反向亦然。如：SYD—LAX—MEX—SCL、SYD—LAX—SAO。

（六）SA

SA [via the Atlantic and via point(s) in central Africa，South Africa，Indian Ocean Islands] 航线是指南大西洋和东南亚之间的航线，经过大西洋、中部非洲、南部非洲、印度洋岛屿，反向亦然。南大西洋地区即“ABCPU”，包括阿根廷、巴西、智利、巴拉圭和乌拉圭。如：RIO—JNB—HKG、SCL—CPT—TYO。

（七）EH

EH（Eastern Hemisphere，东半球）航线是指整个航程在 IATA 二区至 IATA 三区之内的航线。如：MAD—ATH—SIN、BJS—BKK—LON。

（八）TS

TS（via Siberia and nonstop Europe—Japan/Korean）航线是指在 IATA 二区与 IATA 三区之间的航线，有一趟直达的航班在欧洲和日本/韩国、朝鲜之间（不包括 RU/FE 路线）。此处所说的欧洲是航空地理上 IATA 二区中的欧洲次区域，而非自然地理上的欧洲。如：TYO—STO、BKK—TYO—PAR、JED—IST—TYO。

（九）FE

FE（Far East，远东）航线是指在俄罗斯（乌拉尔山以西）、乌克兰和 IATA 三区之间的直达航线。如：MOW—HKG—POM、SEL—IEV。

（十）RU

RU [between Russia（in Europe）and TC3 with nonstop service between Russia (in Europe) and Japan/Korea（N/S）；not via another country in Europe] 航线是指俄罗斯的欧洲部分和 IATA 三区之间的航线，有一趟直达航班在俄罗斯和日、韩、朝之

间，不经过欧洲的其他国家。如：MOW—TYO、HKG—SEL—MOW—LED。

（十一）PO

PO（Polar，北极）航线也称极地航线，是指穿越北极上空的重要航线，用于连接北美洲和欧洲、亚洲，当前通常是指各区域间旅行经过阿拉斯加（安克雷奇）的航线。如：NYC—ANC—SEL、MAD—ANC—SEA。

总结：在判断一个航程的环球指示代号时，首先看航程中是否有越洋航段（大西洋或太平洋），如有越洋航段，以越洋航段作为判断环球指示代号的依据。

在东半球范围内，有 EH、TS、FE、RU 4 个方向，判断一个航程的方向时首先看是否是 RU 方向；如不是，再看是否是 TS 方向；如不是，再看是否是 FE 方向；如仍不是，则一定是 EH 方向。

在判断环球指示代号时，一切地点都是指 IATA 确定的航空地理上的地点，注意与自然地理上的地点相区别。

单元三　国际货币与付款规则

一、国际销售代号

由于各国的劳动力价格水平的差异，同一条航线的客票在不同国家销售、付款所需销售成本也会有差异，因此在销售国际客票时，首先要区分售票地点、出票地点。国际销售代号就是通过确定出票和销售地点，来确定使用何种方式正确进行运价计算的一个代号。在填开客票时，需要将国际销售代号填开在客票的“目的地/终点”（ORIGIN/DESTINATION）栏中。

国际销售代号（International Sale Indicator，ISI）是由 4 个字母组成的代码，每个字母都有具体的含义。4 个字母及其含义分别是：

S：Sale　　销售或付款地点

T：Ticketing　　出票地点

I：Inside　　国内

O：Outside　　国外

这里所说的国内和国外是相对于航程中的始发地而言的，即航程中第一个航班始发地的所属国家或地区。

这 4 个字母组成了 4 个代号：SITI（销售和出票均在始发国）、SITO（销售在始发国内，出票在始发国外）、SOTI（销售在始发国外，出票在始发国内）、SOTO（销售和出票均在始发国外）。国际销售代号示例如表 3 - 3 所示。

表 3-3 国际销售代号示例

航程	销售地点	出票地点	国际客票销售代号
FRA—BJS	FRA	FRA	SITI
	MUC	FRA	SITI
	BJS	FRA	SOTI
	PAR	BER	SOTI
	PAR	PAR	SOTO
STO—BJS	STO	CPH	SITI
YVR—BJS	YVR	NYC	SITI

二、国际航空运价的货币规则

国际航空运价是以当地货币的形式公布的，但是在计算联程运输的票价时，若联程经过几个国家，仅用当地货币难以完成复杂的计算过程。为了解决这个问题，国际航协制定了中性货币单位 NUC。

（一）NUC 与当地货币的兑换率 IROE

NUC 是国际航协为了简化国际航空旅客票价的计算而采用的一种以美元为基础的计算单位。NUC 和各个国家货币之间都有一个比率，这就是 IATA 兑换率，缩写为 IROE（IATA Rate of Exchange）或 ROE，它由国际航协清算所（IATA Clearing House）根据到每个月 15 日为止的美元与所涉及货币的 5 天汇率的平均值作为 ROE 来公布的，每 3 个月公布一次，每年 4 次。如果在此期间某种货币的汇率变动超过 6%，国际航协清算所会公布最新的兑换率。

从每个国家出发的航线的票价都分别以 NUC 和当地货币同时公布。有些国家的运价不是用本国货币而是用其他国家货币表示的，由于这些国家的货币非常容易出现波动而不够稳定，通常称这类货币为软货币。因此国际航协在公布运价时使用相对稳定的硬货币，如美元、欧元为计算单位，以保持运价的相对稳定性。

（二）NUC 与当地货币的转换

在国际运价计算过程中及旅客付款时，均会涉及 NUC 与当地货币（LCF）的转换问题。

1. NUC 转换成当地货币

国际运价计算得到的数值是用 NUC 表示的，需要将 NUC 转化为当地货币后旅客才能付款。转换公式为：LCF÷IROE=NUC。

2. 当地货币转换成 NUC

一般国际旅客在支付一些加在机票价格上的税时，需要将用当地货币公布的税款总额换算成 NUC，与国际运价一起进行计算，得到旅客最终需要为旅行支付的费用总额。转换公式为：NUC×IROE=LCF。

（三）票价计算尾数进位规则

1. NUC 尾数的取舍规则

计算 NUC 时，尾数只保留到小数点后两位，其余的全部舍去不计，不涉及进位问题。例如：

NUC1 230.456 7～NUC1 230.45

NUC1 230.009 0～NUC1 230.00

2. 当地货币的尾数进位规则

NUC 转换为 LCF 后得到的数值会有多位小数，而 IATA 规定了各种货币的进位规则，编制成国际航协货币转换表，如表 3-4 所示（从主要的运价资料中均可查找到）。

表 3-4 国际航协货币转换表（部分）

To calculate fares, rates or charges in currencies listed below:			Multiply NUC fare rate/Charge by the following rate of exchange;			And round up the resulting amount to the next higher unit as listed below:			
Country (+local currency acceptance limited)		Currency Name	ISO Codes		From NUC	Rounding Units			
			Alpha	Numeric		Local Curr. Fares	Other Charges	Decimal Units	Notes
+	Haiti	US Dollar	USD	840	1.000 000	1	0.1	2	3, 5
	Hong Kong SAR	Hong Kong SAR Dollar	HKD	344	7.748 880	10	1	2	5
	Hungary	Forint	HUF	348	230.420 000	10	10	2	
	Iceland	Iceland Krona	ISK	352	72.014 000	100	10	0	
	India	Indian Rupee	INR	356	42.442 020	5	1	0	26
	Italy	Italian Lira	ITL	380	1 774.375 926	1 000	1 000	0	
	Italy	Euro	EUR	978	0.916 389	0.01	0.01	2	5
	Jordan	Jordanian Dinar	JOD	400	0.709 000	0.1	0.05	3	
	New Zealand and Cook Islands	New Zealand Dollar	NZD	554	1.871 945	1	0.1	2	18

（1）进位方法。

国际航协规定的货币进位方法有两种：一是有数就进 H（Higher），只要进位位数后面的一位不是 0，就要进位上去；二是四舍五入 N（Nearest），进位位数后面的一位大于 5 则进上去，小于 5 则省略掉。

（2）进位单位。

在对某种货币进行尾数进位时，遵循下列步骤：

1）进位单位如果大于或等于1，如1、5、10、100、1 000、10 000等，将NUC转换为LCF后得到的数值只保留一位小数，其余的全部舍去。如果进位单位是1，则看小数点后面的第一位数，按照进位方法计算，即四舍五入或有数就进；如果进位单位是1的10倍数（如10、100、1 000等），看进位位数后面的所有数字，按进位方法来计算；如果进位单位是5或5的10倍数（如50、500等），则看进位位数及其后面的数字，按照进位方法进行进位。

2）进位单位如果小于1，如0.1、0.01、0.001等，则将当地货币的位数保留到比进位单位多一位数，其余的小数全部舍去。进位时看进位单位的后一位，按进位方法进行进位。

尾数进位如表3-5所示。

表3-5　尾数进位示例

序号	当地货币LCF	进位单位及方法、保留小数位数	进位结果
1	NZD1 234.3	H1（保留2位小数）	NZD1 235.00
2	NZD1 234.09	H1（保留2位小数）	NZD1 234.00
3	INR1 232.3	H5（无小数）	INR1 235
4	INR1 230.09	H5（无小数）	INR1 230
5	JOD1 234.39	H0.1（保留3位小数）	JOD1 234.400
6	JOD1 234.09	H0.1（保留3位小数）	JOD1 234.100
7	USD1 234.39	N1（保留2位小数）	USD1 234.00
8	USD1 234.09	N1（保留2位小数）	USD1 234.00
9	HKD1 234.3	N10（保留2位小数）	HKD1 230.00
10	HKD1 230.09	N10（保留2位小数）	HKD1 230.00
11	EUR1 234.105	N0.01（保留2位小数）	EUR1 234.11
12	EUR1 234.092	N0.01（保留2位小数）	EUR1 234.09

思考练习

一、单项选择题

1. 出境旅游常常会涉及各种税费，购买国际机票的税大致分为（　　）。

A. 离境税　　B. 过境税　　C. 入境税　　D. 以上都是

2. 如果旅客在旅途中非自愿地中断航程，并在（　　）小时内换乘航班继续旅行，该点就称为中间经停点（非中途分程点）。

A. 8　　B. 12　　C. 24　　D. 48

3. 在判断国际销售代号（ISI）时，（　　）与其他国家不等同于一国看待。

A. 挪威　　B. 瑞典　　C. 芬兰　　D. 丹麦

4. 下列只有一个运价计算区的航程类型是（　　）。

A. 单程　　B. 来回程　　C. 环程　　D. 环球程

二、判断题

1. 人民币用于表示机票价格时，进位方法是四舍五入。（　　）
2. 用于表示西半球航线的环球指示代号是 WH。（　　）
3. 缺口程的缺口两端地点必须在同一国内。（　　）
4. 在国际航班时刻表（OAG）中，查阅航班时刻时，会发现在“机型”栏下，有时会用地面交通工具的代码来表示，如“TRN”表示用火车承运。（　　）
5. TS 方向航线指的是日韩与俄罗斯、乌克兰之间的直达航线。（　　）

三、思考题

1. 什么是申根签证？
2. 国际航程可分为哪几类？
3. 请判断下表中的国际航程的客票销售代号。

航程	销售地点	出票地点	国际客票销售代号
CPH—HEL	STO	CPH	
	HEL	CPH	
	NOK	OSL	
CTU—TYO	TPE	HKG	
	DLC	SYX	
STO—SHA	STO	PEK	
YVR—PEK	YVR	NYC	
	GUM	HNL	

4. 请指出下列航程的环球指示代号。

（1）LAX—TYO—DEL。

（2）ASU—JNB—KHI—HKG。

（3）PEK—CPH—YMQ—GUM。

（4）LON—BKK—SEL。

（5）MOW—BOM—BKK。

（6）MOW—SYD—JKT。

（7）LED—POM。

（8）AKL—ANC—ASU。

（9）DUB—CAI—AKL。

（10）LIS—CHI—JKT。

（11）BUE—SAO—MIA—TYO。

（12）SYD—LAX—SCL—BUE。

（13）LED—MOW—BJS—TYO。

（14）STO—MOW—SEL—BJS。

（15）HKG—BKK—IST—MOW。

（16）SHA—LON—NYC—WAS。

（17）HKG—TPE—YVR—NYC。

（18）HKG—JNB—RIO—SAO。

（19）ZRH—NYC—SAO。

（20）MEX—SFO—MNL。

5. 将下表中的货币进位。

序号	当地货币 LCF	进位单位及方法、保留小数位数	进位结果
1	INR1 382.00	H5（无小数）	
2	CNY1 382.00	H10（保留 2 位小数）	
3	JPY22 300.20	H100（无小数）	
4	EUR1 382.128	N0.01（保留 3 位小数）	
5	ESP29 344.08	H50（无小数）	
6	JOD522.08	H0.1（保留 3 位小数）	
7	HKD1 232.98	N10（保留 2 位小数）	
8	SEK1 665.09	H5（保留 2 位小数）	
9	MTL127.1	N1（保留 2 位小数）	
10	MIM1 280 429.3	H10 000（无小数）	

模块四 国际航空旅客运价计算

学习目标

能够熟练使用 IATA 运价计算公式进行各类航程基本运价的计算，熟悉国际客票的内容，能够运用运价计算结果为旅客选择适宜的国际航程。

单元一　国际航空旅客运价的种类与选择

一、国际航空旅客运价的种类

（一）普通运价

普通运价一般是指无任何限制的全额票价，包括 F、C、Y 的全额价格以及按一定比例付费的儿童和婴儿票价。

1. 不受限制的普通运价

这里所谓的不受限制，是指对中途分程的次数、使用时间（一年内）以及订座、签转、更改航程等不加限制。

2. 受限制的普通运价

受限制的普通运价是指附有相应限制条件的较低水平的运价，如 Y_2、C_2、Y_{22}，也属于普通运价。限制条件一般有以下几个：

（1）航程中的中途分程和转机的限制。

（2）季节和处于周几（day of week）的限制。

（3）航班和承运人的选用限制。

（二）特殊运价

特殊运价是指除普通运价外的附有特殊限制条件的运价。附加的限制条件主要有：

（1）最短和最长停留时间。

（2）中间停留点的时间长短。

（3）订座、付款和出票限制。

（4）一天中某个时段的旅行要求。

（5）资格限制。

（6）退票和变更的限制。

二、《旅客国际航空旅行价目表》（*PAT*）

《旅客国际航空旅行价目表》（*Passenger Air Tariff*，*PAT*）是由 IATA 和 SITA 联合出版发行的，是世界上应用最广的一份航空运价查询资料。该资料分为 4 册：《一般规则手册》（*General Rules*）、《运价手册》（*Worldwide Fares*）、《运价规则手册》（*Worldwide Rules*）、《最大允许里程手册》（*Maximum Permitted Miles*）。

（一）《一般规则手册》

《一般规则手册》每季度出版一本，主要内容包括：

（1）按字母顺序排列的使用指南（Alphabetical Index）。

（2）国家的代号（Country Codes）。

（3）城市的全称和代号（City Names，Codes）。

（4）运价规则（Rules Section）。此部分为该手册的主要内容，以基础运价计算规则为主，同时还包括：定义及缩写、行李运输规则、税费和其他收费、旅客客票、签转手续、航空公司的特别声明、客票点里程/实际里程。

（二）《运价手册》

《运价手册》每年在 2 月、3 月、5 月、6 月、8 月、9 月、11 月和 12 月出版，一年共出版 8 次。其内容主要是 IATA 在东西半球内使用的运价，包括：

（1）货币兑换率（Currency Conversion Rates）：中性货币单位 NUC 和各个国家货币之间的兑换比率，也介绍各个国家的货币知识，如进位单位和进位方法等。

（2）查阅运价的方法（How to use fares）：包括单程运价和来回程运价的查阅。

（3）运价等级代码（Fares Class/Type Codes）：包括等级代码、季节代码、星期代码、运价和旅客类型代码、航班提供的运价等级、环球指示代号。

（4）运价部分（Fare）：包括普通运价和特殊运价，这些运价用 NUC 和当地货币两种方式表示。

(5) 比率运价（Add-on）：在无公布直达运价的情况下，使用比例运价组合成新的运价。

（三）《运价规则手册》

《运价规则手册》每季度出版一本，主要内容包括：

(1) 东半球运价规则（Eastern Hemisphere Fares and Rules）：在运用东半球运价规则时需要了解的特别注解。

(2) 西半球运价规则（Western Hemisphere Fares and Rules）：在运用西半球运价规则时需要了解的特别注解。

(3) 标准运输条款（Standard Conditions SC100 and SC101）。

(4) 指定航程（Routings）：承运人指定航程列表。

（四）《最大允许里程手册》

《最大允许里程手册》每年 4 月份出版一本，主要内容包括最大允许里程使用方法和最大允许里程列表两部分。

（五）《运价手册》查阅实例及说明

LON—SEL 的运价表如表 4－1 所示。

表 4－1 LON—SEL 的运价表

LONDON UK（LON）					
FARE TYPE	LOCAL CURRENCY	NUC	CARR CODE	RULE	GI，MPM& ROUTING
TO SEOUL（SEL）					EH 8944
					TS 8352
					AP 11748
Y	1 839	2 988.18			EH TS
Y	**3 347**	**5 438.52**			**EH TS**
Y	2 029	3 296.91			AP
Y	**3 693**	**6 000.74**			**AP**
Y_2	683	1 109.80		E032	EH TS
C	2 376	3 860.75			EH TS
C	**4 324**	**7 026.05**			**EH TS**
C	2 568	4 172.73			AP
C	**4 674**	**7 594.76**			**AP**
F	3 802	6 177.85			EH TS
F	**6 920**	**11 244.28**			**EH TS**
F	4 109	6 676.69			AP
F	**7 478**	**12 150.97**			**AP**
YLPX3M	**1 167**	**1 896.25**		**Y088A**	**EH TS**
YHPX3M	**1 342**	**2 180.61**		**Y088A**	**EH TS**
YEEM	**1 605**	**2 607.95**		**Y077**	**EH TS**

（1）运价类型栏。运价类型栏中的运价类型为从该城市出发所包括的各类相关的运价类型，包括普通运价和特殊运价。

（2）当地货币运价栏。用始发地货币表示的运价。

（3）NUC 运价栏。用中性货币单位 NUC 表示的运价。

（4）承运人栏。在某些运价后出现了承运人的两字代码，表示该运价只适合于该承运人运营。运价后未出现任何承运人的代码，表示该运价适合所有的承运人运营。

（5）规则栏。规则栏的代码表示在使用该运价时需要参考运价后的规则的适用条件，只有符合适用条件该运价才能使用。该规则需要在规则手册中查询，见表 4－2。

表 4－2　E032 规则

E032	**SPECIAL ECONOMY CLASS FARES:** **UK>JAPAN/KEREA**	**(A)**

1. APPLICATION OW/RT.
A. FROM London.
TO Fukuoka/Osaka/Seoul/Tokyo via BA.
B. FROM London.
TO Seoul via KE.
NOTE：These fares do not apply retroactively.
…………
9. EXTENSION OF TICKET VALIDITY Permitted subject to General Rule 13. 2. 9.
10. PERMITTED STOPOVERS None.
11. ROUTINGS
A. Via EH/PO/TS only on BA/KE.
B. Permitted Transfers：One in each direction.
…………
23. PASSENGER EXPENSES Not permitted.

（6）环球指示代号、最大允许里程和指定航程栏。此栏有 3 个信息：运价的环球指示代号（GI）、不同方向条件下的最大允许里程（MPM）、与运价相对应的适用的指定航程代码。

另外，运价包括单程运价（OW）和来回程运价（RT），用正常字体标示的运价是单程运价，用粗体字标示的运价是来回程运价。

三、国际航程中运价选用的注意事项

（一）单程运价（OW）和来回程一半运价（1/2RT）的使用

旅客航程类型为单程时，必须使用单程运价，而不能使用来回程运价的一半（1/2RT 运价）代替。一般单程运价要高于 1/2RT 运价。在没有公布直达单程票价时，不能采用 1/2RT 运价代替单程运价，而应采用组合运价。

航程类型为来回程时，使用来回程（RT）运价。没有公布直达来回程运价时，可以采用 2 个单程运价（2OW）代替。在分两个运价计算区的来回程运价计算中，每个运价计算区均使用 1/2RT 运价，去程按实际方向选取运价，回程按与实际相反的方向选取运价。具体如图 4－1 所示。

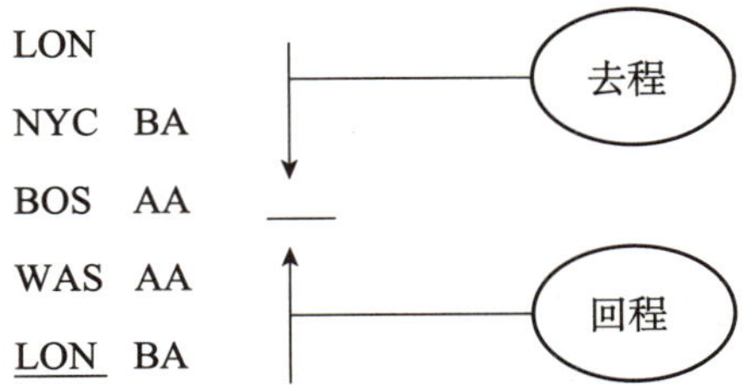

图 4－1 来回程运价的选取

（二）确定环球指示代号

旅客从始发地出发，按不同的方向旅行，即使最终的目的地是一样的，但由于其旅行路线不同，运价也是不同的。所以计算直达航程的运价时，首先要确定其环球指示代号，才能正确选取运价。

（三）承运人选择与票价确定

一般查阅运价时，对承运人不做特别规定，但是需要注意下列两类特殊情况：

（1）从美国/加拿大出发或到达美国/加拿大的航程，且环球指示代号为 PA/AT 时，优先考虑使用以下两类承运人的适用运价：首先，跨大西洋航段承运人；其次，跨区域航段承运人。

（2）欧洲境内的运价选择，在以下两种承运人的运价中选择最低的作为实际采用的运价：承运旅客航程的第一个国际航段的承运人；承运的实际里程数最大的承运人。当旅客的航程全部都在斯堪的纳维亚地区内时，视为欧洲境内国际旅行，不再视为一国，适用以上规则。

单元二 直达航程运价计算

国际航空旅客运价计算以里程制为基础，除指定航程外，均需按照 IATA 运价计算公式核算基础运价。

直达航程是指从始发地出发到达目的地，中间没有任何停留地点的航程，即点到点的航程。计算直达航程运价的方法如下。

一、确定航程

（一）确定航程的方向

航程具有方向性，如航程 A—B，只能使用 A→B 运价，而不能使用 B→A 运价。例如：

BJS—LIM　Y OW，查阅《运价手册》后可知：

AT14445　NUC3 277.66

PA12445　NUC1 993.06

旅客从不同的方向前往同一目的地，由于其旅行路线不同，运价也是不同的，所以计算直达航程的运价，首先要确定其方向。

（二）公布直达运价

公布直达运价是指由 IATA 公布的从某一点到另一点的票价。

在《运价手册》中可查找直达航程的运价。首先按字母顺序找到始发地，再找到目的地，即可找到航程所适用的运价。但需要注意的是：非直达航程不能直接使用此运价，须经过运价计算方可确定航程的运价。

例如：PAR—NYC 可以使用直达航程运价，而 HKG—SHA—LAX 则不能使用直达航程运价，需按 IATA 运价计算公式计算后得出运价。

二、选择运价

如要进行运价计算，首先要判断该航程的国际销售代号，然后在《运价手册》中查询始发地到目的地的运价，并选择适合旅客航程的正确运价。在确定旅客的航程后，即确定了始发地和目的地，然后根据旅客的需要选择相应的运价等级，判断航程类型，并根据航程确定环球指示代号后，即可选择正确的运价。

三、计算直达航程运价

两点之间运价的计算方法有以下三种：

（1）从《运价手册》中直接查出始发地与目的地之间的用当地货币表示的运价。

（2）从《运价手册》中先查出公布的用 NUC 表示的运价，再利用公式 LCF＝NUC×IROE 计算得出用当地货币表示的运价。

（3）运用 IATA—UFTAA 运价计算公式进行计算：

IATA—UFTAA FARE FORMULA（Point to Point）

FCP　确定运价计算区的始发地和目的地

NUC　在明确环球指示代号、运价类型和承运人的情况下，选取 NUC 运价

RULE　确定所选取运价的规则代码，并查阅规则中的内容；无运价规则在此处

写 NIL

AF　　确定最适合的 NUC 运价

IROE　用 NUC 运价乘以始发国货币的 IROE

LCF　　用当地货币付款的金额

运用各种方法进行计算后，需要填写竖式表达式和横式表达式，具体如图 4-2 所示。

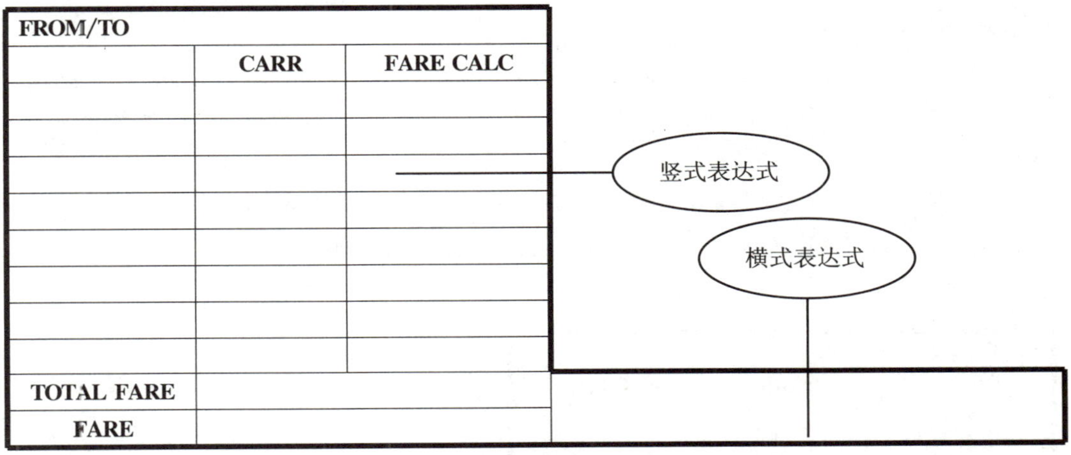

图 4-2　填写竖式表达式和横式表达式

学习运用运价公式计算直达航程运价，主要是为学习非直达航程的运价计算奠定基础。

例 计算运价一。

航程 SHA—PAR，承运人为 MU，运价类型为 Y，判断环球指示代号为 EH 方向，航程类型为单程（OW）。

方法一：直接查《运价手册》可知 SHA—PAR Y 舱、EH 方向的 LCF=CNY9 270.00。

方法二：查《运价手册》可知 SHA—PAR Y 舱、EH 方向的运价为 NUC1 600.57，始发国中国的货币为人民币，当时人民币的 IROE 为 5.790 600，计算 LCF=NUC1 600.57×5.790 600=CNY9 268.260 6~(H10) CNY9 270.00。

方法三：运用 IATA—UFTAA 运价计算公式进行计算：

FCP　　SHA PAR

NUC　　Y EH OW 1 600.57

RULE　NIL

AF　　NUC1 600.57

IROE　×　5.790 600

LCF　　CNY9 268.260 6~(H10) CNY9 270.00

填写竖式表达式：

(1) 将始发地、目的地三字代码按顺序填入“FROM/TO”栏内，目的地的下一行填入一个短横线用于占位。

(2) 将承运人两字代码填入“CARR”栏内。

(3) 将运价计算步骤中“AF”的数值填入“FARE CALC”栏内。

(4) 在“CARR”栏的最后一行填入“IROE”，将 IROE 的值填入“FARE CALC”栏的最后一行。

(5)“TOTAL FARE”栏填入运价计算步骤中“AF”的内容，即 NUC 加数值。

(6)“FARE”栏填入运价计算步骤中“LCF”中进位后的当地货币代码及金额。

根据竖式表达式填写横式表达式：始发地　承运人　目的地　“FARE CALC”列的数值　“TOTAL FARE”中的内容　END IROE 加数值。

具体如下：

FROM/TO		
SHA	**CARR**	**FARE CALC**
PAR	YY	1 600. 57
—		
	IROE	5. 790 600
TOTAL FARE	NUC1 600. 57	
FARE	CNY9 270. 00	

SHA YY PAR 1 600. 57 NUC1 600. 57 END IROE5. 790 600

例 计算运价二。

Sold in：JNB　　Ticketed in：JNB

ISI：SITI　　Fare Type：Normal Economy

Journey：CPT

　　ZRH　SA

首先判断航程的国际销售代号（ISI）为 SITI，再判断航程的环球指示代号为 EH 方向，运价类型为 Y，航程类型为单程（OW）。

在《运价手册》中查询运价：

CPT→ZRH，Y EH OW NUC1 471. 04，RULE：Y046；

始发国货币 ZAR：N10，不要求保留小数，IROE7. 422 480。

计算步骤：

FCP　CPT ZRH
NUC　Y EH OW 1 471.04
RULE　Y046
AF　NUC1 471.04
IROE　× 7.422 480
LCF　ZAR10 918.76～(N10) ZAR10 920.00
填写横、竖式表达式：

<table>
<tr><td colspan="3">FROM/TO</td><td></td></tr>
<tr><td>CPT</td><td>CARR</td><td>FARE CALC</td><td></td></tr>
<tr><td>ZRH</td><td>SA</td><td>1 471.04</td><td></td></tr>
<tr><td>—</td><td></td><td></td><td></td></tr>
<tr><td></td><td></td><td></td><td></td></tr>
<tr><td></td><td></td><td></td><td></td></tr>
<tr><td></td><td></td><td></td><td></td></tr>
<tr><td></td><td></td><td></td><td></td></tr>
<tr><td></td><td>IROE</td><td>7.422 480</td><td></td></tr>
<tr><td>TOTAL FARE</td><td colspan="2">NUC1 471.04</td><td rowspan="2">CPT SA ZRH 1 471.04 NUC1 471.04 END IROE7.422 480</td></tr>
<tr><td>FARE</td><td colspan="2">ZAR10 920.00</td></tr>
</table>

单元三　非直达航程运价计算

非直达航程是指航程中不仅包括始发地与目的地，还包括至少一个中间停留点（包括分程点和经停点）。计算非直达航程运价有两种方法：按指定航程计算和按里程制的方法计算。

要确定非直达航程运价，首先需考虑该航程是否符合指定航程的要求，如果符合要求即可使用公布直达运价；如果不符合要求，则需使用 IATA—UFTAA 运价计算公式进行计算。

一、指定航程运价

指定航程是一种特定的非直达航程，当旅客的旅行线路符合《运价手册》中公布的指定航程的相关规定时，该旅客的航程可以直接使用始发地至目的地的公布直达运价，无须考虑其他限制条件。

在《运价手册》中，指定航程如表 4-3 所示。

表 4-3 指定航程示例（选自 PAT）

Between	And	Via
Tehran	Lahore	Karachi
Tehran	Peshawar	Karachi
Tehran	Guangzhou，Taipei，Bangkok，Hong Kong SAR	Karachi
Japan/Korea/China（excluding Hong Kong SAR，Macao SAR），Hong Kong SAR，Macao SAR	Mashad	Tehran (EH)
Cario	Tokyo	Bangkok—Manila
Cario/Sanaa	Beijing	Bangkok
Kuwait	Tokyo	Bangkok/Manila

指定航程的使用说明：

（1）指定航程不分方向，正向、反向均可，但必须按照顺序使用，即旅行路线必须与指定航程中的地点的顺序一致，如表 4-4 所示。

表 4-4 指定航程

Between	And	Via
Seattle	Japan	Los Angeles/San Francisco

航程 SEA—LAX—OSA 和 OSA—LAX—SEA 均符合指定航程的各项条件，可以使用公布直达运价。

（2）经停点可以减少，但不可增加，如表 4-5 所示。

表 4-5 指定航程

Between	And	Via
Cario	Tokyo	Bangkok—Manila

航程 CAI—BKK—MNL—TYO、CAI—BKK—TYO 和 CAI—MNL—TYO 均是符合上表要求的指定航程。

（3）符号“—”代表“和”或“或”，符号“/”代表“或”，如表 4-6 所示。

表 4-6

Between	And	Via
Seattle	Japan	Los Angeles/San Francisco

航程 SEA—LAX—OSA 和 OSA—SAN—SEA 均是指定航程，但是 OSA—LAX—SAN—SEA 则不是指定航程。

例 计算航程 CAI—BKK—TYO 的运价。

首先要判断该航程是否是指定航程。从下表中可知航程的始发地与目的地均与指定航程相同，即 Cario 与 Tokyo，指定航程要求的经停点是 Bangkok 和/或 Manila，无其他限制条件，所以此航程可以使用 CAI—TYO 的公布直达运价。

Between	And	Via
Cario	Tokyo	Bangkok—Manila

二、里程制运价

（一）最大允许里程和实际里程

除部分指定航程外，其余绝大多数的运价计算均是按里程制的方法来进行的。在里程制的计算中，有以下两个衡量航程里程的指标：

（1）最大允许里程（Maximum Permitted Mileage，MPM），即航空公司允许旅客从始发地到目的地之间飞行的最长距离。最大允许里程随票价一起公布，并且附有环球指示代号，旅行方向不同，最大允许里程也不同。

（2）客票点里程（Ticketed Point Mileage，TPM），也称实际里程，指旅客在旅行中所经过的各个地点之间的里程总数。由于旅行方向不同，同一对城市会出现不同的 TPM，因此在计算运价时，要按照实际旅行的路线和方向选择 TPM。

（二）IATA—UFTAA 的运价计算公式（单程）

FCP　确定运价计算区的运价组合点

NUC　在环球指示代号、运价类型、航程类型、承运人的基础上选取 NUC 运价

RULE　所选取运价适用的规则

MPM　运价计算区的运价组合点之间的最大允许里程

TPM　实际里程（将航程中各航段的实际里程相加）

EMA　超里程优惠（如有优惠，在实际里程基础上减掉优惠里程）

EMS　超里程附加（实际里程与最大允许里程的比值）

HIP　中间较高点检查（检查在航程中下列航段的运价是否高于始发地到目的地的运价，如果高于，则选用高的运价：从始发地到中间经停点的运价、两个中途分程点之间的运价、中途分程点到目的地的运价）

RULE　上一项中选取的较高运价的运价规则代码

AF　根据上述计算，最终确定此航程应选取的运价，即 HIP 与 NUC 的数值取高者，乘以 EMS

CHECK　BHC 单程回拽检查（检查在航程中是否有从始发地到中途分程点的运价高

于始发地到目的地的运价，如果有，则选用高的运价）

TOTAL 根据以上计算，最终确定此航程的 NUC 运价

IROE 上述运价乘以始发地货币的 IATA 兑换率

LCF 计算后得出用当地货币表示的运价

（三）非直达航程使用公布直达运价

运用运价计算公式进行计算时，要注意所查阅的航程方向是否与旅客航程方向一致；根据航程旅行方向查阅始发地至目的地合适的 MPM，根据旅客实际航程计算出 TPM，对比 MPM 与 TPM 的大小，如 TPM 小于 MPM，则该航程可以使用此公布直达运价。

例

Sold in：TYO Ticketed in：TYO

ISI：SITI Fare Type：Normal Economy

Journey：TPMs TYO

EH740 SEL KE

EH584 BJS OZ

判断航程的国际销售代号（ISI）为 SITI，环球指示代号为 EH 方向，运价类型为 Y，航程类型为单程（OW）。在《运价手册》中查询航程中所有航段的运价，查询始发地与目的地之间的运价时还要查找最大允许里程。

TYO→SEL，Y_2 EH OW NUC390.47，RULE：无；

TYO→BJS，Y EH OW NUC788.44，RULE：无，MPM1 575；

SEL→BJS，Y_2 EH OW NUC221.76，RULE：无；

始发国货币 JPY：H100，不要求保留小数，IROE120.109 983

计算步骤如下：

FCP	TYO BJS
NUC	Y EH OW 788.44
RULE	NIL
MPM	EH 1 575
TPM	1 324
EMA	NIL
EMS	M
HIP	NIL
RULE	NIL
AF	NUC788.44

CHECK　　BHC NIL

TOTAL　　NUC788.44

IROE　　× 120.109 983

LCF　　JPY94 699.512～(H100) JPY94 700

填写竖式表达式：

(1) 将始发地、目的地三字代码按顺序填入“FROM/TO”栏内，目的地的下一行填入一个短横线用于占位。

(2) 将承运人两字代码按顺序填入“CARR”栏内；“FARE CALC”栏按照从下至上的顺序（与其他两栏对齐）依次填入运价计算步骤中的“AF”“HIP”“EMS”“EMA”中的内容，如果该项为“NIL”，则不填。

(3) 在“CARR”栏的最后一行填入“IROE”，将 IROE 的值填入“FARE CALC”栏的最后一行。

(4) “TOTAL FARE”栏填入运价计算步骤中“TOTAL”的内容。

(5) “FARE”栏填入运价计算步骤中“LCF”中进位后的当地货币代码及金额。

根据竖式表达式填写横式表达式：始发地　承运人　目的地　第二段承运人　第二段目的地　“FARE CALC”列的内容（从上至下依次列出）　“TOTAL FARE”中的内容　END IROE 加数值。

<table>
<tr><td colspan="3">FROM/TO</td><td></td></tr>
<tr><td>TYO</td><td>CARR</td><td>FARE CALC</td><td></td></tr>
<tr><td>SEL</td><td>KE</td><td>M</td><td></td></tr>
<tr><td>BJS</td><td>OZ</td><td>788.44</td><td></td></tr>
<tr><td>—</td><td></td><td></td><td></td></tr>
<tr><td></td><td></td><td></td><td></td></tr>
<tr><td></td><td></td><td></td><td></td></tr>
<tr><td></td><td></td><td></td><td></td></tr>
<tr><td></td><td></td><td></td><td></td></tr>
<tr><td></td><td></td><td></td><td></td></tr>
<tr><td></td><td></td><td></td><td></td></tr>
<tr><td></td><td>IROE</td><td>120.109 983</td><td></td></tr>
<tr><td>TOTAL FARE</td><td colspan="2">NUC788.44</td><td rowspan="2">TYO KE SEL OZ BJS M 788.44 NUC788.44
END IROE120.109 983</td></tr>
<tr><td>FARE</td><td colspan="2">JPY94 700</td></tr>
</table>

三、超里程附加

当非直达航程实际里程之和小于最大允许里程时，根据里程制运价计算规则，可以采用该航程的公布直达运价作为整个航程的运价。当非直达航程的实际里程之和大于最大允许里程时，就不能使用公布直达运价，而需要按照一定的比例对运价进行附加，即超里程附加（Extra Mileage Surcharge，EMS）。也就是通过计算实际里程之和超出最大允许里程的比例确定里程附加率，按照超里程附加率（如表 4－7 所示）计算 EMS，相应提高直达运价。但是允许超出里程的最大限度为 25%。

表 4－7 超里程附加率

TPM 与 MPM 比值 （结果保留 5 位小数）	运价附加百分比 （%）	在计算中的表示方法 （M）
大于 1.000 00 而小于 1.050 00	5%	5M
大于 1.050 00 而小于 1.100 00	10%	10M
大于 1.100 00 而小于 1.150 00	15%	15M
大于 1.150 00 而小于 1.200 00	20%	20M
大于 1.200 00 而小于 1.250 00	25%	25M
大于 1.250 00	使用分段相加最低组合运价	

例

Sold in：BGO　　Ticketed in：BGO

ISI：SITI　　Fare Type：Normal Economy

Journey：TPMs		
	BGO	
EH188	OSL	BU
EH864	X/ZRH	SK
EH144	GVA	SR

判断航程的国际销售代号（ISI）为 SITI，环球指示代号为 EH 方向，运价类型为 Y，航程类型为单程（OW）。在《运价手册》中查询航程中所有航段的运价（涉及中间经停点的航段无需查询），查询始发地与目的地之间的运价时还要查找最大允许里程（MPM）。

从《运价手册》中可查得：

BGO→GVA，Y EH OW NUC797.80，RULE：无，MPM EH 1 172km；

OSL→GVA，Y EH OW NUC797.80，RULE：无；

始发国货币 NOK：H5，不要求保留小数，IROE7.815 166

计算运价：

FCP	BGO GVA
NUC	Y EH OW 797.80
RULE	NIL
MPM	EH1 172

TPM　　1 196
EMA　　NIL
EMS　　　5M
HIP　　NIL
RULE　　NIL
AF　　NUC837.69
CHECK　　BHC NIL
TOTAL　　NUC837.69
IROE　　× 7.815 166
LCF　　NOK6 546.6～(H5) NOK6 550

在计算 EMS 时，将实际里程 1 196 除以最大允许里程 1 172，结果为 1.020 47，按照里程附加率标准，附加 5%，即 5M。

填写横、竖式表达式：

FROM/TO			
BGO	CARR	FARE CALC	
OSL	BU		
X/ZRH	SK	5M	
GVA	SR	837.69	
—			
	IROE	7.815 166	
TOTAL FARE	NUC837.69		BGO BU OSL SK X/ZRH SR GVA 5M 837.69 NUC837.69 END IROE7.815 166
FARE	NOK6 550		

四、超里程优惠

超里程优惠（Extra Mileage Allowance，EMA）是指航程经过某些特定的点，而且实际里程之和超过最大允许里程时，按规定可从该航程的实际里程之和中减去一个既定的优惠数额，得出一个新的 TPM，然后再进行超里程附加。《运价手册》中公布了超里程优惠的路线和额度。

超里程优惠只有在发生超里程时才使用，不超里程无须优惠，优惠适用于航程的正反两个方向。TC3 区常见的超里程优惠如表 4-8 所示。

表 4-8　TC3 区常见的超里程优惠

Between	And	Via	Mileage Deduction
TC3（不含全程在南亚次大陆的航程）	TC3	同时经 BOM 和 DEL，或同时经 ISB 和 KHI	700
CA/US（除夏威夷外）	TC3	夏威夷（仅限中/北太平洋运价）	800
欧洲	南亚次大陆	同时经 BOM 和 DEL，或同时经 ISB 和 KHI	700
中东	TC3（除西南太平洋）	同时经 BOM 和 DEL，或同时经 ISB 和 KHI	700

使用超里程优惠需要注意：

（1）全航程必须在指定的旅行范围之内。

（2）航程必须经过指定的经停点。

（3）每一个运价计算区只能允许一次里程优惠。

例

Sold in：BGO　　Ticketed in：BGO

ISI：SITI　　Fare Type：Normal Economy

Journey：TPMs		
	BGO	
EH188	OSL	BU
EH864	X/ZRH	SK
EH144	GVA	SR

判断航程的国际销售代号（ISI）为 SITI，环球指示代号为 EH 方向，运价类型为 Y，航程类型为单程（OW）。

从《运价手册》中可查得：

BGO→GVA，Y EH OW NUC797.80，RULE：无，MPM EH 1 172km；

OSL→GVA，Y EH OW NUC797.80，RULE：无；

始发国货币 NOK：H5，不要求保留小数，IROE7.815 166；航程经停 OSL 优惠 43km。

计算运价：

FCP	BGO GVA	
NUC	Y EH OW 797.80	
RULE	NIL	
MPM	EH1 172	
TPM	~~1 196~~ 1 153	
EMA	−43	E/OSL

EMS M
HIP NIL
RULE NIL
AF NUC797.80
CHECK BHC NIL
TOTAL NUC797.80
IROE × 7.815 166
LCF NOK6 234.9～(H5) NOK6 235

计算 EMA 时，先填写优惠的里程数，用减号代表优惠，再加上具体的里程数，用“E/地点”代表优惠及涉及优惠的地点；然后在 TPM 的里程数值上画一条短横线，将原实际里程减去优惠里程后的数值写在旁边。下一步计算 EMS 时，用优惠后的实际里程除以最大允许里程。

填写横、竖式表达式：

FROM/TO			
BGO	**CARR**	**FARE CALC**	
OSL	BU	E/OSL	
X/ZRH	SK	M	
GVA	SR	797.80	
—			
	IROE	7.815 166	
TOTAL FARE	NUC797.80		BGO BU E/OSL SK X/ZRH SR GVA M 797.80 NUC797.80 END IROE7.815 166
FARE	NOK6 235		

填写竖式表达式的“FARE CALC”栏时，需填入“EMA”中的“E/地点”；填写横式表达式时，将优惠符号“E/”加在具体的优惠地点前。

单元四 中间较高点与单程回拽检查

非直达航程的运价计算过程中，可能会出现航程中的某两个中间点（包括始发地和目的地）之间的运价高于始发地到目的地的公布直达运价的情况，该价格称为中间较高点运价，与该中间较高点运价相对应的地点，称为中间较高点（Higher Intermediate Point，HIP）。这种情况是不合理的，必须予以纠正，采用中间较高点运价进行全航程的运价计算。

一、中间较高点

（一）中间较高点的类型

（1）始发地中间较高点，即从始发地至某一中间点的运价高于从始发地到目的地的运价。

（2）目的地中间较高点，即从某一中间点到目的地的运价高于始发地到目的地的运价。

（3）中间点较高点，即某两个中间点之间的运价高于从始发地到目的地的运价。

例如航程 A—B—C—D 中：AD 为全程公布直达运价；AB、AC 为始发地中间较高点；BD、CD 为目的地中间较高点；BC 为中间点较高点。

（二）HIP 与国际销售代号（ISI）的关系

（1）当国际销售代号（ISI）是 SITI、SOTI 时，中间较高点必须是中途分程点。例如：航程 A—X/B—C—D 中，AC、CD 可作为中间较高点，AB、BC、BD 不能作为中间较高点。

（2）当国际销售代号（ISI）是 SITO、SOTO 时，中间较高点包括中间经停点（转机点）和中途分程点，即对所有的中间点都要进行 HIP 检查。例如：航程 A—X/B—C—D 中，AB、AC、BC、BD、CD 均可作为中间较高点。

二、含有中间较高点运价航程的计算

（一）不含超里程的中间较高点运价

符合使用公布直达运价的条件时，直接选用最高的中间较高点运价作为全程运价。

例

Sold in：SEL　　Ticketed in：SEL

ISI：SITI　　Fare Type：First Class

Journey：TPMs		
	SEL	
EH740km	TYO	NH
TS6 078km	X/MIL	AZ
EH991km	OSL	BU

判断航程的国际销售代号（ISI）为 SITI，环球指示代号为 TS 方向，运价类型为 F，航程类型为单程（OW）。从《运价手册》中查得：

SEL→OSL，F TS OW NUC2 624.26，RULE：无，MPM TS 8 017km；

TYO→OSL，F TS OW NUC7 105.98，RULE：无；

始发国货币 KRW：H100，不要求保留小数，IROE1 235.078 863。

计算步骤如下：

FCP	SEL OSL
NUC	F TS OW 2 624.26
RULE	NIL
MPM	TS 8 017
TPM	7 809
EMA	NIL
EMS	M
HIP	F TS OW NUC7 105.98 TYO OSL
RULE	NIL
AF	NUC7 105.98
CHECK	BHC NIL
TOTAL	NUC7 105.98
IROE	× 1 235.078 863
LCF	KRW8 776 445.2～(H100) KRW8 776 500

计算 HIP 时，填写产生较高点运价的航段信息，顺序为运价类型、环球指示代号、航程类型、运价、航段；较高点运价如有运价规则，将规则代码填入下一行的 RULE 中，如果没有，则填写 NIL。由于 HIP 的数值高于 NUC 的数值，因此，AF 的数值为 HIP 乘以 EMS，即 AF=NUC7 105.98×M（即 100%）=NUC7 105.98。

填写横、竖式表达式：

FROM/TO			
SEL	**CARR**	**FARE CALC**	
TYO	NH	M	
X/MIL	AZ	TYO OSL	
OSL	BU	7 105.98	
—			
	IROE	1 235.078 863	
TOTAL FARE	NUC7 105.98		SEL NH TYO AZ X/MIL BU OSL M TYO OSL
FARE	KRW8 776 500		7 105.98 NUC7 105.98 END IROE1 235.078 863

填写竖式表达式的“FARE CALC”栏中 HIP 部分时，需填入的是较高航段信息，即产生高运价的航段的三字代码。

（二）含有超里程的中间较高点运价

中间较高点和超里程同时出现时，在中间较高点运价的基础上附加超里程进行运价计算。

例

Sold in：BUD　　Ticketed in：BUD

ISI：SITI　　Fare Type：Normal Economy

Journey：TPMs	BUD	
EH515	ROM	MA
EH714	BUH	AZ
EH2 151	DXB	GF

判断航程的国际销售代号（ISI）为 SITI，环球指示代号为 EH 方向，运价类型为 Y，航程类型为单程（OW）。从《运价手册》中可查得：

BUD→DXB，Y EH OW NUC1 030.11，RULE：无，MPM EH 3 024；

BUD→ROM，Y EH OW NUC362.08，RULE：无；

BUD→BUH，Y EH OW NUC217.55，RULE：无；

ROM→BUH，Y EH OW NUC591.75，RULE：无；

ROM→DXB，Y EH OW NUC1 131.91，RULE：无；

BUH→DXB，Y EH OW NUC1 168.00，RULE：无；

始发国货币 HUF：H10，要求保留 2 位小数，IROE230.420 000。

此航程经停 BUH，优惠 100km。

计算步骤如下：

FCP	BUD DXB	
NUC	Y EH OW 1 030.11	
RULE	NIL	
MPM	EH 3 024	
TPM	~~3 380~~	3 280
EMA	−100	E/BUH
EMS	10M	
HIP	Y EH OW NUC1 168.00 BUH DXB	
RULE	NIL	

AF NUC1 284.80

CHECK BHC NIL

TOTAL NUC1 284.80

IROE × 230.420 000

LCF HUF296 043.6～(H10) HUF296 050.00

在上述计算中，AF=HIP×EMS，即NUC1 168.00×10M（即110%）=NUC1 284.80。

填写横、竖式表达式：

FROM/TO		
BUD	**CARR**	**FARE CALC**
ROM	MA	E/BUH
BUH	AZ	10M
///	//	BUH DXB
DXB	GF	1 284.80
—		
	IROE	230.420 000
TOTAL FARE	NUC1 284.80	
FARE	HUF296 050.00	

BUD MA ROM AZ E/BUH GF DXB 10M BUH DXB 1 284.80 NUC1 284.80 END IROE230.420 000

填写竖式表达式时，由于“FARE CALC”栏的最后一行需与其他两栏对齐，而本例中需填入“FARE CALC”栏中共有4项内容，无法实现上述要求，因此，将前面两栏中空出一行，空出的部分用斜线占位。第一栏填入的是地点三字代码，用3个斜线占位，第二栏填入的是承运人两字代码，用2个斜线占位。

（三）中间较高点运价计算规则

（1）计算中间较高点运价时，不考虑中间较高点对应的最大允许里程，因为最大允许里程是针对全航程，即始发地与目的地之间的里程而言的；中间较高点运价仅是全航程中的一段运价。

（2）有多组中间较高点运价高于始发地至目的地的运价时，选用满足条件的最高运价作为全程中间较高点运价。

（3）运价计算中，出现超里程时，中间较高点运价附加应该在超里程的基础上进行，即在中间较高点运价的基础上进行超里程附加。

三、HIP检查例外情况

HIP检查例外情况可分成两种，一是免除HIP检查，二是附加HIP检查。

（一）免除 HIP 检查

1. 指定航程

符合指定航程运输条件的航程可以直接使用公布直达运价，不需要按里程制进行运价计算，当然不需要进行 HIP 检查。

2. 印度政府保留

对于从印度始发、目的地为美国/加拿大的航程，当在欧洲中途分程时，欧洲或英国的一点与美国/加拿大的一点之间的运价不能作为中间较高点运价。例如：航程 DEL—BER—SOF—YVR，如果进行 HIP 检查，理论上检查范围应包括 DEL—BER、DEL—SOF、BER—SOF、BER—YVR、SOF—YVR，但由于 BER 和 SOF 是欧洲范围内的点，YVR 是美国/加拿大的点，所以 BER—YVR、SOF—YVR 即使存在高于 DEL—YVR 的运价，也不能作为中间较高点运价。

3. 没有公布直达运价

按照正常的运价选择标准，如果相应的旅行方向没有公布直达运价，相应航段的 HIP 检查可以忽略。

（二）附加 HIP 检查

1. 西非 HIP 检查

对于从西非始发的航程，应该对每个运价计算区内所有属于西非的点进行 HIP 检查。

2. 以色列政府保留

对于从以色列始发的航程，应对所有从始发地至中间点的运价进行 HIP 检查。这里只强调始发地到中间点，不包括中间点到其他中间点或目的地之间的情况。

3. 马拉维附加 HIP 检查

对于从马拉维始发的航班，应对每个运价计算区内所有属于马拉维的点进行 HIP 检查。

4. 运价规则规定的“中间较高点和里程例外”

有些运价对应的特定运价规则规定的“中间较高点和里程例外”明确要求对所有点进行 HIP 检查。例如 Y010 运价规则第 17）项中要求：对于 EH 方向、从东南亚经欧洲至非洲的航程，需要对所有欧洲的客票点进行 HIP 检查。

四、单程回拽检查

单程回拽是指航程始发地至航程中某一中途分程点（Stopover Point）的运价高于始发地到目的地运价的情况，当发生这种情况时，就必须进行单程回拽检查（One

Way Backhaul Check，BHC)。

（一）单程回拽检查的计算

(1) 检查从始发地至任何一个中途分程点是否有较高运价，如果有则选择最高的一个 (HI)。

(2) 用 HI 减去从始发地到目的地的直达运价 (LO)，得到一个回拽差额 (BHD)。

(3) 将 BHD 与 HI 相加，得出单程回拽最低限额 (OWM)，将构成运价 (AF) 与 OWM 进行比较，如果 OWM 大于 AF，则选用 OWM 作为最终选用的运价，并用 OWM 减 AF 得到一个数值 P；如果 OWM 小于 AF，则选用 AF 作为最终的运价。

公式为：

HI	(始发地至运价最高的中途分程点的 NUC)	
－LO	(始发地至目的地的 NUC)	
BHD	(回拽差额)	P
＋HI	(始发地至运价最高的中途分程点的 NUC)	
＝OWM	(单程回拽最低限额 NUC)	

例

Sold in：BEY　　Ticketed in：BEY

ISI：SITI　　Fare Type：First Class

Journey：TPMs		
	BEY	
EH128	X/LCA	ME
EH2 028	LON	CY
EH298	DUS	BA

判断航程的国际销售代号 (ISI) 为 SITI，环球指示代号为 EH 方向，运价类型为 F，航程类型为单程 (OW)。从《运价手册》中可查得：

BEY→DUS，F EH OW NUC1 236.00，RULE：无，MPM EH 2 493；

BEY→LON，F EH OW NUC1 334.00，RULE：无；

LON→DUS，C EH OW NUC311.98，RULE：无，(此段无 F 运价)；

始发国货币 USD：N1，要求保留 2 位小数，IROE1.000 000。

计算步骤如下：

FCP	BEY DUS
NUC	F EH OW 1 236.00
RULE	NIL
MPM	EH 2 493
TPM	2 454

EMA　NIL

EMS　M

HIP　F EH OW NUC1 334.00 BEY LON

RULE　NIL

AF　NUC1 334.00

CHECK　BHC

HI　BEY LON 1 334.00

−LO　BEY DUS 1 236.00

BHD　98.00　P

+HI　BEY LON 1 334.00

=OWM 1 432.00

TOTAL　NUC1 432.00

IROE　×　1.000 000

LCF　USD1 432.00～(N1)　USD1 432.00

在上述运价计算中，TOTAL 的值是 AF 和 CHECK 中的较高者。本例中 CHECK 的结果为 NUC1 432.00，AF 的值为 1 334.00，因此 TOTAL 的值取 NUC1 432.00。

填写横、竖式表达式：

FROM/TO			
BEY	**CARR**	**FARE CALC**	
X/LCA	ME	M	
LON	CY	BEY LON	
DUS	BA	1 334.00	
—			
		BEY LON	
		BEY DUS	
	P	98.00	
	IROE	1.000 000	
TOTAL FARE	NUC1 432.00		BEY ME X/LCA CY LON BA DUS M BEY LON 1 334.00P BEY LON BEY DUS 98.00 NUC1 432.00 END IROE1.000 000
FARE	USD1 432.00		

填写竖式表达式时，需填入 BHC 的计算过程。在“FARE CALC”栏空白部分依次填入 HI 航段地点代码、LO 航段地点代码和回拽差额 BHC 的值，在数值左侧填入代码 P。

填写横式表达式时，在依次填写完“FARE CALC”中的内容后，先填写 P，再依次填写 HI、LO 和回拽差额，接着填写“TOTAL FARE”及封口标志 END 和 IROE 的值。

（二）单程回拽检查的例外情况

如果旅客的航程属于下列情况，不需要做 BHC 检查：

（1）全航程在南大西洋（巴西、阿根廷、智利、巴拉圭、乌拉圭，即“ABCPU”五国）与 IATA 二区之间。

（2）全航程在 IATA 一区范围内。

（3）运价计算区在欧洲范围内，即使航程由多个运价计算区构成，每个运价计算区都不需要进行单程回拽检查。

在 HIP 检查中，如果某些中途分程点不存在 HIP，那么也不需要进行 BHC 检查。

单元五 来回程与环程运价计算

一、来回程与环程运价计算的一般规则

来回程是指由始发地到另一点（中间折返点），最后又回到原始发地（国）的连续航程。无论其去程和回程路线是否相同，只要来回程均使用相同的运价，且运价计算区不超过两个，就认为是来回程。去程和回程路线不同，运价也不同，则是环程。

（一）折返点

来回程的折返点（Point of Turnaround）一般是指地理上距离始发地（运价计算区的起点）最远的运价计算点，以折返点为中心，将航程分为去程和回程两个运价计算区。

（二）运价方向

在来回程运价的计算过程中，每一个运价计算区都应使用从始发地到折返点的 1/2 RT 运价。去程和回程运价经过一系列计算后最终相等，这也是区别来回程与环程的主要依据。如果无公布的来回程运价，用单程（OW）运价代替 1/2RT 运价使用。

在环程运价的计算中，遵循“一国制原则”，即如果运价计算区在美国和加拿大之间、斯堪的纳维亚地区内，运价计算始终按照实际旅行方向。

（三）无须进行单程回拽检查的情况

在非直达航程的情况下，每个运价计算区均按照运价计算公式进行计算，但不

需要进行单程回拽检查（BHC），因为 BHC 检查只适用于单程，不适用于来回程或环程。

（四）环程最低限额（CTM）检查

环程最低限额（Circle Trip Minimum，CTM）检查是指航程的运价不能低于该环程始发地到任意一个中途分程点的同等级最高往返直达运价。将环程运价与从始发地到中途分程点的往返运价进行比较，决定是否提升运价，环程运价不能低于环程最低限额。

在进行环程最低限额检查时，如果同一承运人同一服务等级有多个普通运价，在满足季节性、一周中不同日的条件下，可以采用最低的运价用于 CTM 检查，不需要考虑中途分程和转机等限制条件。

如果去程和回程有不同的承运人运价、不同的方向代码运价，可以选择较低的运价用于 CTM 检查。对于可以免除 HIP 检查的点，同样免除 CTM 检查。

二、来回程运价的计算

来回程运价的计算公式：

FCP	确定运价计算区的运价组合点
NUC	在环球指示代号、运价类型、航程类型、承运人的基础上选取 NUC 运价
RULE	选取运价适用的规则
MPM	运价计算区的运价组合点之间的最大允许里程
TPM	运价组合点之间的实际里程
EMA	超里程优惠
EMS	超里程附加
HIP	中间较高点检查（检查在航程中下列航段的运价是否高于始发地到目的地的运价，如果高于，则选用高的运价：从始发地到中间经停点的运价、两个中途分程点之间的运价、中途分程点到目的地的运价）
RULE	从上一项中选取较高运价的运价规则代码
AF	根据上述计算，最终确定此运价计算区应选取的运价，即去程和回程的运价
SUBTTL	计算去程和回程的运价之和，如果去程和回程运价相同，航程确认为来回程（RT），如果去程和回程运价不同，则航程确认为环程（CT）
CHECK	CTM 环程最低限额检查（检查在航程中是否有从始发地到中途分程点的往返运价高于全航程的运价，如果有，则选用高的运价）
TOTAL	从以上计算中最终确定此航程的 NUC 运价
IROE	乘以始发地货币的 IATA 兑换率
LCF	计算后得出用当地货币表示的运价

例

Sold in：KTM　　Ticketed in：KTM

ISI：SITI　　Fare Type：Normal Economy

Journey：TPMs	KTM	
EH506	DEL	RA
EH708	BOM	IC
EH1 909	SAH	IY
EH533	JED	SV
EH826	DOH	GF
EH2 091	KTM	RA

首先确定折返点，从《运价手册》中查找从始发地KTM到任意中途分程点的最大允许里程，选取距离始发地最远的中途分程点作为航程的折返点：

KTM SAH EH 3 429km；

KTM JED EH 3 504km；

KTM DOH EH 2 544km。

由于KTM—DEL、KTM—BOM的距离较近，一般不选取其作为折返点。由于KTM—JED的距离最远，因此选取JED作为中间折返点。

判断航程的国际销售代号（ISI）为SITI，航程的环球指示代号为EH方向，运价类型为Y，航程类型为来回程或环程（RT/CT）。从《运价手册》中可查得：

KTM→JED，Y EH RT NUC1 000.00，RULE：无，MPM EH 3 504；

始发国通用货币USD：N1，要求保留2位小数，IROE1.000 000。

航程如果同时经过DEL和BOM，优惠700km里程。

全航程分为两个运价计算区——去程和回程，每个运价计算区所采用的运价均为运价组合点之间运价的1/2。

计算步骤如下：

	Ⅰ	Ⅱ
FCP	KTM JED	KTM JED
NUC	Y 1/2RT EH 500.00	Y 1/2RT EH 500.00
RULE	NIL	NIL
MPM	EH 3 504	EH 3 504
TPM	~~3 656~~　2 956	2 917
EMA	−700　E/DEL BOM	NIL
EMS	M	M
HIP	NIL	NIL

RULE	NIL	NIL
AF	OUTBOUND 500.00	INBOUND 500.00
SUBTTL	RT　NUC 1 000.00	
CHECK	NA	
TOTAL	NUC1 000.00	
IROE	×　1.000 000	
LCF	USD1 000.00～(N1)　USD1 000.00	

在上述计算过程中，SUBTTL 的值是去程运价和回程运价之和。由于本例中去程和回程运价相同，本航程为来回程（RT）。来回程无须进行环程最低限额（CTM）检查，因此在“CHECK”中填写“NA”，表示“不适用”。

填写竖式表达式时，先参照单程运价计算规则填写去程部分，再填写回程部分。

填写横式表达式时，同样先填写去程部分，再填写回程部分。回程部分按照航程的实际方向填写，由于折返点已经在去程部分填写了，回程部分直接从承运人开始填写。

填写横、竖式表达式：

FROM/TO		
KTM	**CARR**	**FARE CALC**
DEL	RA	
BOM	IC	E/DEL BOM
SAH	IY	M
JED	SV	500.00
DOH	GF	M
KTM	RA	500.00
—		
	IROE	1.000 000
TOTAL FARE	NUC1 000.00	
FARE	USD1 000.00	

KTM RA E/DEL IC E/BOM IY SAH SV JED M500.00 GF DOH RA KTM M 500.00 NUC1 000.00 END IROE1.000 000

例

Sold in：OSA　　Ticketed in：OSA

ISI：SITI　　Fare Type：Normal Economy

Journey: TPMs		
	TYO	
EH740	SEL	JL
EH5 198	IST	TK
EH304	SOF	LZ
EH304	X/IST	LZ
EH5 755	TYO	TK

判断航程的国际销售代号（ISI）为 SITI，航程的环球指示代号为 TS 方向，运价类型为 Y，航程类型为来回程或环程（RT/CT）。从《运价手册》中查找始发地到中途分程点之间的最大允许里程及运价。

从《运价手册》中可查得：

TYO→SOF，Y TS RT NUC4 983.76，RULE：无，MPM TS 6 914；

TYO→SOF，Y_2 TS RT NUC4 118.72，RULE：Y086；

TYO→IST，Y TS RT NUC5 373.40，RULE：无，MPM TS 6 906；

Y086：No stopover，less than two transfers。

始发国货币 JPY：H100，不要求保留小数，IROE120.109 983。

由于 TYO SOF MPM 6 914＞TYO IST MPM 6 906，所以选取 SOF 作为中间折返点。去程 TYO→SOF 使用 Y 1/2RT 运价，回程因符合运价规则 Y086 中的限制条件，使用 Y_2 1/2RT 运价。

计算步骤如下：

	I	II
FCP	TYO SOF	TYO SOF
NUC	Y 1/2RT TS 2 491.88	Y_2 1/2RT TS 2 059.36
RULE	NIL	Y086
MPM	TS 6 914	TS 6 914
TPM	6 242	6 059
EMA	NIL	NIL
EMS	M	M
HIP	Y 1/2 RT TS 2 686.70 TYO IST	NIL
RULE	NIL	NIL
AF	OUTBOUND 2 686.70	INBOUND 2 059.36
SUBTTL	CT NUC4 746.06	
CHECK	CTM P 627.34	
	TYO IST Y RT 5 373.40	
TOTAL	NUC5 373.40	
IROE	× 120.109 983	
LCF	JPY645 398.983～(H100) JPY645 400	

在上述计算中，去程运价 NUC2 686.70，回程运价 NUC2 059.36，去程和回程运价不同，因此该航程非环程，需进行环程最低限额（CTM）检查。检查从始发地到中途分程点的运价是否有高于全航程运价（即 SUBTTL 中的数值）的航段，本例中 TYO—IST 的 RT 运价 NUC5 373.40 高于全航程运价 NUC4 746.06。将二者之间的差额 P 写入 CHECK 中，再将高运价航段的运价组合点、运价类型、航程类型和运价数值写在下一行，该运价也是全航程的最终运价，写入 TOTAL FARE 中。

填写竖式表达式时，将 CHECK 中的运价组合点填入“FARE CALC”栏的空白处，P 和差额写在下一行。

填写横式表达式时，在去程和回程的运价计算过程后，先填写 P，再填写产生高运价的运价组合点和 P 值，然后填写 TOTAL FARE 及其他后续项目。

<table>
<tr><td colspan="3">FROM/TO</td></tr>
<tr><td>TYO</td><td>CARR</td><td>FARE CALC</td></tr>
<tr><td>SEL</td><td>JL</td><td>M</td></tr>
<tr><td>IST</td><td>TK</td><td>TYO IST</td></tr>
<tr><td>SOF</td><td>LZ</td><td>2 686.70</td></tr>
<tr><td>X/IST</td><td>LZ</td><td>M</td></tr>
<tr><td>TYO</td><td>TK</td><td>2 059.36</td></tr>
<tr><td>—</td><td></td><td></td></tr>
<tr><td></td><td></td><td>TYO IST</td></tr>
<tr><td></td><td>P</td><td>627.34</td></tr>
<tr><td></td><td></td><td></td></tr>
<tr><td></td><td>IROE</td><td>120.109 983</td></tr>
<tr><td>TOTAL FARE</td><td>NUC5 373.40</td><td rowspan="2">TYO JL SEL TK IST LZ SOF M TYO IST 2 686.70 LZ X/IST TK TYO M 2 059.36 P TYO IST 627.34 NUC5 373.40 END IROE120.109 983</td></tr>
<tr><td>FARE</td><td>JPY645 400</td></tr>
</table>

单元六　国际航空客票及行李票

国际机票是搭乘国际航班时所需的交通票据。国际机票有纸质机票和电子机票两种类型。纸质机票和电子机票所用的文字全球统一，皆为英语。

国际电子机票是纸质机票的电子形式，国际电子机票将票面信息存储在订座系统中，可以像纸质机票一样执行出票、作废、退票、换开、改转签等操作。目前，它作为世界上最先进的客票形式，依托现代信息技术，可以实现无纸化、电子化的订票、结账和办理乘机手续等全过程。

国际航空客票上各栏的填写与识读规则如下。

一、乘机旅客信息

“NAME OF PASSENGER”栏的填写方法如下。

(1) 填上乘机旅客的姓/名以及称呼。具体称呼如下：

MR：成年男性旅客。

MRS：已婚的成年女性旅客。

MS 或 MISS：成年女性旅客。

MIST：女孩子（儿童或婴儿）。

MSTR：男孩子（儿童或婴儿）。

DR：医生。

REV：神职人员。

对自动打印的客票，只有 MR 和 MS 两种称呼。

(2) 对于特殊旅客，在其称呼后还需加上特殊旅客代号。

例

NAME OF PASSENGER	NOT TRANSFERABLE
KERRY/HARRY MR 2EXST	

二、旅程信息

（一）“FROM/TO”栏

(1) 在“FROM”栏内填入始发地，在“TO”栏内依次填入经停点、中途分程点、目的地。未使用的“TO”栏填入“VIOD”以示作废。

例

X/O	NOT GOOD FOR PASSENGER	
	FROM	VILNIUS
	TO	COPENHAGEN
	TO	BANGKOK
	TO	SINGAPORE
	TO	VOID

（2）如果一个城市有两个以上的机场，将涉及机场的全称或三字代码填入城市全称之后；不同的国家有相同的城市名时，也要填入城市名的三字代码。

例

X/O	NOT GOOD FOR PASSENGER		
	FROM	MOSCOW SHEREMETYEVO	

或：

X/O	NOT GOOD FOR PASSENGER		
	FROM	MOSCOW	SVO

例

X/O	NOT GOOD FOR PASSENGER		
	FROM	LAPAZ	LAP
	TO	MEXICO	
	TO	LAPAZ	LPB

（3）如果一个城市有两个以上的机场，旅客到达的机场和离开的机场不同，要在城市全称后先填写到达机场的三字代码，画一斜线后再填写离开机场的三字代码。

例

X/O	NOT GOOD FOR PASSENGER		
	FROM	VANCOUVER	
	TO	MONTREAL	YUL/YMX
	TO	LONDON	LHR

缺口程的地面运输航段运价如果包括在运价中，填入“SURFACE”，不包括在运价中则填入“VOID”。

（二）“X/O”栏

“X/O”栏根据“FROM/TO”栏填写，如果“TO”栏内的地点是中途分程点（旅客在该地停留时间超过 24 小时），则需在“X/O”栏内填入“O”；如果“TO”栏内的地点是中间经停点（旅客在该地停留时间小于 24 小时），此栏应填写“X”，但一般省略掉不填写。

例

X/O	NOT GOOD FOR PASSENGER	
	FROM	HONOLULU
X	TO	GUAM
	TO	MANILA

（三）“CARRIER”栏

填入承运人的两字代码，如果一个航段有两个承运人，只需填第一个承运人的代码。

（四）“FLIGHT/CLASS”栏

填入航班号和座位等级。

（五）“DATE”栏

填入出发日期。日用两个数字表示，月用三个字母表示（DDMMM）。

（六）“TIME”栏

填入用当地时间表示的航班出发时间，使用 24 小时制。但美国和加拿大的航空公司使用 12 小时制，时间后面需要加上代号：

A：表示 AM（上午）。

P：表示 PM（下午）。

N：表示 Noon（中午）。

M：表示 Midnight（午夜）。

（七）“STATUS”栏

填入订座情况代号：

OK：座位已订妥。

RQ：已经订座但未获得证实或列入候补。

NS（NO SEAT）：不单独占座的婴儿。

SA：利用空余座位。

这些代号和 PNR 预订时使用的代号是不同的。预订代号后还需要加上座位数，例如：

HK1：表示已确定了 1 个座位。

HL2：表示 2 个座位列入候补。

当没有进行预订时，在“FLIGHT”栏到“STATUS”栏填入“OPEN”。

例

CARRIER	FLIGHT /CLASS		DATE	TIME	STATUS
VP		O	P　　E	N	

（八）“FARE BASIS”栏

填入运价级别，此栏常用的代码见表 4－9。

表 4－9　国际客票常见运价级别代码

类别	代码	含义
首位代号 （运价等级代号，必须填写） 可以单独使用，也可以与 其他代码联合使用	F	头等舱
	P	超豪华头等舱
	R	超声速头等舱
	C	公务舱
	J	超豪华公务舱
	Y	经济舱
	M	经济舱折扣票
	K	经济舱折扣票
季节代号（可有可无）	H	旺季
	K	平季
	L	淡季
星期代号	W	周末（周五到周日）
	X	平日（周一到周四）
每日的某部分代号	N	夜航客票
运价类型代号 （与首位代号相对应）	AP	提前购票运价
	EE	短程旅行票价，需要加上时间期限
	MM	军人票价
	OX	单程短途旅行票价
	PX	购物旅行票价
旅客类型代号	AD	代理人折扣
	CG	导游折扣
	CH	儿童折扣
	DL	工人折扣
	DF	婴儿折扣
	SC	船员折扣
	SD	学生折扣
航程类别代号	OW	单程运价
	RT	来回程运价
	CT	环程运价
	RW	环球程运价
	OJ	缺口程运价

例 Excursion fare with a child's discount of 33%，可填写为：

FARE BASIS
YEE90/CH33

三、行李运输信息

(一)“ALLOW”栏

填入根据票价等级确定的免费行李额。

美国和加拿大使用计件行李制，在这一栏填入“PC”或不填均可。

其他国家和地区都使用计重行李制，此处填入旅客可免费携带的行李重量，如“20kg”。无免费行李额的婴儿旅客，此处填写“NIL”或“××”或“NO”均可。

(二)“BAGGAGE CK/UNCK”栏

此栏包括两部分，左上角“PCS”(件数)、右下角“WT”(重量)。旅客在办理值机手续(Check-in)时，如果是美国和加拿大的航空公司，在“PCS”处填入实际托运的行李件数；如果是其他国家和地区的航空公司，在“WT”处填入实际托运的行李重量，单位为“千克”。

四、票价信息

(一)“FARE CALCULATION”栏

运价计算栏包括两部分，竖式表达式和横式表达式。

1. 竖式表达式

竖式表达式由5部分组成：

(1)“FROM/TO”栏：填入航程中的始发地、经停地、目的地城市的三字代码。

(2)“CARR”栏：填入相应航段的承运人的两字代码，如果未指定承运人，填入“YY”。这一栏的最后一格填入“IROE”或“ROE”的数值。

(3)“FARE CALC”栏：用NUC标明运价计算过程。在这一栏的最后一格，填入IATA兑换率，即始发国货币的IROE。

(4)“TOTAL FARE”栏：填入计算所得的总的NUC数值。

(5)“FARE”栏：填入运输始发地的货币代号及金额。

例

FROM/TO		
VIE	CARR	FARE CALC
FRA	NG	
NYC	LH	
MIA	DL	20M
PBM	PY	2 303. 17
—		
	IROE	11. 164 58
TOTAL FARE	NUC2 303. 17	
FARE	ATS25 720	

2. 横式表达式

横式表达式根据竖式表达式填写，具体方法见本模块国际航空运价计算部分。

例

根据上例的竖式表达式，填写横式表达式：

VIE NG FRA LH NYC DL MIA PY PBM 20M 2 303. 17 NUC2 303. 17 END IROE11. 164 58

（二）“EQUIVALENT FARE PD.”栏

实付等值货币，只有当付款货币和运输始发地货币不同时才填写，填入货币代号及金额。如果实付货币与运输始发地货币一致，可省略不填。

例

	EQUIV. FARE PD. NZD760. 00	TAX	TAX	TAX
FARE AUD600. 00				

(三)"TAX"栏

(1)每一空格单独填一种税。在税款与实付货币一致的情况下,货币代号可省略不填。

例

Swiss airport passenger and security tax (CH) collected in GVA,可填写为:

	EQUIV. FARE PD.	TAX 15.50CH	TAX	TAX
FARE CHF4 250.00				

(2)如果某国不收取税款,此处填写"EXEMPT"。

例

Exempt from the Philippines Tax,可填写为:

	EQUIV. FARE PD. PHP42 000.00	TAX EXEMPT PH	TAX	TAX
FARE USD1 000.00				

(3)如果税的种类超过三种,则每一空格填写某一国所有税的加总,后面加上这个国家的两字代码。

例

Austrian passenger security charge (AT) & airport service charge (ZY) plus Swiss tax,可填写为:

	EQUIV. FARE PD.	TAX 60AT	TAX 140ZY	TAX 150CH
FARE ATS28 000				

(4)如果税的种类较多,空格不够,将剩下的所有税填写在最后一个空格中,后面加上"XT",但需要在"RESTRICTIONS/ENDORSEMENTS"栏内把税的内容表示出来,在竖式表达式剩下的空格内表示也可以。

例

Austrian，German and various US taxes collected，可填写为：

EQUIV. FARE PD.	TAX 60AT	TAX 50DE	TAX 230XT
…………			
RESTRICTIONS/ENDORSEMENTS（CARBON） XT ATS YC90XY80XA20XF40JFK3			

或在"FARE CALCULATION"栏填写如下信息：

FROM/TO		
VIE	CARR	FARE CALC
FRA	NG	
NYC	LH	
MIA	DL	20M
PBM	PY	2 303. 17
—		
XT		
ATS	YC	90
ATS	XY	80
ATS	XA	20
ATS	XF	40
XF		JFK3
	IROE	11. 164 58
TOTAL FARE	NUC2 303. 17	
FARE	ATS25 720	

（四）"TOTAL"栏

填入用付款国货币表示的运价总值（包括税款）。

（五）"FORM OF PAYMENT"栏

填入付款方式：

（1）现金和旅行支票：CASH。

（2）信用卡：填入信用卡两字代码和卡号，有时需要标明信用卡的有效期。常用的信用卡的两字代码如下：

AX：American Express

VI：Visa International

CA：Mastercard

EC：Eurocard

DC：Diners Club

（3）支票（不包括旅行支票）：CHECK 或 CHEQUE。

（4）预付票款通知：PA 或付款方式。

（5）政府运输申请书/委托书：GR 加号码。

（6）美国政府运输申请书：SGR 加号码。

（7）销售代理人：AGT。

（8）旅费证：MS。

（9）不允许退票：NONREF。

（六）Remittance Area

此部分包括下列内容：

（1）“CURRENCY”栏：填入实付货币代号。

（2）“CASH COLLECTION”栏：填入除信用卡之外的以其他付款方式支付的金额；如果是信用卡付款，此栏画一对角斜线。

（3）“CREDIT BALANCE”栏：如果用信用卡付款，在此处填入付款金额；如果不是，在此处画一对角斜线。

（4）“COMMISSION RATE”栏：填入销售佣金比例表，只需填写数字，不需要填写百分号。

（5）“TAX AMOUNT”栏：填入税款的总金额，金额后需加税的代号；如果是超过一种的税的加总，加代号“XT”，但各种税的具体情况需要在其他栏内说明。

五、出票信息

（一）“ORIGIN/DESTINATION”栏

填入始发地和目的地的三字代码，及国际销售代号。只有当填开联程票和重新开票时才需要填入始发地和目的地，但国际销售代号是一直都要填写的。

（二）“AIRLINE DATA”栏

手工票填入订座记录编号，有时加承运人代号。自动打印客票和电子客票，电脑会自动打印和显示出来。

（三）“CONJUNCTION TICKET”栏

对于联程客票，填入第一联客票的客票号，其余的客票号只填写最后两个数字并用斜线分隔开。

（四）“ISSUED IN EXCHANGE FOR”栏

（1）换开凭证栏，当客票与其他票证同时使用时填写此栏。

（2）换开客票时，填入旧客票的号码。

（3）客票的部分联数被重新开票时，填入客票的联数。

（4）当联程票被换开时，把第一联客票号填好后用一斜线隔开，填入第二联客票号的最后两位数字。

（五）“DATE-PLACE OF ISSUE-AGENCY”栏

此栏不能手工填写，必须打印。填入下列信息：

（1）承运人或代理人姓名。

（2）代理人的数字代码。

（3）出票日期。

（4）出票的城市或国家。

除此之外还要有代理人签名。

（六）“ORIGINAL ISSUE”栏

只有当客票是换开的时才填写此栏。填入原始票的票证号、出票地点、出票日期和原始出票的销售代理人代号。如果原始票是联程票，只填写第一联的号码。

（七）“TOUR CODE”栏

这一栏只有是个人或团体旅游票价时才填写，填写时先写“IT”再加上旅游编号。

六、签注信息

在“RESTRICTIONS/ENDORSEMENTS”栏填入和客票使用或乘机联相关的内容：

（1）签转机构。

（2）特殊运价的限制条件。

（3）订座和候补的特殊说明。

（4）退款说明。

（5）税款信息。

（6）其他信息，如银行兑换率等。

七、客票有效期

（一）“NOT VALID BEFORE”栏

填入最早离开某一地的日期，普通客票可不填。

（二）“NOT VALID AFTER”

填入最晚离开某一地的日期，对于普通客票，一般是从旅行开始的那一日开始计算，一年之内有效。

思考练习

一、单项选择题

1.《旅客国际航空旅行价目表》中的《运价手册》每年共出版（　　）次。

A. 6　　B. 8　　C. 10　　D. 12

2.《旅客国际航空旅行价目表》中的《最大允许里程手册》每年（　　）月份出版一本，主要内容包括最大允许里程使用方法和最大允许里程列表两部分。

A. 1　　B. 4　　C. 7　　D. 10

3. 计算国际航程运价时，按照超里程附加率计算 EMS，相应提高直达运价，但是允许超出里程的最大限度为（　　），超出则使用分段相加最低组合运价。

A. 10%　　B. 15%　　C. 20%　　D. 25%

4. 航程 A—X/B—C—D 中，航段（　　）需做中间较高点检查。

A. AB　　B. AC　　C. BD　　D. BC

5. 航程 PEK—X/HKG—FRA—EDI 中，需查询（　　）航段的运价以做单程回拽检查。

A. PEK—HKG　　B. HKG—FRA　　C. PEK—FRA　　D. FRA—EDI

二、判断题

1. 在《旅客国际航空旅行价目表》中查询运价时，用粗体字表述的运价是来回程运价。（　　）

2. 航程 HAK—TYO—SEL 可以使用直达航程运价。（　　）

3. 如果旅客的旅行线路符合《运价手册》中公布的指定航程相关规定，该旅客的航程可以直接使用始发地至目的地的公布直达运价，而无需考虑其他限制条件。（　　）

4. 在计算非直达国际航程运价时，当实际里程（TPM）为 9 078km，最大允许里程（MPM）为 8 015km 时，超里程附加应为 13%。（　　）

5. 航程 MIL—IST—DEL—IST—MIL 需要进行环程最低限额（CTM）检查。（　　）

三、计算题

1. 计算下列航程的运价。

Sold in：DUB　　Ticketed in：DUB

ISI：________　　Fare Type：Normal Economy

Journey：DUB

　　MLA　KM

从《运价手册》中可查得：

DUB→MLA，Y EH OW NUC581.94，RULE：无；

始发国货币 IEP：N1，保留 2 位小数，IROE0.721 715。

FCP

NUC

RULE

AF

IROE

LCF

填写横、竖式表达式：

FROM/TO		
	CARR	FARE CALC
TOTAL FARE		
FARE		

2. 计算下列航程的运价。

Sold in：BSL　　Ticketed in：BSL

ISI：____　　Fare Type：Normal Economy

Journey：	TPMs	ZRH	
	EH178	FRA	SR
	EH4 117	X/ULN	OM
	EH724	BJS	OM
	EH1 313	TYO	JL

从《运价手册》中可查得：

ZRH→TYO，Y EH OW NUC2 906.02，RULE：无，MPM EH 9 241km；

ZRH→BJS，Y EH OW NUC2 511.95，RULE：无；

FRA→BJS，Y EH OW NUC2 302.06，RULE：无；

FRA→TYO，Y EH OW NUC2 754.00，RULE：无；

始发国货币 CHF：H1，保留 2 位小数，IROE1.464 201。

计算此航程运价，并填写横、竖式表达式。

FCP

NUC

RULE

MPM

TPM
EMA
EMS
HIP
RULE
AF
CHECK
TOTAL
IROE
LCF

FROM/TO			
	CARR	FARE CALC	
TOTAL FARE			
FARE			

3. 计算下列航程的运价。

Sold in：TPE　　Ticketed in：TPE

ISI：____　　Fare Type：Normal Economy

Journey：	TPMs		
		TPE	
	EH2 018	X/KUL	CI
	EH2 750	KHI	MH
	EH701	X/ISB	PK
	EH1 213	DXB	EK
	EH2 151	BUH	RO

从《运价手册》中可查得：

TPE→BUH，Y EH OW NUC1 615.70，RULE：Y146；MPM EH 7 949km；

TPE→KHI，Y EH OW NUC707.78，RULE：无；

TPE→DXB，Y EH OW NUC942.91，RULE：无；
KHI→DXB，Y EH OW NUC227.90，RULE：无；
KHI→BUH，Y EH OW NUC821.85，RULE：无；
DXB→BUH，Y EH OW NUC923.07，RULE：无；
始发地货币 TWD：H1，不要求保留小数，IROE33.126 000。
计算此航程运价，并填写横、竖式表达式。

FCP
NUC
RULE
MPM
TPM
EMA
EMS
HIP
RULE
AF
CHECK
TOTAL
IROE
LCF

FROM/TO			
	CARR	FARE CALC	
TOTAL FARE			
FARE			

4. 计算下列航程的运价。

Sold in：STO　　Ticketed in：CPH

ISI：____ Fare Type：Normal Economy

Journey：	TPMs	STO	
	EH1 184	SOF	LZ
	EH 111	SKP	DU

从《运价手册》中可查得：

STO→SKP，Y EH OW NUC919.39，RULE：无，MPM EH 1 470km；

STO→SOF，Y EH OW NUC1 010.38，RULE：无；

始发国货币 EUR：N0.01，要求保留 2 位小数，IROE0.761 600。

计算此航程运价，并填写横、竖式表达式。

FCP

NUC

RULE

MPM

TPM

EMA

EMS

HIP

RULE

AF

CHECK

TOTAL

IROE

LCF

FROM/TO		
	CARR	FARE CALC
TOTAL FARE		
FARE		

模块五 民航客票销售

学习目标

了解民航客票销售的基本内容，掌握旅客订座及出票环节的技术标准与规范，具备处理客票售出后旅客提出的退票、改签、变更等要求的能力。

民航客票销售是民航旅客运输工作的重要程序之一，是航空运输企业经营的主要工作，其工作质量的好坏直接关系到企业能否实现经济效益和社会效益最大化。因此，健全售票工作，正确发售客票，准确核收票款，妥善处理好在售票过程中出现的各类问题，是客票销售工作的重要要求。售票工作主要包括订座、填开客票、收取票款、办理退票以及客票换开、客票变更、客票签转等业务。

单元一　民航旅客订座及出票

一、营业准备

客票销售人员应提前做好营业准备工作，如凭“票证领取单”领取客票，并备齐所需的工作用笔、订书机、复写纸、销售日报、营业用章、退款单、保险单等业务用品，然后测试订座电脑终端机，输入工作号，进入客票销售系统，准备售票。

中国民航电子客票订座系统（中航信 eTerm 系统）对销售代理人采用两级授权机制，即对代理人授权和对工作人员的工作号授权。代理人只有获得以上两种授权才能订座、出票。

订座终端线路接通后，客票销售人员便可以进入系统进行航班信息查询及座位销售。订座系统的基本使用信息包括：部门代号、部门中的终端 PID、打印机、营业员工作号等。一个营业部通常有一个部门代号，一个部门中可以有多台终端，而每一台终端只能属于一个部门；同一个部门中的终端可以共享打票机；每台终端或打票机都有唯一的一个 PID。

（一）进入系统

键入：

> $ $ OPEN TIP C3 <XIMT>

系统显示：

SESSION PATH OPEN TO：TIP C3

表示已经进入了中国民航 CRS 系统。

格式说明：

>：在系统中是一个实心三角，按“ESC”键显示。输入的指令前面必须有一个“>”。

B/C3：B 和 C3 是将要进入的系统的名称，在 eTerm 中“C3”表示 CRS 系统，“B”表示 ICS 系统。

<XIMT>：<XIMT>是串键，在键盘上按“F12”或小键盘上的“Enter”键，表示执行“>”与光标之间的命令。

（二）输入营业员工作号指令：SI

每个营业部（OFFICE）员工都有属于自己的工作号，工作号包括密码、级别等内容，每个工作号只能在自己的营业部内使用。只有输入自己的工作号才可以正常使用订座系统。指令格式：

>SI：工作号/密码/等级/部门号<XIMT>

例 工作号为 11111，密码为 1234A，级别为 41，部门号为 PEK999 的营业员准备进入系统。

键入：

>SI：11111/1234A/41/PEK999<XIMT>

系统将显示：

PEK999 SIGNED IN A

表示 PEK999 这个部门的工作人员登录了 A 工作区。若正常进入，系统将显示系统注册公告信息。

（三）退出系统指令：SO

当工作人员结束正常工作时，需将工作号退出系统，以防被他人盗用。

指令格式：

>SO：<XIMT>

例 将工作号 11111 退出系统。

键入：

>SO<XIMT>

若正常，系统显示：

PEK999 11111 SIGNED OUT A

表示 PEK999 部门的工作号为 11111 的工作人员从 A 工作区退出（SIGN OUT）。

有时在退号时，系统显示其他内容而不让退号，这表明该工作号在退号时，有其他未完成的工作，需将未完成的工作结束后才能退号。

常见的出错信息提示如下：

PENDING：表示有未完成的旅客订座 PNR，在退号前必须完成或放弃。

TICKET PRINTER IN USE：表示未退出打票机的控制，退出后即可退号。

QUE PENDING：表示未处理完信箱中的 QUEUE、QDE 或 ONE。

PROFILE PENDING：表示未处理完常旅客的订座，使用“PSS：ALL”处理。

二、查验旅客证件

由于航空客票实名制的要求，旅客需要出示由政府主管部门规定的证明身份的有效身份证件方能购票。售票工作人员为旅客办理订座时，首先要查验旅客购票证件，确认证件符合所购航线规定后方可为旅客订座。

（一）境内旅客购买境内机票，应出示居民身份证

法定不予颁发或尚未领取居民身份证的：人民解放军、人民武装警察官兵及其文职干部、离退休干部，分别使用军官证、警官证、士兵证、文职干部或离退休干部证明；16 岁以下未申请居民身份证的未成年人购票乘机的，可使用居民户口簿。

（二）非大陆居民使用的购票证件

外国旅客，华侨，港、澳、台同胞购买机票应出示有效护照、通行证、居留证、旅行证或公安机关出具的其他身份证件。

（三）可用于购票的其他证件或证明

有些特殊情况，旅客因故不能出示身份证者，可凭下列证件或证明购票。

1. 公安机关出具的临时身份证明

旅客的居民身份证在户籍所在地以外被盗或丢失的，可凭发案、损失地公安机关

或机场公安机关出具的临时身份证明或临时登机证明购票。

尚未领取居民身份证或士兵证的，可使用当地公安机关或所在部队出具的临时身份证明。临时身份证明应贴有本人近期免冠一英寸照片，写明姓名、性别、年龄、工作单位、有效日期，并加盖公章。人民解放军、人民武装警察部队院校学员，可使用学员证。

2. 民航部门出具的证明

旅客因特殊情况（如执行紧急任务、危重病人）急需乘机，但又不能出示居民身份证，经当地航空公司、机场最高值班领导批准后可购票。

持民航局出具的免票、购买 1/4 票乘机介绍信（由民航局办公厅出具的写有乘机人姓名、单位、职务、乘机航程、事由等内容）的旅客，购票时须持本人身份证。

3. 其他机构出具的身份证明

（1）全国人民代表大会代表、全国政协委员，可使用本届全国人民代表大会代表证、全国政协委员证。

（2）出席全国或省、自治区、直辖市的党代会，人民代表大会，政协会，工、青、妇代表会和劳模会的代表，可使用所属县、团级（含）以上党政军主管部门出具的临时身份证明。

（3）中央部、局级，地方省、自治区、直辖市级负责同志因紧急事务，未携带身份证件乘坐其他交通工具外出或返回时需要乘坐飞机者，可使用有关接待单位出具的证明。

（4）国家机关工作人员因故外出不在单位所在地，而其单位又急需为其预购机票，可凭司、局、厅级（含）以上国家机关出具的证明信和乘机人的身份证件（如工作证）购票。但在办理乘机时，必须核查居民身份证或民航规定的其他有效身份证明。

（5）省、部级（副职）以上要客，如无居民身份证，可凭购票介绍信和省、部级（含）以上单位出具的身份证明购票。

三、填写购票单

旅客购票单（见表 5－1）是组织旅客运输的一种业务单据，是空运企业的销售人员或销售代理人据以订座、填开客票的凭据。旅客购买客票应填写购票单；旅客所填写的购票单在出票后，即成为客源统计及航空意外事故调查的重要资料。

旅客应对所填写的旅客姓名、证件名称、证件号码、国籍、工作单位或住址、职务、购票单位、联系人或电话号码等内容的准确性负责。

出票后的旅客购票单，应按航班、日期装订，妥善保管，以备查考。售票部门对已出售客票的旅客购票单，自出票之日起 3 个月后可予销毁。

表 5-1　××航空公司国内旅客购票单

旅客订座记录编号：

<table>
<tr><td>旅客姓名</td><td colspan="3">工作单位</td><td colspan="2">证件号码</td><td>票价类别</td><td>机票号码</td></tr>
<tr><td></td><td colspan="3"></td><td colspan="2"></td><td></td><td></td></tr>
<tr><td></td><td colspan="3"></td><td colspan="2"></td><td></td><td></td></tr>
<tr><td></td><td colspan="3"></td><td colspan="2"></td><td></td><td></td></tr>
<tr><td></td><td colspan="3"></td><td colspan="2"></td><td></td><td></td></tr>
<tr><td></td><td colspan="3"></td><td colspan="2"></td><td></td><td></td></tr>
<tr><td>航程</td><td>航班号</td><td>等级</td><td>乘机日期</td><td>起飞时间</td><td>订座情况</td><td colspan="2">是否购买航空人身保险</td></tr>
<tr><td></td><td></td><td></td><td></td><td></td><td></td><td colspan="2"></td></tr>
<tr><td></td><td></td><td></td><td></td><td></td><td></td><td colspan="2">是□　否□</td></tr>
<tr><td colspan="6">旅客在本地地址及电话：________________</td><td colspan="2">备注：</td></tr>
<tr><td colspan="6">旅客自去机场□　　或乘民航车□</td><td colspan="2" rowspan="2">出票人：
出票日期：</td></tr>
<tr><td colspan="6">购票单位、联系人、电话：</td></tr>
</table>

注：粗线框以外部分由旅客或购票单位填写。

四、查询航班信息

在售票系统中可通过多个指令查询航班信息。

（一）座位可利用情况显示指令：AV

AV 指令用于查询航班座位可利用情况及其相关航班信息，如航班号、舱位、起飞到达时间、经停点等，是一个非常重要的指令。城市对为必选项，其余为可选项。

指令格式：

>AV：选择项/城市对/日期/起飞时间/航空公司代码/经停标识/座位等级<XIMT>

（二）航班时刻显示指令：SK

使用 SK 指令可以查询一个城市对在特定周期内所有航班的信息，包括航班号、出发到达时间、舱位、机型、周期和有效期限。SK 指令所显示的航班信息的时间段为指定时间和前后三天共一周的时间。

指令格式：

>SK：选择项/城市对/日期/时间/航空公司代码/座位等级<XIMT>

（三）指定日期的航班时刻表显示指令：DS

DS 指令用于显示指定日期内所有固定航班情况，其格式与 SK 指令完全相同。

指令格式：

>DS：选择项/城市对/日期/时间/航空公司代码/座位等级<XIMT>

（四）最早可利用航班情况显示指令：FV

FV 指令提供了最早有座位的航班信息，它的显示内容与 AV 指令相似。它会对选定日期以后的航班进行检索，直到找到最早可提供座位的航班。该指令只能查询中国民航航班信息。城市对为必选项，其余为可选项。

指令格式：

>FV：选择项/城市对/日期/起飞时间/座位数/航空公司代码/座位等级<XIMT>

（五）航班情况显示指令：FF

FF 指令用于查询航班的经停城市、起降时间和机型。

指令格式：

>FF：航班号/日期<XIMT>

（六）航段情况显示指令：DSG

DSG 指令可以显示指定日期的航段上的航班信息，包括航班的起飞降落城市、起飞降落时间、航班的空中飞行时间、航班的空中飞行距离、经停点数、航班机型、餐食等，而且包括航班信息标识等。该指令还可以直接显示出旅客 PNR 中涉及的全部航段信息，便于旅客掌握旅行中的航班动态。

指令格式（1）：

>DSG：完整显示项/航班号/座位等级/日期/航段<XIMT>

指令格式（2）：

>DSG：完整显示项/PNR 中所选航段的数字 1/PNR 中所选航段的数字 2 <XIMT>

（七）国内票价查询指令：FD

FD 指令用于查询国内航空公司国内段票价。

指令格式：

>FD：城市对/日期/航空公司代码<XIMT>

说明：

选择项有以下几种：

P：显示结果按照起飞时间先后顺序排列。

A：显示结果按照到达时间先后顺序排列。

E：显示结果按照飞行时间由短到长排列。

如果不选，默认为 P。

城市对用城市的三字代码表示，如海口至北京表示为：HAKPEK。

例 查询 10 月 20 日北京到上海的航班座位可利用情况。

使用 AV 指令进行指定日期的航班信息查询，显示座位可利用情况：

键入：

>AV：PEKSHA/20OCT<XIMT>

系统显示：

```
20OCT(TUE)  PEKSHA
1-   CA984    PEKPVG  0720    0930    738  0^S        EF5  A5  P4  O2  YA<T3-->
                      BQ MQ HQ KQ LQ  QQ GQ  SA  XS  NS  VQ UQ WQ  TQ  EQ
2    CA1831   PEKSHA  0730    0940    772  0^S        EFA AS  OS YA  BS<T3-->
                      MS HS  KS  LS  QS  GS  SA  XS NS  VS  US  WS  TS  ES
3    *FM9888  PEKSHA  0730    0940    772  0^S        EFA  YA BS  LS  MS<T3-->
                      TS  HS  VS
4+   *CZ5102  PEKSHA  0800    1000    333  0^S        EFA  YA UA  TQ  HQ<T2-->
```

航班号　起飞时间　机型　餐食标识　对应舱位的座位情况

城市对　ASR标识　航站楼

航班序号　到达时间　经停点　还有其他子舱位

说明：

（1）经停点 0 后面的 ASR 标识“^”，表示该航班可以为旅客预订航班座位。

（2）在餐食标识后如出现 DS#，为该航空公司与 CRS 之间的协议级别，不同的协议级别获取座位的方式不同，DS# 是最高的协议级别；若显示 AS#，则表示该航班做过时间变更。

（3）F、C、Y、S、B、H、K、L、M、Q、T 为舱位等级。

（4）对应舱位的座位可利用情况代号，有以下几种含义：

A　　可以提供 9 个以上座位；

1～9　可以提供 1～9 个座位，这种情况下系统显示具体的可利用座位数；

L　　没有可利用座位，但旅客可以候补；

Q　　永久申请状态，没有可利用座位，但可以申请（HN）；

S　　因达到限制销售数而没有可利用座位，但可以候补；

C　　该等级彻底关闭，不允许候补或申请；

X　　该等级取消，不允许候补或申请；

Z　　座位可利用情况不明，这种情况有可能在外航航班上出现。

（5）航班最后若有“*”或“-->”，表示还有其他子舱位未显示完全，若要继续查询，可以键入：

>AV：C/航班序号<XIMT>

或者

>AV：CZ5102/20OCT<XIMT>

五、创建旅客订座记录（PNR）

订座需要在销售系统中创建旅客订座记录（Passenger Name Record，PNR）。PNR 用于记录旅客的各种信息，包括旅客姓名、航程、航班、日期、舱位、座位数、特殊需求、联系电话等信息。创建 PNR 可通过旅客订座系统的相关指令来完成操作。系统赋予每个 PNR 一个编号，即订座记录编号，一般为五位数字与字母的组合。

（一）创建姓名组（NM）

姓名组是旅客订座记录必不可少的一部分，它记录了旅客姓名、所订座位数、称谓、特殊旅客代码等内容。

成人姓名指令格式：

>NM：该旅客的订座总数　旅客姓名（特殊旅客代码）<XIMT>

例如：为一个 4 岁的无成人陪伴儿童李丽建立姓名组：

>NM：1 李丽（UM4）<XIMT>

其中，UM 是无成人陪伴儿童的英文缩写，4 是儿童年龄。

婴儿姓名指令格式：

>XN：该旅客的订座总数　旅客姓名（特殊旅客代码）<XIMT>

例如：成人旅客张力带一个婴儿旅客张小敏，2025 年 3 月出生，要为其建立姓名组：

>NM：张力<XIMT>

>XN：IN/张小敏 INF（MAR25）/P1<XIMT>

婴儿旅客不占座位，手工出票或订座时，PNR 中可以不输入婴儿项。

说明：

（1）我国旅客预订国内票必须输入汉字姓名，不可用汉语拼音代替。

（2）外国旅客需输入有效身份证件上的姓名，一般为护照上的英文姓名，姓与名之间需要用斜线（/）分开；每个旅客姓名最多只能有 1 条斜线；旅客英文姓名均应由英文字母组成；使用英文字母的姓名，姓不得少于两个字母。

（3）旅客姓名长度最大为 55 个字符，一个 PNR 最多可输入 511 位旅客姓名。

（4）在 PNR 封口之后，旅客名单按照姓氏的字母顺序排列。

（5）散客记录最大旅客人数为 9 人，旅客人数大于 9 人的记录为团体旅客记录。

例如：输入旅客 REINHARD/HAETTI、STEFAN/PLETZER、ZHU/QI 的姓名：

>NM：1REINHARD/HAETTI 1STEFAN/PLETZER 1ZHU/QI<XIMT>

又如：为 REINHARD/HAETTI、REINHARD/PLETZER 建立姓名组。

两位旅客姓氏相同，键入：

>NM：1REINHARD/HAETTI 1REINHARD/PLETZER<XIMT>

或

>NM：2REINHARD/HAETTI/PLETZER<XIMT>

两种方法输入的结果是相同的；旅客姓名是按照姓氏字母顺序排列的，姓氏相同时，先输入的姓名排列在前面。封口以后的姓名顺序会按照姓氏字母顺序排列，即REINHARD/HAETTI是1号，REINHARD/PLETZER是2号。

第二种输入方式中的“2”是指相同姓氏的旅客数。这种方法只适用于英文姓名，不适用于中文姓名。若要输入张山、李林、王琳琳的姓名，则键入：

>NM：1张山 1李林 1王琳琳<XIMT>

输入旅客姓名时，要保证姓名的准确性，有一些航空公司禁止修改旅客姓名。

（二）创建航段组（SS）

对航班座位进行实际销售是由创建航段组来完成的。

指令格式：

>SS：航班号/舱位/日期/航段/行动代码/订座数<XIMT>

对于中国航空公司的航班，只能订取系统中实际存在的航班的座位；对于外国航空公司的航班，可以任意订取，即使该航班实际并不存在，也可以创建航段组。故用SS指令订取外国航空公司的航班时，营业员应事先了解详细的航班情况。

营业员使用SS直接创建航段组时，一次输入最多可订取5个航班座位。

行动代码可省略，默认为NN申请。

NN：座位申请；

LL：座位候补；

RR：准备直接出票。

例如：申请订取CA1301的Y舱20OCT北京到广州的一个座位，则需要键入：

>SS：CA1301/Y/20OCT/PEKCAN/NN1<XIMT>

“NN1”表示订取1个座位。

（三）创建联系组（CT）

联系组的功能是记录各种联系信息，包括旅客和营业员的联系信息，以便于航空公司和营业员与旅客联系。旅客联系信息由航空公司营业员手工输入，记录旅客的联系电话，以便查找，输入格式由用户决定。指令格式为：

>CT：城市代码/自由格式文本 旅客标识<XIMT>

例如，北京的一位旅客联系电话为66053747－2106，为其创建联系组，则键入：

>CT：PEK/66053747－2106<XIMT>

（四）创建出票组（TK）

出票组注明旅客的出票情况，已出票的给出客票号，未出票的则写明具体出票的时限。到达出票时限，订座系统会向相应部门拍发电报，提示营业员出票，否则会被航空公司取消订座。出票情况有以下几种类型：

T：已出票；

TL：出票时限；

TT：电传出票；

AT：机场出票；

WC：旅客自己取票；

MT：邮寄客票。

（1）未出票，在 PNR 中输入出票时限。指令格式：

>TK：TL/时间/日期/出票部门/旅客标识序号<XIMT>

例如：要为 PNR 中的旅客设置出票时限，则要键入：

>TK：TL/1200/08DEC/BJS123<XIMT>

出票时限可以根据该票价的限制条款而定。

（2）已出票，给出客票号。手工出票的指令格式：

>TK：T/<XIMT>

自动出票则自动产生票号项。

（五）自动计算票价（PAT：A）

自动计算票价指令是为了简化代理人票价查询、计算流程，减少出票过程中的人为操作失误，提高工作效率而设计开发的。自动计算票价指令自动搜索最优可适用运价，并自动生成票价计算组 FC、FN 票价组、FP 付款方式组、签注信息组 EI、旅游代码组 TC。

成人票自动计算指令格式：

>PAT：A<XIMT>

儿童票自动计算指令格式：

>PAT：A＊CH<XIMT>

婴儿票自动计算指令格式：

>PAT：A＊IN<XIMT>

（六）创建特殊服务组（SSR）

特殊服务组记录了旅客在旅行过程中需要的特殊服务，并以此与航空公司进行信息交换。旅客特殊服务包括特殊餐食、常旅客信息、无成人陪伴儿童等内容，这些内容需要营业员手工输入来建立。

SSR 项中还可以记录电子客票、证件号、预订座位等与旅客相关的各种信息，也可以包含其他各种类型的信息，例如提醒营业员尽快出票的信息、机上预订座位的信息、旅客未登机信息等。指令格式：

>SSR：服务类型代码　航空公司代码　行动代号　需要该项服务的人数　自由格式文本　旅客标识　需要该项服务的航段序号<XIMT>

输入旅客身份证号码的指令格式：

>SSR：FOID 航空公司代码 HK/NI 身份证号/旅客标识<XIMT>

例 为姓名组中的第二位旅客在序号为 4 的航段上订无盐餐食。

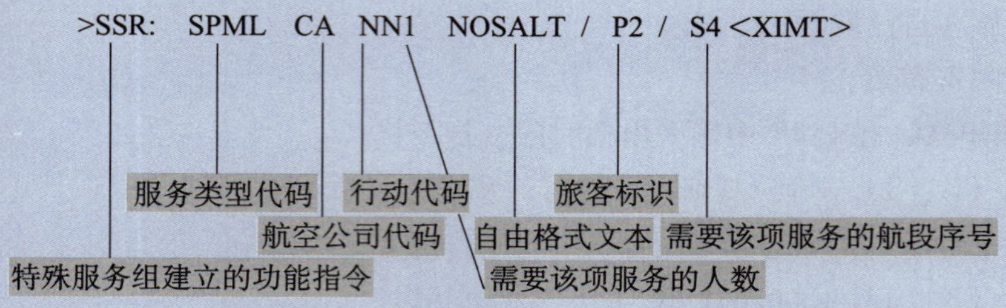

也可用另一种格式实现上述功能：

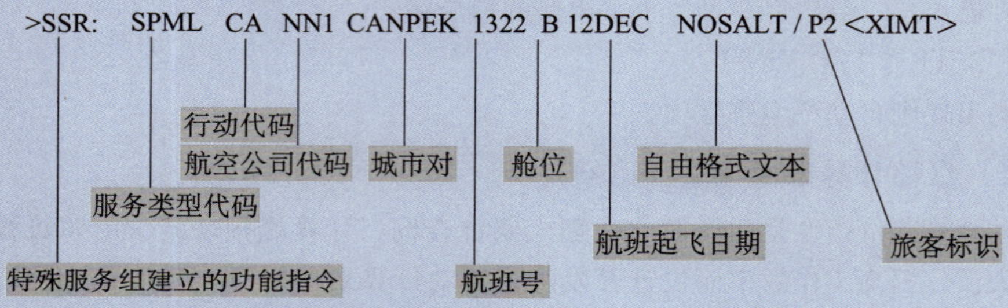

两种格式的输出结果是相同的。

六、PNR 的生效

在修改或建立新的 PNR 时，用封口指令“@”或“\”，使修改或建立的 PNR 生效。

在封口之前，PNR 虽然显示在屏幕上，但并未正式生效，只有封口后，才可以继续建立其他记录。封口是使 PNR 生效必不可少的一步。

（1）正常封口指令格式：

>@<XIMT>

或

>\<XIMT>

（2）强行封口指令格式：

>@I<XIMT>

封口指令可以单独输入，也可以在一组指令的最后输入；封口时会自动检查所输入的内容是否完整；封口后，旅客订座记录编号及航段信息将显示在屏幕上。

强行封口在航段不连续、邮寄时间不够、有航班变更标识、两个衔接航段的停留时间小于最小衔接时间时使用。

七、出票

为旅客建立 PNR 后，如果旅客确认购买客票，即可实现客票的销售。电子客票采用虚拟打票机出票。配置电子客票打票机与配置普通 BSP 打票机的方法类似，配置指令的使用方法也相同。

电子客票使用 ETDZ 指令出票。指令格式：

>ETDZ：打票机号<XIMT>

或

>ETDZ：打票机号/旅客编号或编号范围（出指定旅客的电子客票）<XIMT>

在完成电子客票出票后，系统会在 PNR 中加入电子客票票号项（SSR TKNE）。

如果电子客票出票失败，系统可能返回"×××ERROR"的错误提示，"×××"是错误编号。

例 键入：

>ETDZ：4<XIMT>

系统显示：

CNY1 780. 00　　R6D03

ET PROCESSING…PLEASE WAIT!

ELECTRONIC TICKET ISSUED

代理人执行 ETDZ 指令之后，系统首先会返回金额和 CRS PNR 记录编号，然后出现"ET PROCESSING…PLEASE WAIT!"的提示。出票成功后，系统返回信息提示"ELECTRONIC TICKET ISSUED"。

电子客票出票成功的标志是"ELECTRONIC TICKET ISSUED"。如果没有出现该信息提示，表示该电子客票没有成功出票，代理人可以用 TSL 指令查看出票失败的票号，在当天还可以用出票重试指令 ETRY 将出票失败的 PNR 重新出票。

代理人出票以后提取并核对该 PNR。

八、客票售出后管理

（一）联程、来回程航班衔接限制

由两个或两个以上的航班所组成的旅客航程运输称为联程运输。旅客的航程从出发站至到达站，再按原航程返回，这样的运输称为来回程运输。

1. 联程航班衔接时间限制

联程航班由于在联程地点办理手续需要一定时间，因此对于中转衔接时间要有所限制。联程航班如果是纯国内航班，衔接时间不得少于 2 个小时；国际转国内航班或国内转国际航班，衔接时间不得少于 3 个小时。特殊情况下或需要转换机场时可根据具体情况适当延长。

2. 座位的再证实

旅客持有订妥座位的联程或来回程客票，要在航空公司规定的时限内进行座位再证实，航空公司根据提供的客票内容与电脑记录进行核对，完成座位再证实程序。

（1）时限要求。

旅客已订妥联程或回程座位，如在联程或回程地点停留 72 小时以上，须在所订航班离站前两天的中午 12 点以前，向有关航空公司售票部门办理座位再证实手续，否则，座位不予保留；如旅客在联程或回程地点停留时间不足 72 小时，无须办理座位再证实手续，座位应予以保留。

如旅客持有未订妥座位的客票，在联程或回程地点要求证实已申请的座位时，应予以优先安排座位。

（2）办理手续。

需要座位再证实的客票，售票人员也应在交给旅客客票前主动告知有关的座位再证实的信息及办理手续的途径。座位的再证实可到售票处办理，也可通过电话办理。

航空公司接到旅客再证实的通知时，应记录该旅客在当地的联系电话和地址，在订座记录相关的航段组内将航班代码由“HK”改为“RR”，表示已经完成了座位再证实手续。

办理团体旅客座位再证实，应对团体人数以及有关订座情况进行核实，把旅客订座记录中的航程行动代码由“HK”改为“RR”。

（3）操作要求。

提取旅客的订座记录，键入：

＞RT：PNR 编号＜XIMT＞

将旅客需要再证实的航段代码由“HK”改为“RR”。

将该记录进行封口。

（二）候补购票的处理

候补旅客，是指无订座或不持任何客票而自愿到机场等候座位的旅客。旅客可以在航班有空余座位的情况下购票。为充分利用航班座位，最大限度地满足旅客的购票要求，各售票处可以在航班规定座位配额已经售完的情况下，接受少量旅客候补购票的要求。

1. 旅客候补购票的处理

请候补旅客填写旅客购票单，按先后顺序登记存放，并将候补旅客要求的航程、航班、日期、舱位以及旅客的联系地址或电话号码等资料输入电脑，做候补 PNR。

向旅客交代清楚，在明确候补可以得到证实后，及时主动与旅客联系。当旅客所要乘坐的航班有空余座位时，按旅客登记的先后顺序，通知候补旅客前来购票。

2. 候补购票的实现

在下列情况下，候补旅客有可能实现购票的需要：

（1）有其他旅客购票后退票。

（2）原定担任航班飞行的机型改变为大机型，座位增加。

（3）航班保留的在特殊情况使用的控制座位没有使用。

（4）航班座位供不应求，有可能安排加班飞行。

（5）联程站中，前一站的配额没有用完，本站有可以多利用的座位。

单元二 客票退票

承运人因某种原因未能按照机票上所列明的航程提供航空运输服务，或旅客由于突发情况自愿放弃其已购买机票的全部或部分旅行安排，旅客要求退还未能使用的全部或部分客票，即为退票。

一、退票要求

（一）退票期限

旅客要求退票，必须在客票的有效期内提出，否则承运人或销售代理人有权拒绝办理。在进行退票工作之前，受理人员首先要确认客票的有效性，客票是否在有效期内、票联是否完整、票面内容是否被涂改等内容都是检查的重点。只有有效的客票才能够接受并按相应退票程序处理，否则相关工作人员有权拒绝受理。

（二）退票凭证

旅客要求退票，除遗失客票外，必须凭客票全部未使用的有效乘机联和旅客联（电子客票无须提供），以及旅客本人的有效身份证件。如果为他人办理退票，应提供客票中所指明的旅客及经办人的有效身份证件原件。

（三）退票退款地点

退票地点根据退票的类型不同而有所差别。

（1）旅客非自愿退票，可在原购票地、航班始发地、经停地及终止旅行地的票证所属承运人售票处或非自愿退票发生地的票证所属承运人的地面服务代理人售票地点办理。例如：航程为 CAN（广州）—PEK（北京）—SHE（沈阳）的联程机票，旅客在 PEK 要求退票，则 PEK 为终止旅行地。

（2）旅客自愿退票：若在出票地要求退票，只限在原购票地点办理；若在出票地以外的航班始发地或终止旅行地要求退票，可在当地的票证所属承运人的直属售票处办理，也可在承运人授权的代理点办理退票手续。

（3）持不定期客票和团体客票的旅客自愿退票，仅限在原购票地点办理。

（4）持特种票价客票的旅客自愿退票，按该特种票价的相关限制办理。

旅客在满足退票相关规定的条件下，承运人及相关单位不得无故不予办理。如果旅客在航班经停站或联程站办理退票，可在征得旅客同意后，在订座终端中取消旅客客票所列明航段并在客票上注明退座的时间、退票的原因和航段，加盖公章，转请出票站或到达站进一步办理相关退款手续。

（四）退款规定

退还旅客票款时，应根据规定计算出实退金额，填写“退票、误机、变更收费单”。旅客在收到退款后，应在收费单上签收。

客票的退款只能给客票上列明的旅客本人或客票的付款人。假如付款人为团体旅客的负责人，此时该负责人不仅应出示旅客的证件，还应出示客票付款人的有效身份证件。

退票费的计算以元为单位，不足一元的按一元计算。

例如：机票票价为人民币 530.00 元，需支付 5%的退票费，退票费应为 530.00×5%=26.50 元，进位为 27.00 元。

（五）严禁办理退票的情形

有下列情况之一的客票，严禁办理退票：

（1）超过有效期的客票。

（2）已经乘机（乘机联有值机记录）的客票。

（3）旅客编造“航班延误”“航班取消”等理由要求退票的客票。

（4）旅客提供虚假病历手续要求按因病退票处理的客票。

（5）票价、航段、舱位进行了删改处理的客票。

（6）各类协议免票、特种航空产品免票。

（7）其他违反民航运输有关规定填开的客票。

二、退票、误机、变更收费单

“退票、误机、变更收费单”（见表 5－2）（以下简称收费单），是航空公司及其指定代理人为旅客办理误机收费、变更航班收费、变更舱位收费和收取退票费并办理退款的专用单据。

表 5-2 ××航空公司退票、误机、变更收费单

<table>
<tr><td colspan="2">航空承运变更情况</td><td colspan="3">应收应退额</td></tr>
<tr><td>原承运航空公司</td><td></td><td rowspan="3">退票使用</td><td>客票价款</td><td>元</td></tr>
<tr><td>原客票号码</td><td></td><td>应收退票费</td><td>元</td></tr>
<tr><td>原承运日期</td><td></td><td>实际退款</td><td>元</td></tr>
<tr><td>原航班号码</td><td></td><td colspan="2">应收误机费</td><td>元</td></tr>
<tr><td>变更后承运航空公司</td><td></td><td colspan="2">应收变更费</td><td>元</td></tr>
<tr><td>变更后承运日期</td><td></td><td colspan="2" rowspan="3">加盖公章</td><td rowspan="3">制单地点
制单单位</td></tr>
<tr><td>变更后航班号</td><td></td></tr>
<tr><td colspan="2">备注：</td></tr>
</table>

制单日期： 旅客签名： 经办人：

(一) 收费单的组成

收费单一式四联，包括会计联、出票人联、结算联及旅客联。

会计联：淡绿色，填制后随所收款项、客票一并交票证所属航空公司财务部门作记账之用。

出票人联：粉红色，填制后由填制单位留存并用于记账、备查。

结算联：黄色，也称换取服务联，填制后由接受本联的航空公司，凭此联向本联所属航空公司开列账单，结算款项。

旅客联：白色，填制后交旅客作报销之用。

(二) 收费单的用途

根据航空运输结算的原则，收费单具有以下用途：

(1) 作为向旅客收取下列费用的收支凭证：航班变更、改签手续费；误机费；换开客票收取的工本费；为伤残旅客服务应收取的费用，如氧气、救护车、特殊服务器械费；其他应向旅客收取的与航空运输有关的费用。

(2) 作为向旅客退款的收支凭证，包括退还多余票款；退还旅客因降低客票舱位等级而产生的差价。

(三) 收费单的填制

收费单应由航空公司售票处或代理人负责填制，经旅客或旅客委托人签字、加盖填制单位营业用章后方可生效。

1. 用于退还有关费用的收费单的填制

收费单用于退还有关费用时，应填制下列栏目：

(1) 原承运航空公司。

(2) 原客票号码。

（3）原承运日期、航班号。

（4）“退票使用”栏中的各项内容。“客票价款”栏中，如果只有一个航段，应填写原付款金额；如果有两个以上航段，应填写按照“原付票款－已使用航段票价款＝未使用航段票价款”计算后所得的金额；“应收退票费”栏中应填写按规定收取的退票费金额；“实际退款”栏中应填写“客票价款”与“应收退票费”之间的差额。

（5）“备注”栏中应填写下列项目：付款方式；退款原因，例如自愿或非自愿，退还C舱与Y舱票价差额；原航程及已使用航段；原付票款、已使用票款等。

（6）其他不涉及退票费的栏目均画一条对角斜线用于占位。

2. 用于收取有关费用的收费单的填制

收费单用于收取有关费用时，应填写下列项目：

（1）原承运航空公司。

（2）原客票号码。

（3）原承运日期、航班号。

（4）变更后的承运航空公司。

（5）变更后的承运日期。

（6）变更后的航班号。

（7）“应收误机费”栏，填写收取的误机费金额。

（8）“应收变更费”栏，填写旅客航班变更、改签或其他与航空运输有关的费用金额。

（9）“备注”栏，应详细注明收费的项目名称、理由。

收费单填好后，在已办理退票手续的纸质客票上加盖“退票”印章，并注明退票时间，连同收费单会计联送交财务部门。

三、旅客非自愿退票的处理

由于天气、航行、机务或承运人其他原因导致航班取消、提前、延误、航程改变、衔接错失或承运人不能提供座位，旅客要求退票，称为非自愿退票。

非自愿退票的计费主要根据退票地点而定。

（一）始发站退票

在航班始发站退票，退还旅客所付的全部票款。

（二）经停站退票

在航班经停站退票，退还未使用航段的票款，但所退金额不得超过原付票款金额。

联程旅客由于上述原因在航班经停站或联程站停止旅行，也应该按照相同的折扣率退还未使用航段的票款。

例 旅客搭乘 HU7848 航班由广州到银川，该航班因天气原因在经停站西安取消当日飞行，旅客要求退票。假设旅客按 8 折票价购买广州到银川航段客票，实付票款为人民币 1 510.00 元，广州到西安的 8 折票价为人民币 1 200.00 元，西安到银川的 8 折票价为人民币 480.00 元，则应退还的票款为人民币 480.00 元。

（三）非规定的航站退票

航班如在非规定的航站降落，取消当日飞行，旅客要求退票，应退还由降落站至到达站的票款，但不得超过原付票款金额，不收取退票费。如旅客所付票价为折扣票价，应按相同折扣率计退票款。

例 旅客购厦门至哈尔滨机票，飞机因机械故障在福州备降且取消当日飞行，旅客要求退票。按规定应退福州至哈尔滨的票款，但由于福州至哈尔滨的票价（2 550.00 元）高于厦门至哈尔滨的票价（2 290.00 元）。因此，只能退厦门至哈尔滨的原付票款，即 2 290.00 元。

四、旅客因病退票的处理

旅客因个人身体健康原因未能全部或部分完成机票中所列明的航程，提出退票，称为旅客因病退票。

（一）旅客因病退票的规定

旅客购票后，因病不能旅行要求退票的，必须在航班规定离站时间前提出并提供县级（含）以上医疗单位的证明原件（如诊断书原件、病历和旅客不能乘机的证明）。如因病情突然发生，或在航班经停站临时发生病情，一时无法取得医疗单位证明，也必须经承运人认可后才能办理。

（二）旅客因病退票的计费

旅客因病退票，在航班始发站提出的，退还全部票款；在航班经停站提出的，退还的票款金额为旅客所付票价减去已使用航段相同折扣率的票价金额，但所退金额不得超过原付款金额。

患病旅客的陪伴人员要求退票，必须与患病旅客同时提出，并按上述规定办理，否则一律按自愿退票处理。陪伴人员的范围必须严格限制，事先要弄清楚陪伴人员确有留下的需要；如果承运人认为陪伴人员没有留下陪伴的必要，而其又坚决要求留下、停止旅行，则按照自愿退票的相关规定处理。

例 旅客搭乘 CZ3609 航班由广州至北京，飞机经停上海。广州至北京票价为 1 680.00 元，广州至上海票价为 1 290.00 元，上海至北京票价为 1 140.00 元。

（1）若旅客因病在广州要求退票，如何处理？

旅客如能按照要求提供相关证明并得到承运人的认可，可办理旅客因病退票手续，不收退票费，退还旅客从广州至北京的全部票款 1 680.00 元。

（2）若旅客在飞机上突然发病不能继续旅行，在上海要求退票，如何处理？

旅客因病在经停站上海取消旅行提出退票，得到承运人的认可，可办理旅客因病退票手续，不收退票费，退还未使用的票款：1 680.00－1 290.00＝390.00 元。

（3）若该旅客病情严重需有一名亲属陪伴，在上海要求退票，如何处理？

经承运人确认，病人病情确实需要有人陪伴，必须留下照顾病患者的，可依照相关规定，不收退票费，退还未使用的票款：1 680.00－1 290.00＝390.00 元。

五、散客自愿退票的处理

一般旅客（不包括团体旅客）由于本人原因，未能按照运输合同（旅客客票）完成全部或部分航空运输，在客票有效期内要求退票的，称为自愿退票。因为自愿退票责任不在承运人而在旅客本人，所以承运人在退款时要向旅客收取一定比例的退票费。

各航空公司根据旅客购买的客票折扣舱位不同，收取的退票费率也不同。旅客购买经济舱子舱位较高折扣的机票，退票时扣除的手续费率较低。相反，旅客购买经济舱子舱位较低折扣的机票，退票时扣除的手续费率较高。特价折扣舱位客票一般不得自愿签转、退票。

（一）收取退票费的规定①

（1）旅客（不包括团体旅客）在航班规定离站时间 24 小时（含）以前申请退票，收取客票价 5%的退票费。

（2）旅客（不包括团体旅客）在航班规定离站时间 24 小时以内至 2 小时（含）以前申请退票，收取客票价 10%的退票费。

（3）旅客（不包括团体旅客）在航班规定离站时间前 2 小时以内申请退票，收取客票价 20%的退票费。

（4）对于优惠票价，各航空公司退票规定不相同，收取的退票费也不同。

例 一位旅客购买了一张 HAK—CAN 的机票，票价为 670.00 元，16:30 起飞，起飞当日 15:10 旅客因个人原因申请退票。退票费的计算方法如下：

旅客提出退票的时间在航班规定离站时间的 2 个小时之内，须收取 20%的退票费，即 670.00×20%＝134.00 元，退还余款 536.00 元。

① 《中国民用航空旅客、行李国内运输规则》（中国民用航空总局令第 49 号）。

（二）分段计收退票费的规定

（1）对于联程、中途分程或来回程客票的退票，按上述规定分别收取各航段的退票费（分段计收）。

例 一位旅客购买了一张联程客票：4 月 10 日 10:25 起飞 CAN（广州）—SHA（上海）航段，票款 1 020.00 元；4 月 10 日 18:55 起飞 SHA（上海）—TXN（黄山）航段，票款 550.00 元。旅客共付款 1 570.00 元。4 月 10 日 09:00，旅客申请退全航程客票。

CAN—SHA 航段旅客提出退票时间距离航班规定离站时间在 2 小时以内，收取客票价 20%的退票费，SHA—TXN 航段旅客提出退票时间距离航班规定离站时间在 24 小时以内、2 小时以前，收取客票价 10%的退票费。

应收退票费＝1 020.00×20%＋550.00×10%＝259.00（元）

退还余款 1 570.00－259.00＝1 311.00（元）

（2）旅客在航班经停地自动终止旅行，则旅客所乘航班的客票即告失效，未使用航段的票款不退。例如：一个航班从 PEK 至 CAN，经停 CSX（长沙），旅客在 CSX 下机，终止旅行，则 CSX—CAN 航段票款不退。

（三）免收退票费的规定

个别旅客虽其退票行为属于自愿退票，但可以免收退票费：

（1）革命伤残军人要求退票，免收退票费。

（2）按全价 10%付费的婴儿票，免收退票费；但儿童票退票与成人一致。

（3）持不定期客票的旅客要求退票的，免收退票费。

六、团体旅客退票的处理

团体旅客退票工作同样分为自愿退票和非自愿退票两种情况。团体旅客（含部分成员）非自愿退票相对简单，按照散客非自愿退票规定办理，自愿退票情况比较复杂。

（一）团体旅客自愿退票的处理

团体旅客购票后自愿要求退票，航空公司应以订座终端中的退座时间为准，并按现行团体客票退票规定收取退票费。

1. 团体旅客自愿退票的费用收取规定①

（1）在航班规定离站时间 72 小时（含）以前，收取客票价 10%的退票费。

（2）在航班规定离站时间 72 小时以内至规定离站时间前一天中午 12:00（含）以前，收取客票价 30%的退票费。

① 《中国民用航空旅客、行李国内运输规则》（中国民用航空总局令第 49 号）。

（3）在航班规定离站时间前一天中午 12:00 至航班离站前，收取客票价 50%的退票费。

（4）团体旅客误机，客票作废，票款不退，但可退还民航发展基金和燃油附加费。

2. 部分团体旅客自愿退票的处理

部分团体旅客自愿要求退票，除客票附有限制条件者外，按下列规定办理：

（1）如乘机的旅客人数不少于该票价规定的最低成团人数，分别按以下规定处理：

单程团及全部未使用的来回程、联程、缺口程团体退票，按“团体旅客自愿退票的费用收取规定”办理。

需部分使用的来回程、联程、缺口程团体票（来回程、联程、缺口程退单程的情况），应用团体旅客原付折扣票价总金额扣除该团体已使用（或需使用）航段的单程团票款后，再按“团体旅客自愿退票的费用收取规定”向需退票的团体旅客收取需退票航段的退票费，差额多退少不补。

（2）如乘机的旅客人数少于该票价规定的最低成团人数，分别按下列规定办理：

如客票全部未使用，应用团体旅客原折扣票价总金额扣除乘机旅客按退票时航班开放的最低散客舱位票价计算的票款总金额后，再扣除团体旅客自愿退票应收取的费用，差额多退少不补，并为继续乘机的旅客重新填开客票。

如客票部分未使用，应用团体旅客原付折扣票价总金额扣除该团体已使用（或需使用）航段的单程团票款后，再扣除乘机旅客按退票时航班开放的最低散客舱位票价计算的未使用航段票款总金额及团体旅客自愿退票应收取的费用，差额多退少不补。

例 一个 14 人的旅游团购买了 4 月 25 日 16:10 起飞的 CZ3383 航班 CAN（广州）—DYG（张家界）的团体机票，票价为 580.00 元。4 月 23 日 12:00 该团两名游客因个人原因申请退票，此时该航班最低散客舱位票价为 690.00 元。应如何计收退票费及退款？

两名旅客提出退票的时间是在航班规定离站时间 72 小时内、航班规定离站时间前一日中午 12 时之前，按规定应收取两名旅客 30%的退票费：

退票费＝580.00×30%×2＝174.00×2＝348.00（元）

退还给旅客的票款＝580.00×2－348.00＝812.00（元）

例 若上例团队有 5 人因个人原因申请退票，剩余人数低于该票价规定的最低成团人数，应如何计收退票费及退款？

由于 5 人申请退票后，其余 9 人乘机不能使用团体票价，应按当时最低散客舱位票价计算票款：

退票费＝580.00×30%×5＝870.00（元）

9 名乘机旅客按散客票价计收的票款＝690.00×9＝6 210.00（元）
该团原付票款＝580.00×14＝8 120.00（元）
应退票款＝8 120.00－870.00－6 210.00＝1 040.00（元）

（二）团体旅客非自愿退票的处理

（1）团体旅客或团体旅客中部分成员非自愿退票的，均不收取退票费。在航班始发地应退还旅客所付全部票款；经停地应按旅客的订座舱位退还未使用航段的票款，但不得超过原付票款金额。

（2）团体旅客因病退票，应在乘机手续登记截止时间前提出并退座，同时提供县级（含）以上医疗单位出具的医生诊断证明，免收退票费。患病旅客的陪伴人员要求退票的，应与患病旅客同时办理退票手续，免收退票费。

（三）退票地点

团体旅客自愿退票只限在原购票的售票处办理。

团体旅客非自愿退票，可在原购票地、航班始发地、经停地、终止地的航空公司售票处或非自愿退票发生地的航空公司授权的代理企业售票处办理。

出于成本控制角度考虑，当前国内各航空公司在客票销售上根据折扣的不同制定了相应的限制条款，其中折扣票的退票规定相对于中国民航局的规定更为严格，在工作中，如遇有折扣票应按照该航空公司的具体要求执行退票手续。

单元三 客票变更与签转

客票出票后，售票工作人员可以通过提取客票记录来查询客票状态，在限制条款允许的范围内对客票进行变更、签转、退票等操作。

一、客票变更业务的处理

旅客购买定期客票后，由于个人原因或航空公司安排失误而要求变更乘机日期、航班、航程、座位级别或换乘机人，称为客票变更。

客票变更是旅客享有的基本权利，各相关承运人的营业部、售票处及销售代理人应根据实际情况积极予以办理，不得擅自拒绝旅客的客票变更要求。

（一）客票变更的有效性规定

要求变更的客票必须在客票有效期内，逾期的无效客票不得变更；电子客票变更，必须先用 DETR 指令查看客票信息，状态为“OPEN FOR USE”才可以予以更改。

要求变更的客票不得违反票价限制条件，如承运人提供的较低折扣的机票往往都附加“不得签转”“不得变更”等限制条款，客票的变更工作一定要遵循限制条款。

客票变更的处理因变更的原因不同而有差别。通常情况下，变更可分为两类，即自愿变更和非自愿变更。各航空公司关于变更业务的规定可在销售系统进行查询。

（二）自愿变更的处理规定

旅客购票后，因旅客自身原因而主动向承运人提出改变原机票上所列明的航班、日期等的要求称为自愿变更。

1. 变更航班

旅客购买正常票价的客票后，如要改变航班、日期，必须在原定航班停止办理乘机手续前提出并办理；如在停止办理乘机手续后提出，并且决定继续乘坐原承运人的后续航班，可予以免费办理，但仅限一次。如旅客要求再次变更，一般要求每次应支付票价 5％的手续费。

若旅客要求变更的航班和日期是在原承运人航班没有可利用座位或旅客不同意由原承运人安排航班和日期的情况下，则按自愿退票办理。

持特种票价客票的旅客要求改变航班、日期，应遵守该特种票价规定的条件。

2. 变更舱位

旅客购票后要求把原有舱位更改至较高等级舱位，在航班座位和时间均允许的情况下，应积极予以办理，并补收原票价与较高等级舱位票价的差额。

旅客购票后要求把原有舱位更改至较低等级舱位，应先将原票按自愿退票规定办理，再按变更后的舱位重新购票。

3. 变更承运人

旅客购票后要求变更承运人，按签转规定办理。

4. 变更航程或乘机人

在实际工作中，航空公司不受理变更航程和承运人的业务。如果旅客购票后欲改变航程或乘机人，均先按自愿退票规定办理退票，再根据新航程或新乘机人姓名重新购票。

团体旅客购票后，如自愿改变航班、日期、舱位等级、航程，均按各航空公司团体旅客现行规定办理。

（三）非自愿变更的处理规定

旅客购票后，由于天气、空中交通管制、飞机机械故障、承运人调度失误等无法控制或不能预见的原因以致航班取消、提前、延误、航程改变、衔接错失或不能提供旅客原已证实的座位，旅客要求变更航班、日期等为非自愿变更。

通常航空公司应当考虑旅客的合理需要，为旅客优先安排有可利用座位的本承运人的后续航班；如本公司无法承运，在征得旅客及有关承运人的同意后，为其办理签转手续。

若是由承运人原因造成的变更，承运人有义务安排航班将旅客运达目的地或中途分程地点，票款、逾重行李费和其他服务费用的差额多退少不补。

由于承运人原因，造成旅客舱位等级变更时，票款的差额多退少不补。如头等舱改为普通舱，应退还票价差额；普通舱改为头等舱，不再收取差额。

因不正常航班需通知团体旅客进行变更的，各营业部需要根据PNR中的TRADEID项中的订单编号在网上团体旅客销售系统中提取团体旅客的详细信息，包括联系组，进行通知。同时，营业部应通知各提交需求的用户，在提交需求时，填写正确的联系电话，以方便进行不正常航班的通知及协调。

（四）客票变更的处理程序

1. 航班、日期变更的处理程序

（1）旅客购票后，如需要变更乘机日期、航班，售票人员应按照旅客所提的要求，查看航班订座情况，如有座位，应提取原订座的记录作相应的更改，原PNR订座记录编号不变。如原PNR已取消，则重新订座。

（2）若是纸质客票，按照更改后的航班、乘机日期、离站时间等详细、清晰地填写“更改条”或“签转证明”的各项内容，经办人签名并加上办理变更的时间后，将“更改条”可粘贴部分粘贴在变更乘机联“订座情况”栏的右边（不能粘贴在该栏的“承运人”上），然后加盖业务印章。没有加盖业务章的“更改条”应视作无效。

如果是电子客票，将填好并加盖业务章的“签转证明”交给旅客办理乘机手续。

（3）在原“旅客购票单”（如有）上作相应的更改，归类存档。

2. 舱位变更的处理程序

（1）旅客购票后，如在航班起飞前在地面提出自愿变更至相同航程较高等级舱位时，对于纸质机票应要求旅客出具含有有效乘机联和旅客联的客票，对于电子客票应提取票面确认有效后，按照旅客所提的要求，查看订座情况，如有座位，应提取原订座记录作相应的更改，原PNR编号不变。

（2）办理舱位变更、补收票价差额，可以用填开“退票、误机、变更收费单”或换开客票的方式补收舱位差额。

（3）填写“收费单”，并把结算联与客票变更舱位航段的乘机联订在一起。

（4）收取应收票款，把变更过的纸质机票客票交给旅客；电子客票告知旅客已做变更。将收费单的旅客联交给旅客。

二、客票签转业务的处理

航空公司的客票是旅客乘坐客票上所标明的承运人航班的凭证。当航班不正常情况当日无法解决或旅客有个人需要时，可为旅客办理客票签转。

客票（乘机联）不能在各承运人之间任意交换使用，只能允许在满足一定条件下进行相关的运输和签转。按照签转原因的不同，签转可以分为两类：旅客自愿签转和旅客非自愿签转。它们的规定和操作程序有所不同。

（一）客票签转的原则

客票签转要遵循“保障重点、照顾一般”的原则，按照重要贵宾、持国际中转客票、持国内中转客票（含空陆联运的票证）、有重要公务会议的旅客、一般旅客的顺序进行签转。

要遵循“隔离签转”原则，在后续航班座位无法满足全部旅客签转需求的时候，应当把旅客化整为零，依次签转，避免发生冲突。

为旅客签转要确定承运双方互有签转协议。签转前，确定有可利用的空余座位并做好预留工作。已签转的旅客，确保收回原先的登机牌及行李提取牌，若让旅客持原行李牌提取行李，应与实际承运方做好交接。

（二）旅客自愿签转的处理

旅客由于自身的原因，向承运人提出改变承运人的要求，称为旅客自愿签转。在办理旅客自愿签转时，工作人员必须首先判断客票是否满足航空公司自愿签转的条件：

（1）旅客使用的票价无签转限制条款。

（2）旅客客票未改变过航班、日期。

（3）旅客在原航班规定离站时间 24 小时（含）之前提出更改要求。

（4）旅客要求变更的承运人必须与原承运人签有联运协议，可以进行相互填开或接收票证、票款结算等业务活动，且航班有可利用的座位。

同时满足了以上自愿签转条件后，原承运人的相关部门有义务为旅客积极免费办理相关的签转业务。凡是不满足上述规定的，如旅客坚持要求改变承运人，一律按照自愿退票相关规定和程序办理。

在非航班不正常条件下，团体客票是不允许改签的。

客票签转后，对原已订妥的续程航段座位，由签转客票承运人负责取消。

（三）旅客非自愿签转的处理

由于航班延误、天气恶劣、飞机故障等非旅客主观原因，旅客向原承运人提出改变承运人的要求，称为旅客非自愿签转。

原承运人有责任和义务保障旅客及时到达原客票标明的目的地，应积极协调相关部门尽快协助旅客处理，在征得有关承运人的同意后，办理签转手续。由于原承运人原因造成的旅客非自愿签转，票款的差额多退少不补。

若无其他直达航班，可变更原客票列明的航程，安排承运人或其他承运人的航班将旅客运送至目的地或中途分程地点，票款、逾重行李费和其他服务费用的差额多退少不补。

除此之外，一些特殊票价客票的签转在没有特殊规定时，其签转规定和处理与正常票价客票相同。

（四）有权签转的航空公司

并不是所有航空公司都有权利将客票签转给其他承运人，必须是具备下列条件之一的航空公司或部门方可办理签转：

（1）作为填开客票的承运人。

（2）作为在要求签转的乘机联“承运人”栏中指定的承运人。

（3）作为机票“原出票”（ORIGINAL ISSUE）栏中注明的原始出票承运人。

（4）经上述三类承运人之一授权，作为其代理并有权代为办理签转的部门。

例如，南航有权办理国内签转手续的部门有：南航办理国内业务的售票部门和机场运输业务部门；南航授权可以代理签转的代理人的售票部门和机场运输业务部门。

思考练习

一、单项选择题

1. 旅客（不包括团体旅客）在航班规定离站时间（　　）小时（含）以前申请退票收取客票价（　　）的退票费。

A. 12；5%　　B. 24；5%　　C. 48；5%　　D. 72；5%

2. 客票销售部的营业员进入客票销售系统的指令是（　　）。

A. OPEN　　B. AV　　C. SI　　D. SO

3. 查询 8 月 10 日上海虹桥机场到成都双流机场的票价，指令为（　　）。

A. >AV：SHACTU/10AUG<XIMT>

B. >SK：SHACTU/10AUG<XIMT>

C. >FD：SHACTU/10AUG<XIMT>

D. >FF：SHACTU/10AUG<XIMT>

4. 为成人旅客王琳琳建立订座记录，创建姓名组的指令为（　　）。

A. >NM：王琳琳<XIMT>　　B. >NM：1 王琳琳<XIMT>

C. >XN：WANG/LINLIN<XIMT>　　D. >XN：1WANG/L<XIMT>

5. 散客记录最大旅客人数为（　　）人，旅客人数大于该人数的为团体旅客记录。

A. 9　　B. 10　　C. 15　　D. 20

二、判断题

1. 修改或建立 PNR 时，必须用封口指令@或＼封口，PNR 才能生效。（　　）

2. 电子客票的出票指令是 DETR。（　　）

3. 办理团体旅客座位再证实，应对团体人数及有关订座情况进行核实，把旅客订

座记录中的航程行动代码 RR 改为 HK。（　）

4. 旅客购买 CAN—SIA 航线经济舱机票，票款 7 折后为 CNY1 020.00，在航班经停站 CSX 旅客因病提出退票，此时 CAN—CSX 航线 7 折票价为 CNY560.00，CSX—SIA 航线 7 折票价为 1 200.00。则应退还旅客 CNY1 200.00。（　）

5. 为旅客办理客票变更业务时，需查看其客票状态是否为“OPEN FOR USE”，否则无法为旅客办理。（　）

三、思考题

1. 旅客在何种情况下方能实现候补购票?

2. 旅客搭乘 CZ6665 航班由海口到杭州，实付票款为人民币 1 500.00 元。该航班因航路原因在广州取消当日飞行，旅客要求退票，应退还旅客的票款为多少元?

3. 王红购买了一张 11 月 14 日 CZ3101 航班 CAN（广州）—PEK（北京）Y 舱机票，票价为 2 000.00 元，客票号码为 78422089138735。由于行程有改动，王红于 11 月 12 日前往南航广州营业部售票处要求改签为 11 月 13 日 CZ3105 航班 CAN（广州）—PEK（北京）F 舱，工作人员应该如何处理?

4. HGH（杭州）—SHA（上海）—KWL（桂林），起飞/到站时间分别为 15 日 20:15—21:00/11:50（16 日）—14:20，若 15 日 18:30 旅客要求退票，应如何处理?

5. 旅客对客票进行自愿变更，可变更的项目有哪些?

模块六

民航旅客运输服务规范

学习目标

了解民航旅客运输服务的基本流程，掌握旅客运输过程中各环节的服务规范与技巧，具备处理旅客运输过程中各类非正常情况的能力。

单元一　民航旅客值机工作

民航旅客运输工作由航空客票销售、地面服务及空中运输三部分构成。值机是民航旅客地面服务的一个重要组成部分，是为旅客办理乘机手续、接收旅客托运行李、引导旅客上下飞机等旅客服务工作的总称。值机工作作为直接面对旅客的一项工作，是民航旅客运输服务连接地面运输和空中运输的关键一环。

一、旅客运输的一般规定

（一）旅客运输规定

机场繁忙程度不同，航空公司在各机场为某一航班开始办理乘机手续的时间也不同。国内大部分机场已经实行开放式值机，对旅客当天到达机场开始办理值机手续的时间没有限制，因此，只要旅客到达机场后，在航班离站时间 30 分钟前（或航空公司规定的其他时间）办理乘机手续都可以。若机场对开始办理乘机手续的时间有限制，则会将此时间以适当方式告知旅客。

旅客在航空公司规定的时限内到达机场后，必须凭客票、本人有效身份证件办理客票查验、托运行李、领取登机牌等乘机手续，持电子客票的旅客只需持本人有效身份证件即可办理乘机手续。

如旅客未能按时到达航空公司的乘机登记处或登机门，或未能出示其有效身份证件及运输凭证，或特殊旅客未能准备好航空公司规定的其他旅行文件，航空公司为不延误航班可取消旅客已订妥的座位。对旅客由此所产生的损失和费用，航空公司不承担责任。

旅客乘机的行李内容和包装必须符合航空公司的要求。旅客不得携带禁运品上机，行李内的物品要严格按照航空公司的规定进行运输，否则航空公司有权弃运。不符合包装要求的行李必须重新打包后方可接收运输，若旅客拒不改善包装，航空公司有权弃运。

乘机前，旅客及其行李和免费随身携带物品必须经过安全检查。当出现旅客、行李运输不正常情况时，航空公司应依照相关规定公正处理。

（二）旅客载运规定

1. 拒绝运输

承运人根据自认为合理的考虑，可以决定对下列任何旅客拒绝运输，或拒绝续程运输（包括要求旅客中途下飞机），或取消已订妥的座位。

（1）旅客不遵守国家有关法律法规的，旅客不遵守始发地、经停地、目的地或者飞越国家的法律法规的。

（2）旅客的行为、精神或健康情况不适合旅行，或会造成其他旅客的不舒适，或者对其本人及其他旅客的生命或财物可能造成危险、危害的。

（3）旅客不遵守承运人的规定，或不听从承运人的安排和劝导的。

（4）旅客拒绝接受安检的。

（5）旅客拒绝出示有效票证的。

（6）旅客不能证明本人即客票上“旅客姓名”栏内载明的人。

（7）旅客未按规定支付适用的票价及有关费用的。

（8）当飞机重量或座位不足时，承运人有权根据自己合理的判断决定对部分旅客、行李或其他物品不予载运。

根据上述第（1）～（7）项被拒绝运输和拒绝续程运输（包括要求中途下飞机）或取消已订妥座位的任何旅客，承运人不给予该旅客补偿，只能按照非自愿退票规定办理退票。上述规定第（8）项，由于座位超售而不予载运的旅客，承运人按照有关超售补偿规定予以经济补偿，经济补偿参照有关承运人的具体规定办理。

2. 有条件运输

对于无成人陪伴儿童、无自理能力旅客、患病旅客、婴儿、孕妇、醉酒旅客、犯人等特殊旅客，只有符合承运人规定的运输条件，并经承运人同意，且事先作出安排，方予载运。

二、查验客票

旅客在办理乘机手续时，应出示旅客运输凭证及旅行证件。旅客由于客票及旅行证件不完备而受到的损失及额外支付的费用，承运人不承担责任。承运人由此受到的一切损失和支付的费用及罚金，由旅客负责赔偿。

旅客乘坐飞机必须交验有效客票，旅客乘机时所需要出示的有效旅行证件与购票的证件相同。

所接受的乘机联的运输有效航段、承运人，必须与实际承运的航段和承运人一致。

客票应在有效期内。旅客必须在客票有效期内完成客票上所列明的中途分程、联程、回程的全部航程。

三、查验旅客身份证件

值机工作人员要查验旅客的旅行证件。国内航空运输中的旅客有效身份证件包括身份证、军官证、居民户口簿等；国际及地区航空运输中旅客的有效身份证件主要是护照、港澳通行证、台湾居民来往大陆通行证，并查验签证是否在有效期内，无有效签证的不能办理值机手续。

值机人员在查验旅客的有效证件时，要查验旅客证件姓名是否与客票一致、离港系统证件号码是否与证件一致。

（一）身份证件

身份证件主要指居民身份证和临时身份证。旅客的居民身份证在户籍所在地以外被盗或丢失的，可使用发案、报失地公安机关出具的临时身份证明。

（二）军人类证件

军人类证件包括中国人民解放军军官证、中国人民武装警察部队警官证、中国人民解放军士兵证、中国人民解放军文职干部证、军队离（退）休干部证、中国人民解放军职工工作证、军队院校学员证。

（三）其他可以乘机的有效证件

其他证件包括全国人大代表证、全国政协委员证。出席全国或省、自治区、直辖市的党代会、人民代表大会，政协会，工、青、妇代表会和劳模会的代表，可使用所属县、团级（含）以上党、政、军主管部门出具的临时身份证明。

年龄已高的老人（按法定退休年龄掌握），可使用接待单位、本人原工作单位或子女、配偶工作单位［必须是县、团级（含）以上单位］出具的临时身份证明。

未申领居民身份证的 16 岁以下未成年人可使用学生证、居民户口簿或者户口所在地公安机关出具的身份证明等，现在一般婴儿出生后即可办理身份证。在实际工作中，16 岁以下未成年人一般都凭身份证件乘机，持其他证件乘机的情况较少。

四、安排旅客座位

安排旅客座位是办理乘机手续中的一项重要工作。根据飞机客舱布局、旅客预订情况和飞机载重平衡的要求，安排好旅客座位，不但是提高旅客服务质量、使旅客有序上下飞机的保证，而且能有计划地安排飞机的载重平衡。安排座位时要询问旅客对座位的具体要求，根据离港系统中还未被占用的座位情况，按照“先到先得”的原则，尽可能满足旅客的要求。如果旅客的座位要求因客观原因无法满足，应耐心向旅客解释并提供替代方案。

（一）旅客座位的安排应符合飞机载重平衡的要求

航空器装载量的大小受到其结构强度、客货舱容积以及运行环境的限制，因此，当最大装载量超过航空器的结构强度限制、容积限制和运行环境限制时，会使航空器起飞、着陆、飞行出现安全隐患，甚至造成安全事故。每次飞行都必须对飞机进行配载平衡，计算最大允许起飞重量、最大允许着陆重量、最大零燃油重量，以及根据飞机操纵性和稳定性的要求，确保飞机的重心在允许的范围内。

同时，要按照飞机客、货舱布局，合理地装卸货物、行李、邮件以及安排旅客座位，即确定按照飞机客、货业载的装载位置，不偏离重心允许的范围，确保飞机在起飞、着陆和飞行中都能保持平衡状态，保证飞行安全。

（二）严格按照旅客客票的座位等级安排座位

购买头等舱票的旅客应安排在头等舱内就座，座位由前往后集中安排，普通舱旅客在普通舱就座时，应从后往前集中安排。航班座位不满时，要兼顾机舱各区域对飞机平衡的影响，尽量安排旅客平均分布。

因超售而非自愿升舱的旅客座位应与高舱位付费旅客分开，非自愿降舱的旅客应安排在低舱位最前排较舒适的座位上。

（三）团体旅客安排在一起

同一家庭成员或需互相照顾的旅客，如病人及其伴送人员等，应尽量安排在一起；重要旅客和需要特殊照顾的旅客一般安排在客舱前部靠近乘务员的座位，以便于乘务员提供服务。

（四）特殊旅客座位根据需要安排

儿童旅客、伤残旅客不要安排在紧急出口处或过道位置；携带外交信袋的外交信使及押运外币的押运员应安排在便于上下飞机的座位；无成人陪伴儿童旅客应安排在便于乘务员照料的位置；孕妇应安排在距洗手间较近的位置；需拆机上座位的担架旅客必须本着不影响其他旅客的原则，一般安排在客舱尾部；犯罪嫌疑人及其押运人员安排在经济舱最后一排。航班不满时，应将携带不占座婴儿的旅客安排在相邻座位无人的座位上。

（五）国际国内联程航班座位安排

国际航班飞机在国内航段载运国内旅客时，国内旅客座位应与国际旅客分开安排；航班经停站有重要旅客或需要照顾的旅客时，应事先通知始发站留妥合适的座位，始发站应通知乘务员注意不要让其他旅客占用留出的座位。

根据航班衔接时间，优先将联程航班旅客安排在靠近客舱出口的座位。

（六）应急出口处座位安排

出口座位是指旅客可以不绕过障碍物直接到达出口的座位和旅客从离出口最近的过道到达出口必经的成排座位中的每个座位。由于各个机型的客舱布局和设施的差异，各航班的出口座位也有所不同。值机员应提前熟悉该机型的出口座位，以便合理安排出口座位旅客。

值机人员应将“出口座位旅客须知卡”摆放在值机柜台前显著位置，使旅客便于阅读。当客座率不高，无须占用出口座位时，不将旅客安排在出口座位；需要使用出口座位时，应明确询问旅客能否履行“出口座位旅客须知卡”上的职责，得到肯定的回答后，值机人员才能将旅客安排在出口座位。一般应尽早寻找并安排符合紧急出口座位要求的旅客，以免最后前来值机的旅客不符合出口座位要求。

根据民航局相关规定，紧急出口座位不应安排下列旅客：

（1）该人的两臂、双手和双腿缺乏足够的运动功能、体力或者灵活性，导致履行该座位旅客职责所列出的一项或者多项能力缺陷。

（2）该人不足 15 岁，或者没有陪伴的成年人、父母或者其他亲属的协助，缺乏履行该座位旅客职责所列出的一项或者多项能力。

（3）该人缺乏阅读和理解由航空公司用文字或者图表形式提供的有关应急撤离指示的能力，或者缺乏理解机组口头命令的能力。

（4）该人在没有隐形眼镜或者普通眼镜以外的视觉器材帮助时，缺乏足够的视觉能力导致缺乏该座位旅客职责的一项和多项能力。

（5）该人在没有助听器以外的帮助时，缺乏足够的听觉能力听取和理解客舱乘务员的大声指示。

（6）该人缺乏足够的能力将信息口头传达给其他旅客。

（7）该人具有可能妨碍其履行该座位旅客职责的一项或者多项适用功能的情况或者职责（如要照料幼小的孩子），或者履行前述功能可能会使其本人受到伤害。

（8）不愿意履行占用紧急出口座位处应承担职责的旅客。

航班载运旅客数量达到飞机可载运量的 1/4 时，在不影响配载平衡的前提下，紧急出口座位必须安排至少 1 名有协助能力的旅客。在有本公司员工或加机组的航班上，尽量将其安排在紧急出口座位，以便协助机组。

五、收运行李

收运旅客的行李包括对旅客的行李进行安全检查和称重两个环节。对旅客行李的检查包括安全检查和按照民航要求对交运行李的检查，例如检查行李包装是否符合要求等。

航空公司按照旅客所乘坐的舱位等级决定给予旅客的免费运送行李额度，在旅客交运行李过磅时，如果重量在相应舱位的免费行李额范围内，可直接打印发放行李牌；如果超过限额，应缴纳逾重行李费。

（一）行李的收运要求

行李的收运一般在航班离港当日办理，团体旅客的行李过多，或旅客因其他原因需要提前托运时，可约定时间、地点收运。

收运行李时，首先要保证旅客必须凭有效客票托运行李，托运行李的目的地应该与客票所列明的经停地或目的地相同。其次要检查旅客行李的包装、体积和重量是否符合要求。最后要对行李进行安全检查，了解行李的内容，了解行李内有无夹带禁运、限制携带物品或危险物品，了解行李是否符合声明价值行李要求、是否应请旅客办理声明价值行李运输手续。

（二）行李的收运程序

1. 检查行李包装

收运行李应先清除托运行李上的旧行李牌，以免通过行李识别系统时出现识别错误。

检查行李的包装是否符合要求。托运行李必须包装完善、锁扣完好、捆扎牢固，能承受一定的压力，能够在正常的操作条件下安全装卸和运输，并应符合下列条件：

（1）旅行箱、旅行袋和手提包等必须加锁。

（2）两件以上的包件，不能捆为一件。

（3）包装上不得附插其他物品。

（4）竹篮、网兜、草绳、草袋等不能作为行李的外包装物。

（5）行李包装内不能用锯末、谷壳、草屑等作为衬垫物。

（6）行李上应写明旅客的姓名、详细地址、电话号码。

托运行李的包装不符合要求，承运人应拒绝收运。如旅客仍要求交运，则拴挂免除责任行李牌。免除责任行李牌上列明了多种必须拴挂此牌的行李，凡属此列的行李都要拴挂免除责任行李牌，并在免除责任行李牌上对所属问题画“√”。

2. 行李过磅

旅客的自理行李和托运行李应过磅，将托运行李的件数和重量填入客票的行李栏内，作为承运凭证。行李过磅应准确，以免影响飞机的载重平衡。逾重而未付逾重行李费的重量不填入客票内，但在计算飞机载重时要计入飞机载重表以防超载。允许旅客随身携带的物品不能与交运行李合并计算。

收运行李时，应向旅客宣传办理行李声明价值或行李保险的有关规定。

3. 拴挂行李识别牌

每件托运行李都要拴挂行李牌，并将其中的识别联交给旅客。

对旅客托运的易碎物品，应粘贴易碎物品标签，以便于装卸人员识别，在装卸时轻拿轻放，确保行李运输质量。

重要旅客托运的行李，应拴挂“重要旅客”行李标志牌，以保证重要旅客的托运行李安全、迅速地运达目的地，立刻交付给旅客。对拴挂“重要旅客”行李标志牌的行李，要求严加保管，后装先卸，与装卸部分签字交接。

机组行李需拴挂机组行李牌；急转联运行李需拴挂急转联运行李牌。

旅客的托运行李一般应随旅客同机运出，如果无法做到同机运出，应向旅客说明，在后续班机上运出。

与旅客同机到达的行李，旅客应在当日提取。若旅客先不提取行李，行李到达的当日不收取保管费，自行李到达的次日起核收行李保管费。未与旅客同机到达的行李，自承运人发出到达通知的次日起，免费保管 3 天，逾期核收行李保管费。若是由于承运人原因造成行李延误到达，在行李到达后，承运人及其代理人免费保管，不收取行李保管费。无法交付的行李自到达的次日起，超过 90 天仍无人领取时，按逾期无人领取物品处理。

六、接收旅客

在离港系统中，正常情况用 PA 指令接收旅客，系统会自动给出旅客的座位号，同时，与终端相连的登机牌打印机、行李牌打印机自动打印旅客的登机牌和行李牌。如果旅客没有订座记录，或座位未确定，GS 没有限额，执行 PA 指令会将该旅客自动列为候补，给出候补号。

值机人员所接收的旅客还包括在原航班未办理本段值机手续的旅客；对于未到的旅客，值机人员应为其预留座位。

PA 指令所接收的旅客为未接收旅客。PA 指令可以单独使用，也可根据 PD、SB、PR 等的输出按序号方式接收。每个旅客仅限带一名婴儿，一次仅能接收一名婴儿；接收多名旅客，行李信息记录在第一个旅客后面。

（1）指令格式 1：

＞PA：航班号/日期/舱位/航段/姓名，性别，行李，选择项＜XIMT＞

例如，键入：

＞PA：CA973YXMN2SMITH/J/K，F1，M1，2/40＜XIMT＞

还可以先用 PD、PR 或 RK、RN 指令提取旅客记录，再用 PA 接收。

(2) 指令格式 2：

>PA：旅客序号，选择项<XIMT>

其中，旅客序号是指 PD 显示中的序号。例如：接收 PD 显示序号中为 3 的旅客，男性，携带一件 20kg 的行李，则需键入：

>PA：3PD，M1，1/20<XIMT>

说明：同一序号下最多接收 40 个旅客；一次最多接收 30 个序号的旅客；接收候补旅客如果一次超过 10 个，需要加航班号。例如：

>PA：CA1511Y20PAX，URES<XIMT>

七、打印登机牌

接收旅客后，值机人员在旅客纸质客票有关栏目填写行李件数和重量，撕下乘机联；电子客票在值机系统中接收旅客后可直接打印登机牌、行李牌。在离港系统中登记旅客的座位号和行李件数、重量。最后将旅客的身份证件、客票（如有）、登机牌、行李牌一起交还给旅客。

正常情况下，在 PA 指令接收旅客后，打印机会自动打印出登机牌，若打印机因某种原因未自动打印出登机牌或需要重新打印登机牌，则需要使用 BC 指令。

(1) 指令格式 1：

>BC：序号　显示类别，重打选择<XIMT>

显示类别包括 PD、PR、SB。例如，键入：

>BC：4PD，R<XIMT>

(2) 指令格式 2：

>BC：航班号　舱位　始发站，旅客标识，R<XIMT>

R 是重打标识。例如，键入：

>BC：CA300Y，BN36<XIMT>

>BC：CA300F，SIA，R<XIMT>

(3) 指令格式 3：

>BC：候补号，R<XIMT>

例如，键入：

>BC：SB6，SB7，R<XIMT>

八、值机特殊情况处理

（一）接收候补旅客

接收候补旅客，必须先确认客票在离港系统的票联状态为“OPEN FOR USE”（有效）方可接收。候补接收时，必须输入旅客的真实姓名，不能用“PAX”或其他符号代替。

旅客误机后，自愿改签后续航班，在没有订妥座位的情况下，值机人员不得擅自候补接收。

（二）旅客晚到的处置

航班关闭后，可为晚到旅客改签后续航班。如果旅客提出退票，值机人员引导旅客到该航空公司设在机场的售票柜台办理退票手续，或让旅客联系销售单位取消座位并申请退票。

如有无法执行改签操作，需要特殊处理的情况，要做好记录，并将系统存在问题的情况向座位控制部门反映。

（三）逾重行李的处理

旅客交运行李超重，应请旅客到收款柜台交付逾重行李运费；旅客凭“行李提取凭证”到收款处交逾重费，再回柜台领取登机牌，值机人员在收取逾重行李票的承运人联后，为旅客打印出登机牌。

如果旅客的逾重行李是几个人一起合并计算的，值机人员须在行李提取凭证上注明人数。

（四）行李托运特殊情况处理

旅客的托运行李重量或体积超过航空公司规定的标准时，应请旅客将行李运到航空货运部门作为货物运输。

旅客行李内有不符合运输规定的物品，应要求旅客将物品取出方可收运。

旅客托运的行李属于易碎物品、有破损、无锁或锁已失效等情况，应拴挂免除责任行李牌。请旅客在免除责任行李牌上签名后，将该行李牌拴挂在旅客的行李上。

小动物在指定柜台运输。收运小动物时要检查小动物的免疫证明，符合条件的，才可以收运。

旅客领取登机牌后，如要求补办行李托运，应核查旅客证件及登机牌，并将行李件数、重量输入离港系统。

单元二 民航旅客行李运输

行李是指旅行中为了穿着、使用舒适或方便的需要而携带的物品和其他个人财物。

一、航空运输行李的分类

承运人承运的行李，按照运输责任分为交运行李、自理行李和随身携带物品。

（一）交运行李

交运行李是指旅客交由承运人负责照管和运输，并填开行李票的行李，又称托运行李。这类行李将被计重并贴上行李牌，放置于飞机的行李舱或货舱中运输。国际上各航空公司通行的交运行李运送规定有计重和计件两种系统。

1. 计重行李系统

计重行李系统所适用的区域是除适用计件行李系统的区域外，其他地区通用。

按照旅客所乘坐的舱位确定免费行李额：头等舱 40kg，公务舱 30kg，经济舱 20kg。

每件行李的重量不能超过 50kg，体积不能超过 40cm×60cm×100cm，超过上述规定的行李，应作为货物运输。每件行李的最小重量不得低于 2kg，体积不能小于 30cm×10cm×20cm，不符合规定的不能单独作为托运行李运输。

2. 计件行李系统

计件行李系统适用于：

（1）前往或来自加拿大、美国和美属领地，除去西部非洲。

（2）IATA 三区和一区之间，除去：俄罗斯的亚洲部分和加勒比/中部非洲/南部非洲之间、法属波利尼西亚和南部非洲之间。

（3）根据政府协议：巴西出发到欧洲/中东第一个中途分程点以及返回巴西的第一个中途分程点之间，巴西经 PA 航线到亚洲所有点之间，巴西到南非共和国之间，巴西经 AT 航线到泰国、中国香港之间。

头等舱和公务舱可免费交运两件行李，每件行李的三边之和不超过 158cm。经济舱可免费交运两件行李，每件行李的三边之和不超过 158cm，两件行李的三边之和不超过 273cm。每件行李的最大重量不超过 23.0kg。

（二）自理行李

自理行李是指经承运人同意在旅行途中由旅客带入客舱自行负责照管的行李，如易碎物品、贵重物品、外交信袋等特殊物品。

每位旅客只限一件自理行李。自理行李的重量计算在免费行李额内，其重量不能超过 10kg，每件体积不超过 20cm×40cm×55cm。自理行李应置于旅客的前排座位之下或封闭式行李架内。自理行李和交运行李合并计重，超出免费行李额的部分须交逾重行李费。

（三）随身携带物品

随身携带物品是指经承运人同意由旅客自行携带乘机的零星小件物品。

旅客随身携带的手提物品的重量，以每位旅客 5kg 为限。持头等舱客票的旅客，每人可随身携带两件物品；持公务舱或经济舱客票的旅客，每人只能随身携带一件物品。每件物品体积不超过 20cm×40cm×55cm。超过上述件数、重量或体积限制的随身携带物品，应作为交运行李托运。

（四）其他特殊情况的免费行李额

免票旅客或持优待票旅客的免费行李额按旅客所持客票的座位等级所规定的免费行李额计算。

旅客非自愿改变舱位等级，应按原舱位等级享受免费行李额。

构成国际运输的国内航段，每位旅客的免费行李额按适用的国际航线免费行李额计算。

残疾旅客乘坐民航班机，对其必须携带的辅助器具（折叠轮椅、手杖、义肢等），依照旅客购买座位的数量在规定的限额内给予免费运输。

有些航空公司由于机型及其他原因，行李运输规定与上述有一定差异，具体规定可向各航空公司查询。

二、航空运输行李的限制

旅客的交运行李一般在旅客办理乘机手续时收运，如果团体旅客的行李过多或因其他原因需要提前交运，可以和旅客约定时间、地点收运。收运行李运往机场时，应派人押运并填写交接清单。

收运行李时，应查验旅客的客票，行李的运达地点应与客票上的到达站相同。

（一）不得作为行李运输的物品

下列物品不得作为行李或夹入行李内托运，也不得作为自理行李和免费随身携带物品带入客舱运输：危险品；具有麻醉、令人不快或其他类似性质的物质；容易污损飞机的物品；承运人规定不得作为行李运输的其他危险物品；枪支，含各种类型仿真玩具枪、枪型打火机及其他各种类型的带有攻击性的武器，但体育运动用器械除外；军械、警械；管制刀具；活体动物（导盲犬和助听犬除外）；国家规定的其他禁运物品。

了解行李内有无夹带禁运品、违法物品或危险品，易碎易损、贵重物品或不能作为托运行李运输的物品，具体如下：

（1）重要文件和资料、外交信袋、证券、货币、汇票、珠宝、贵重金属及其制品、银制品、贵重物品、古玩字画、易碎易腐和易损坏的物品、样品、旅行证件以及其他需要专人照管的物品，不得作为交运行李或夹入行李内托运。在符合承运人关于行李重量、体积限制的情况下，可作为自理行李或免费随身携带物品，由旅客带入客舱并自行保管。承运人对交运行李内夹带上述物品的遗失或损坏按一般交运行李承担赔偿责任。

（2）国家规定的禁运物品、限制运输物品、危险物品以及具有异味或容易污损飞机和其他行李、货物的物品，不能作为行李或夹入行李内托运。承运人在收运行李前或运输过程中，发现行李中装有不得作为行李或夹入行李内运输的任何物品，可以拒绝收运或随时终止运输。

（二）限制运输的物品

下列物品只有在符合承运人运输条件的情况下，并经承运人同意，方可接受运输：

（1）精密仪器、电器等类物品，应作为货物托运，如按交运行李运输，必须有符合承运人要求及该类物品应有之妥善包装，并且此类物品的重量不得计算在免费行李额内，应按逾重行李费收取运费。

（2）体育运动用器械，如体育运动用枪支和弹药，必须出具枪支运输许可证或者国家体育行政部门的许可证明方可作为托运行李运输。

（3）小动物、导盲犬和助听犬。

（4）外交信袋、机要文件。

（5）旅客旅行途中使用的折叠轮椅或电动轮椅。

（6）管制刀具以外的利器、钝器，如菜刀、水果刀、餐刀、工艺品刀、手术刀、剪刀、镰刀、演出用刀、剑、矛，古董或者作为旅游纪念品的刀、剑以及钢锉、斧子、短棍、锤子等，不能随身携带，应放入交运行李内运输。

（7）干冰、液态物品（包括酒类物品及含有酒精的饮料等）、旅客旅行途中所需的烟具、药品、化妆品等。液态物品的容积、容量应符合政府当局、承运人及有关承运人、机场的限制要求，酒类物品或含有酒精的饮料不得随身携带，必须作为交运行李运输。

三、行李的共同运送

团体旅客或同行旅客的行李在一起过磅时，行李的总件数和总重量可填入团体负责人或同行旅客其中一人的客票上，这种情况称“行李的共同运送”。共同运送的行李必须属于搭乘同一航班前往同一目的地的两个（含）以上的同行旅客，如在同一时间、同一地点办理行李托运手续，其免费行李额可以按照各自的客票价等级标准合并计算。例如：3 名同行旅客，其中 1 人持头等舱机票，2 人持经济舱机票，则 3 名同行旅客可享受的免费行李总额为：$1\times40.0\text{kg}+2\times20.0\text{kg}=80.0\text{kg}$。

包舱的旅客，免费行李额按包舱的座位数计算。例如：旅客包波音 737 型飞机公务舱 8 个座位，则免费行李额为：$40.0\text{kg}\times8=320.0\text{kg}$。

四、逾重行李费

超过旅客免费行李额的行李为逾重行李，旅客应对逾重行李支付逾重行李费。

（一）计重行李系统的逾重行李费

采用计重行李系统的行李，每千克逾重行李费按照经济舱普通成人单程直达票价的1.5%计算。在计算逾重行李费时，票价的适用原则如下：

（1）使用交运逾重行李之日有效的票价。

（2）使用旅客实际旅行方向的票价。

（3）使用从旅客交运行李点到其提取逾重行李点为止的航程票价。

（4）收费金额以人民币元为单位，尾数有数就进。收取逾重行李费，应填开逾重行李票。

（5）如果具体航程或承运航空公司有自己的逾重行李收费规定，应执行该规定。

（二）计件行李系统的逾重行李费

计件行李系统中逾重行李费的计算不仅以重量的费率为基础，还要考虑件数、重量、体积等各方面因素。

1. 收取1倍逾重行李费

携带行李件数超过1件，或行李尺寸三边之和大于158cm、小于203cm。

2. 收取2倍逾重行李费

携带行李件数超过1件，并且行李尺寸三边之和大于158cm、小于203cm。

3. 收取3倍以上（含3倍）逾重行李费

除非事先征得承运人同意，承运人一般不予承运三边之和超过203cm或重量超过32kg的行李。如果承运人同意，超过203cm的行李收取3倍逾重行李费；45kg以内收取3倍逾重行李费；45kg及以上每增加10kg加收1倍逾重行李费。

逾重行李费率有统一的行业规定，同时很多航空公司有自己的逾重行李费率标准，在具体执行时，首先考虑承运人的逾重行李费率，如果没有，再使用行业逾重行李费率表。

（三）填开逾重行李票

逾重行李票由以下四个票联组成：

（1）财务联，为财务结算用。

（2）出票人联，为出票人留存备查。

（3）运输联，为运输逾重行李及航空公司之间结算用。

（4）旅客联，为旅客提取逾重行李用，并作为报销凭证。

五、行李声明价值

根据航空运输规定，旅客交运的行李在运输过程中发生损坏、灭失时，承运人在行李赔偿限额内赔偿。交运行李价值超过赔偿限额时，旅客可自愿办理行李声明价值。已办理行李声明价值的交运行李发生损坏、灭失时，应按声明的价值赔偿。行李的声明价值高于实际损失价值时，应按行李实际损失价值赔偿。

（一）声明价值行李运输的主要规定

（1）承运人应规定旅客声明价值的最高限额，承运人未规定的按下列规则执行：

1）国内航线每名旅客行李声明价值的最高限额为人民币 8 000 元；国际（地区）航线每位旅客行李声明价值的最高限额为 2 500 美元。

2）声明价值超过承运人规定的最高限额时，承运人可拒绝收运。

（2）交运行李的声明价值不应超过行李自身的实际价值。

（3）对旅客声明的行李价值有异议时，承运人可要求旅客提供相关证据。旅客不能提供相关证据或承运人认为旅客提供的证据不完整时，承运人可不为其办理行李声明价值。

（4）承运人不对行李中任何单个物品办理行李声明价值，只办理整件行李的声明价值。

（5）旅客申报声明价值的物品应符合行李的定义，否则承运人可不予办理声明价值。限制运输的物品（如小动物）不能办理声明价值。

（6）非交运行李不能办理声明价值。

（7）一般旅客只能在同一承运人的航班上办理行李声明价值，除非与另一承运人有特别协议。

（8）在国内航线上，旅客的交运行李每千克价值超过 100 元人民币，可以办理声明价值。在国际航线上，旅客的交运行李每千克价值超过 20 美元，自理行李价值超过 400 美元时，可以办理声明价值。

（二）声明价值附加费

旅客办理行李声明价值，应支付声明价值附加费。声明价值附加费应按旅客声明价值中超过限额部分的 5‰收取。计算公式为：

声明价值附加费=(行李声明价值−每千克限额×声明价值行李重量)×5‰

声明价值附加费以元为单位，尾数按照该货币的进位方法进行进位。

声明价值行李的计费重量为千克（kg），不足 1.0kg 的应进位，但实际重量保留至小数点后一位。办理声明价值的行李重量不计入免费行李额内，应另外收取逾重行李费。

例 一位旅客持有经济舱客票，票价为 CNY2 180.00，共托运 34.0kg 行李，其中 7.4kg 旅客办理了 4 000.00 元人民币的声明价值。请问旅客共需缴纳多少行李费用？

（1）逾重行李费。

逾重重量：34.0kg−7.4kg=26.6kg−20.0kg=6.6kg，进位为 7.0kg。

CNY2 180.00×1.5%×7.0kg=CNY229.00。

(2) 声明价值附加费。

声明价值行李重量 7.4kg，进位为 8.0kg。

(CNY4 000.00－CNY100.00×8.0kg) ×5‰＝CNY16.00。

此部分逾重行李费＝CNY2 180.00×1.5%×8.0kg＝CNY262.00。

该旅客共需缴纳：CNY229.00＋CNY16.00＋CNY262.00＝CNY507.00。

(三) 声明价值行李的运输要求

办理了声明价值的行李在运输过程中要注意：

(1) 办理了声明价值的行李必须与旅客同机运输。

(2) 在载重平衡表的备注栏内需要注明办理声明价值的行李件数、重量、行李号牌和装舱位置。

(3) 值机人员与装卸人员应严格办理交接手续。

(4) 运出时应发电报通知到达站。

六、特殊行李运输

(一) 小动物运输

小动物是指家庭驯养的狗、猫、家禽、小鸟和属观赏之类的其他小型温驯动物。旅客在订座或购票时提出，经承运人同意，小动物可以作为交运行李或自理行李运输。不属于小动物范围的动物，不得作为交运行李或自理行李运输。

1. 小动物的包装必须符合承运人的要求

使用适合小动物特性的坚固的金属或木制容器，能防止小动物破坏、逃逸和伸出容器以外损伤人员、行李或货物；保证空气流通，不致使小动物窒息；要防止粪便渗透，以免污染飞机和其他物品；方便喂食和加水；容器的体积适合货舱装卸。

2. 小动物运输必须具备的条件

旅客携带小动物乘机，必须在订座或购票时提出，经承运人同意方可交运，小动物的包装必须符合承运人的要求；属国际运输的小动物应具备出境、入境有关国家要求的必要证件，包括健康证明、注射预防针免疫证明、出境/入境许可证明和动物检疫证明等。携带小动物应当在乘机之日按照承运人指定的时间办理交运手续，一般不得迟于航班离港时间前 2 小时。

3. 收运小动物的步骤

收运小动物时，按下述三个步骤进行：

(1) 检查小动物的包装是否符合要求。

(2) 检查运输小动物必须具备的条件。

（3）填开逾重行李票。

（二）外交信袋运输

外交信袋可作为自理行李、交运行李、占座行李运输。

（1）作为自理行李的外交信袋，由外交信使随身携带，自行照管，总重量不得超过 30.0kg，按不同舱位的免费行李额进行计算，超过免费行李额的部分应付逾重行李费。

（2）作为交运行李的外交信袋，按照交运行李运输一般规定收运，但承运人只承担一般交运行李责任。

（3）作为占座行李的外交信袋，占用每一座位的重量不得超过 75.0kg，占座的外交信袋没有免费行李额，按以下两种方法计算费用，取其高者：

1）根据外交信袋实际重量，按照逾重行李费率计算运费。

2）根据占用座位的外交信袋占用的座位数，按照运输起讫地点之间，与外交信使所持客票票价级别相同的票价计算运费。

七、不正常行李运输

（一）迟运行李

1. 始发站迟运行李

在始发站发现迟运行李，应对行李编号进行登记。

在旅客到达目的站之前，如尚未确定运送行李的后续航班，应拍发电报，将行李迟运信息通知旅客的到达站，电报内容应包括旅客乘坐航班、迟运行李的件数和行李牌号码。如果已经安排了迟运行李运送航班，拍发行李运送电报（FWD）给行李的目的站。

如果因为行李牌脱落，无法确定行李的目的站而造成迟运，应向当日从本站始发的与该航班办理乘机手续时行李分拣地点相同、时间段交叉的有关航班的经停站和目的站拍发多收行李电报（OHD）查询，在得到有关站的电报确认后，再将行李运出。

迟运行李在运送时按速运行李办理。

2. 目的站迟运行李

目的站发现有旅客行李未到，应将收到的外站迟运行李电报做好记录，并视情况将信息通报给旅客。

收到迟运行李后，将行李收入行李库房保管，并按少收行李到达办理交付；收到迟运行李运送信息，但航班到达并未收到行李，应向始发站询问。未收到外站迟运行李信息但收到了行李，则按多收行李处理。

（二）少收行李

少收行李是指未能与旅客同机到达，下落不明待查找的行李。

发现有旅客的行李未到，请旅客交验客票的行李牌，核对旅客姓名、航程及行李牌上的目的地与客票上的航程是否相符，向旅客了解未运到行李的形状、颜色和制作材料等特征。

检查卸机单签收行李件数与飞机载重表的件数是否相符；检查行李发放区域有无遗留行李；检查货舱及集装箱（必要时还可以检查客舱）是否有漏卸的行李，并检查行李装卸和发放工作场地周围是否有遗留行李；检查有无当成货物错卸的行李，必要时向机务和其他服务人员查询；查看不正常运输登记本和其他站发来的多收电报或运送电报。

会同旅客填写“行李运输事故记录”，并在“不正常行李运输登记本”上登记。请旅客填写“丢失行李调查表”，按规定向旅客提供临时生活用品补偿费。

（三）多收行李

1. 多收站的处理

多收行李应进行登记，按规定填写和贴挂多收行李牌，将行李收入行李库房保管。

对挂有非本站的行李牌的多收行李，应按速运行李办理，将行李运至行李牌上列明的目的站或退回始发站。

对挂有到本站行李牌的多收行李和无行李牌的多收行李，应核对本站的少收记录，确认为本站的少收行李后，尽快交付旅客；同时还要核对外站发来的少收行李查询电报，确认为外站的少收行李后，按其指示运送或交付行李。

核对后仍无线索的行李，应在航班到达后 4 小时内向航班的始发站、经停站和后续航站拍发多收行李电报（OHD）；到达 72 小时后仍无线索的行李，应向重点航站拍发多收电报；到达 5 天后仍无线索的行李，应向航空公司行李查询中心拍发多收行李电报；多收行李保留 90 天后仍无人认领，按无法交付的行李处理。

2. 收到多收行李电报的航站的处理

核对本站少收行李记录，确认为本站的少收行李后，向多收站拍发索要行李电报（ROH），待收到行李后，尽快交付旅客；如是本站的少收行李，旅客不在本地，可将行李转运至旅客要求的航站；非本站的少收行李，可不予回电，但如发现行李线索，可拍发电报将情况通知多收航站。

（四）行李破损

行李破损是指旅客的交运行李在运输过程中，外部受到损伤或受污染，因而使行李的外包装或内装物品可能或已遭受损失。

旅客提取行李时，声明行李破损，工作人员应会同旅客检查行李外包装和内装物品的损坏情况，查看有无拴挂免除责任行李牌，并将破损行李过磅，与旅客客票上的交运行李重量进行核对。

确认为承运人原因造成行李破损后，应会同旅客填写“行李运输事故记录”，并进行赔偿。行李轻度受损，当时修复后不影响使用的，不再予以赔偿，或根据情况进行象征性的赔偿；行李受损当时无法修复时，应付给旅客适当的修理费；行李受损严重以致无法使用时，可向旅客提供一个形状、规格基本相似的新行李箱，或同意旅客自行在赔偿价格内购买一个新行李箱，然后在赔偿期限内凭发票报销，或一次性地付给旅客适当的赔偿费。

办理行李破损赔偿时，应收回旅客的“行李运输事故记录”。行李受损导致内装物品丢失时，在办理完行李破损手续后，再按内装物品丢失办理。行李破损和丢失赔偿的总额不应超过每位旅客的行李赔偿最高限额。

（五）内物丢失

内物丢失是指旅客的交运行李在运输过程中，发生内装物品部分遗失的情况。处理时先进行本站查询，在确定内物丢失时必须称重；会同旅客填写“行李运输事故记录”，索取旅客内物丢失行李的行李牌识别联、客票旅客联（或复印件，如有）和登机牌；向行李的始发站、经停站拍发查询电报。

丢失物品找到后，应尽快交付旅客。经查找无下落，在航班到达后第 21 天将该行李的全部查询电报和文件交本站行李赔偿部门，办理赔偿。

（六）速运行李

速运行李是指发生不正常运输（例如迟运、多运）后，需要迅速运出的行李。

速运行李的运送要求使用承运航空公司的最早可利用航班免费运送，但不得影响该航班的正常载量。速运行李应贴挂速运行李牌，并按要求逐项填写牌上的各项内容。向行李的目的站拍发运送电报后，按照运送电报和速运行李牌上指定的航班运送行李。

速运行李到达后，应尽快通知旅客提取，也可按旅客要求将行李送达旅客；行李交付时，应收回行李牌的识别联和旅客的“行李运输事故记录”；如旅客未申报过丢失，提取行李时，应向承运人提供足够的证明；速运行李交付时所发生的地面交通费用，由导致该行李速运的承运人承担。

（七）自理行李/随身携带物品损失

自理行李/随身携带物品损失是指旅客的自理行李/随身携带物品在旅客从始发站到目的站包括经停站停留期间的整个乘机过程中所发生的毁灭、遗失或损坏。

一般来说，承运人对旅客在乘机过程中自理行李/随身携带物品的损失不承担责任，除非这种损失发生在旅客上下飞机的过程中或是飞机上发生的某些事件造成的。

由于承运人原因造成的损失，按照内物丢失的处理方法进行处理。如果在外站遗失，应向有关航站拍发电报进行一次性查询；在本站遗失，应帮助旅客查找。如未找到，按内物丢失的处理方法进行处理。

由于旅客方面原因造成遗失的，可为旅客在本站代查或向有关航站拍发少收电报进行一次性代查；如遗失物品未能找到，应告知旅客，航空公司不承担赔偿责任。

单元三 民航旅客进出港服务组织

一、航班结算报载

值机人员接收完旅客、关闭航班后，应统计发放登机牌的数量，并与离港系统中的人数、行李件数、行李重量相核对，用对讲机与行李房核对行李件数。如果货运收运了团体行李，应将件数和重量通知该航班值机员，值机人员应及时将行李件数、重量加入离港系统中，以便配载员配载及核对。

正常航班预计起飞前 25 分钟，最迟应于起飞前 20 分钟，不正常航班在航班飞机着陆之前向结算室报载。

填写“出港航班业务交接单”。做好送机的准备工作，带齐对讲机、该航班行李牌和“出港航班业务交接单”到结算室，将“出港航班业务交接单”交结算控制员签字。

二、送机服务

（一）送机准备

送机员了解飞机停机位，核对飞机号，领取该航班舱单、业务袋及随机业务文件，送飞机。

不正常航班在航班飞机到达后、旅客下完前到达飞机上，检查飞机状况是否能上客，如能上客，及时通知上客。

（二）登机口服务

登机口地勤人员提前 15 分钟到登机口进行准备工作。

1. 查验设备

登机口地勤人员需要检查登机口航班显示屏是否正确显示航班信息，广播设备、登机控制设备（电脑、条形码扫描等）、办理超限行李相关设备是否工作正常。在登机口告示牌上写明有关优先登机、分段登机的信息。在经济舱登机通道口放置分段登机排队提示牌。

2. 核验登机牌

对于各类登机的旅客，登机口地勤人员负责查验旅客登机牌，核对登机牌上的航班号、日期、目的地站与该航班是否符合；对于有疑问的情况，可核对旅客身份证和机票，确定无误后，方可放行。

登机口地勤人员向每位旅客微笑致意、问好。

3. 督促登机广播

根据实际情况进行督促登机广播，请还没有登机的旅客尽快登机。对特殊情况，如登机门变更、查找超限行李、航班延误或取消等进行单独广播。

4. 远机位登机

对于远机位登机的航班，应提前安排好旅客摆渡车。摆渡车出发前，登机引导人员应提醒车上旅客该航班的航班号、目的站。停机坪引导时，注意过往车辆与滑行飞机，登机引导人员带领旅客按照规定路线登机。

上下摆渡车时，登机引导人员注意维持旅客的上下车秩序，并注意安排老幼病残旅客优先上摆渡车，在摆渡车上要注意安排老幼病残等特殊旅客坐在靠前较宽敞的座位上。

航班登机结束后，登机引导人员与乘务员交接登机人数及特殊旅客等信息，舱门关闭后方可离开。

（三）登机引导服务

（1）登机引导人员接到登机指令后，带领旅客按照规定路线登机。

（2）停机坪引导时，注意过往车辆与滑行飞机。

（3）放行时，核对旅客登机牌上的航班号和安检章，回收登机牌副联。

（4）维持登机秩序，严格控制客梯车上人数（不许超过 15 人）；注意登机口的放行速度，避免廊桥内旅客拥堵。

（5）在舱门口检查登机旅客有无携带超大行李，如有，说服旅客将行李交运，在行李上拴挂行李牌，将行李交行李房人员送入货舱后，将行李票交给旅客。

（6）将舱单交给机长签字，业务袋交给乘务长，并请乘务长在“出港航班业务交接单”上签名。与乘务长核对登机人数，舱门关闭后方可离开。

三、旅客登机后服务

（一）通知结算

与结算室和第二验票口核对人数，待旅客到齐后用对讲机通知结算。

如有旅客未登机，查找出旅客姓名后，用对讲机通知结算室广播，查看该旅客是否有托运行李，如未到旅客有托运行李，将行李号报给行李房人员将行李找出。

若旅客在离港时间前三分钟仍未找到，请示结算室是否将未到旅客的行李卸下，结算室同意后用对讲机通知行李房将该行李卸下，减去未到旅客后与结算室和第二验票口重新核对旅客人数，通知机组减人后的确切人数（及货邮行李的增减）并在舱单上作相应的修改，人数到齐后通知结算室。

经结算室同意后方可放行。将签过字的舱单和交接单送回结算室。

（二）航班离开后工作

值机员送机后，在“值机送机登记表”上登记航班实际离站时间，如航班不正常，要备注原因以便了解情况。

向调度员汇报航班增减旅客和行李情况。

送机后，根据实际登机人数填写统计表。

如航班有未登机旅客，值机员送机后上报值班主任并签字交接。

四、出港航班商务运输业务文件

出港航班商务运输业务文件是出港航班运输的原始记录，也称随机业务文件，是地面服务部门组织日常运输生产的依据，必须如实、准确、详尽地填写。

国际出港航班商务运输业务文件主要有以下几类。

（一）旅客舱单

旅客舱单是飞机上所载旅客情况的清单。旅客舱单上的姓名应与飞机上所载旅客姓名完全一致。

1. 旅客舱单的使用

旅客舱单一般一式七份，分发给承运人、承运人代理人、出入境管理部门、海关、检验检疫部门①各一份，随同客票乘机联交国际结算室一份，始发站留存一份；如有采用旅客名单电报的航班，还应将一份旅客舱单放入随机业务文件袋内。

2. 旅客舱单的填写

经营者：填写承运人的名称。

飞机识别标志：填写飞机注册标志及飞机号，如 B－2871。

航班号：在航班号前面冠以承运人二字代号，在斜线后写明该航班在始发站的起飞日期（包括月份），如 CZ3256/10MAY。

日期：填写编制舱单的日期。

出发站：填写本站所属机场三字代码。

到达站：填写航班到达站机场三字代码。

经停站：填写本次航班所经各站机场三字代码。

旅客舱单内容：指“旅客姓名”（如儿童或婴儿须注明）、“座位号”、“交运行李/件数重量”、“旅客座位等级”、“到达站”等内容，按实际情况分别详细填写。

（二）载重表

载重表是记录航班业务载重情况及供航班各有关站之间进行业务处理的文件，也

---

① 2018 年我国开始实行关检合一，原出入境检验检疫系统统一以海关名义对外开展工作。

是运输部门与机组（或外航代表）之间办理业务交接手续的凭证。

载重表是在旅客办完乘机手续，装好行李、邮件、货物，结算飞机载重时编制的，编制完成后根据载重表拍发载重电报。载重表一式五份，一份作为随机业务文件放入业务袋，一份交承运人，一份交承运人代理人，一份交机组，一份交财务结算部门。

（三）总申报单

总申报单用于国际航班，是承运人在飞机起飞或到达时向到达国家或地区政府当局办理申报手续使用的基本文件。

1. 总申报单的使用

总申报单包括航线、卫生检疫、机组、旅客、货物、邮件和飞机本身等情况的申报。总申报单由承运人的合法代表或机长签署，并对所申报内容的完全性、准确性、真实性负责。总申报单一般一式七份（不同国家、地区视实际情况而定）：作为随机业务文件放入业务袋内一份，交承运人一份，交承运人代理人一份，交出入境管理部门一份，交海关一份，交检验检疫部门[①]一份，交始发站留存一份。

2. 总申报单的填写

经营者：填写承运人的名称。

飞机识别标志：填写飞机的注册标志及飞机号码，如 B-2638。

航班号：填写航班号，在前面冠以承运人二字代号，在斜线后写出该航班在始发站的起飞日期（用两位数字），如 HU7917/18；如果是非正班飞行又无航班编号，则填写飞行性质，如加班（EXTRA）、包机（CHARTER）等。

出发站：填写编制总申报单的航站所在城市/国家名称。例如：CHENGDU/CHINA。

到达站：填写航班下一个到达站所在城市/国家名称。例如：TOKYO/JAPAN。

地点：依次填写航班始发站、中途站、终点站的城市名称。例如：HU7917 航班 HAIKOU-SINGAPORE-HONGKONG。

机组人数：填写全部机组名单，并冠以职务名称，最后填写总人数。

机组人员职务名称代码：

CAPT　机长

COPY　副驾驶

NAV　领航员

R/O　报务员

F/E　随机工程师

AG（H）　随机安全员

STW　乘务员

① 2018 年我国开始实行关检合一，原出入境检验检疫系统统一以海关名义对外开展工作。

F/P　　乘务长
G/E　　地面工程师
G/M　　地面机械员
D/H　　非值勤机组成员

3. 卫生情况申报

根据实际情况填写简要情况，或填写“NIL”。

对于在机上可能导致传染疾病的其他情况应如实填写简要情况，或填写“NIL”。

在飞行中每次灭虫或卫生处理应如实填写简要情况，一般填写“AEROSOL WAS SPRAYED PRIOR TO TAKING OFF”。

4. 本站出发旅客人数

该数据供官方使用，经有关当局（主要是海关）审查后在本栏内盖章放行。

(1) 从本站起飞时向政府主管当局的出发申报。

出发站：填写航站所在城市名称，国家名称省略。

上机人数：填写本站上机人数。

过站人数：填写通过本站的人数。

(2) 飞机到达某一站时向到达国家政府当局的到达申报。

到达站：填写到达航站所在城市名称，国家名称省略。

下机人数：填写该站下机总人数。

过境人数：填写通过该站旅客总人数。

申报单由机长或授权代理人签字，否则无效。

五、进港航班旅客服务

航班到达站应根据航班订座和前方始发站业务电报提供的信息做好服务准备。旅客到达时应提供必要的信息和引导服务，注意为特殊旅客提供相应的服务。

(一) 接机引导

到港航班滑行到位时，引导员应站在客梯车第一个台阶处，待客梯车完全停稳后，示意乘务员将旅客放行。引导时注意过往车辆与滑行飞机，防止发生意外，制止旅客在停机坪上吸烟、抛物等行为。将旅客引导至出口处后，示意旅客领取行李的地点和出口位置。

(二) 旅客下机顺序

飞机停靠后，旅客下机的顺序依次为重要旅客、头等舱旅客、公务舱旅客、经济舱旅客。普通旅客下机后，再安排行动不便的旅客或无成人陪伴儿童下机，并提供必要的引导和帮助。含有国内段的国际航班，则应分流引导。

在行李提取大厅应设立醒目标识，协助旅客提取行李。

（三）过站旅客特殊情况处理

1. 实发过境牌少于预报人数

地勤人员发现实发过境牌少于航班预报的人数时，要再次上机询问乘务员是否有未下机的旅客，如果确定无未下机的旅客，则前往到达处寻找旅客。

待旅客办完过境手续后与出入境管理部门核对实际办理手续的旅客人数。如果确实少旅客，在有电报（旅客名单报、旅客行李报）的情况下，找出旅客的座位号，从而找出行李牌号码，按正常减客程序操作；如无电报，将少过境旅客人数报给相关部门，并由地面装卸部门将所有行李卸下飞机。组织过境旅客认领行李，等旅客认领行李完毕后，将无人认领的行李交给行李部门处理，并通知调度部门减客、减行李的信息。同时，引导过境旅客按原路返回。

2. 实发过境牌多于预报人数

待旅客过完边防后与边防核对实际办理手续的旅客人数。在过境厅外登记旅客姓名、座位号时，检查每一位旅客的机票，如确实无误，通知相关部门加人。

如发现有旅客错拿过境登机牌，应将旅客带至出入境管理部门办理注销手续并送至国际或国内到达。

3. 更换飞机

接机人员要求乘务员广播通知旅客将手提行李带下飞机，在常规业务单据交接的同时，还需注意交接旅客特服餐单，并送上新的飞机。

如果仅是更换机号，座位布局不变，无须换登机牌。如果换机型或飞机座位布局改变，在登机口需要更换旅客登机牌。

旅客登机时，由登机口地勤人员扫描或撕牌后收回原登机牌及过境牌，向旅客进行解释的同时发放新的登机牌。

六、中转航班地面服务保障流程

各航空公司对于各机场的中转保障流程有不同的规定，但基本流程相似。

（一）始发站保障流程

在航班上岗前，中转值机员通过航空公司客户服务信息系统或离港系统查询中转航班信息和中转联程旅客人数，做好相应准备。

1. 办理登机牌

中转值机员为旅客办理始发站—中转站、中转站—目的站两个航段的登机牌，将中转站—目的站的登机牌与机票放入旅客在购票时配发的“中转联程专用票封袋”（如果有）中交给旅客。提示旅客阅读票封袋上的旅客须知，到达中转站后，前往中转柜台办理联程航班确认手续。

发给每位旅客“中转联程旅客标识”（粘贴式），提醒旅客到达中转站后将此标识粘贴在胸前，以方便中转站工作人员辨认和接待。

2. 行李服务

将旅客的行李数量及重量等相关信息准确地输入离港系统。

将旅客的交运行李直接托运到终点站，加挂航空公司专用的“中转联程行李标识条”。在使用手工行李条的机场，值机人员须在行李条上标明目的站的航班号及目的站名。

行李装卸人员将中转联程行李集中或分舱装运，以方便中转站装卸、分拣。

旅客的逾重行李费由始发站统一收取，按照客票上航段的填开方式分开填写逾重行李票，将中转站—目的站的逾重行李票旅客联订在客票上，一同放入中转联程专用票封袋中。

航班到达中转机场时，乘务员在机上广播提醒中转航班旅客佩戴好中转联程旅客标识牌，下机后根据工作人员的指引，在隔离区内中转柜台办理确认手续。

（二）中转站保障流程

1. 中转航班确认手续

中转时间在 6 小时以内的旅客，到达中转站机场后，根据机场中转标识的指引，到隔离区内的航空公司中转柜台办理联程航班确认手续。

柜台工作人员在旅客出示的联程航班登机牌上标注登机门号，加盖中转专用印章。如果一时还未查到登机门号，在联程航班登机牌上盖上“请在该航班离站时间前 60 分钟再次到柜台查询登机门”印章，加盖航空公司中转专用印章。为旅客解答关于联程航班的其他问题，指引旅客前往所乘航班的候机厅候机。

2. 登机服务

联程航班登机前，登机口控制员从服务信息网中提取联程旅客信息，滤出电子客票旅客信息，包括其姓名、座位号等，以便在旅客登机时，准确地获知旅客是否为电子客票旅客，是否有乘机联。

联程航班登机时，机场地勤人员及登机口控制员为旅客验牌，撕取旅客手中的纸质客票联程航段的乘机联（如果是纸质客票），核对电子客票旅客人数，将旅客登机牌上的登机号输入离港系统。

3. 过站休息服务

对中转时间在 6 小时以上（含）的旅客，中转柜台的地勤人员通知协议宾馆的车辆将旅客送至宾馆休息，于中转航班起飞时间前 90 分钟送旅客到候机楼乘机。

旅客进入候机厅后，凭机票（如有纸质机票）、联程航段登机牌及证件在安全检查口接受机场安检人员的检查。

旅客根据机场航班显示屏显示的登机门，到联程航班登机门候机。

4. 中转行李保障

行李保障单位根据航班的起飞时刻将中转行李装运到旅客所需联程的航班上。

当中转行李件数与始发站发送的信息有差异时，行李查询人员须与始发站核对，如核对后仍不准确，应在航班关舱前20分钟更改离港信息（按中转行李实际件数处理）。

中转服务员、场站人员及行李查询人员要做好行李装机的监控和交接工作，确保中转行李准确、及时装机，并做好相应记录。

七、机组出入境手续

航空公司根据最新收到的Crew list制作申报单与机组名单，并到相关单位办理手续。根据各航空公司要求及相关规定，准备出入境申报单、出入境飞机及员工登记表、出入境航空器工作人员携带物品清单。核对申报单和机组名单上的机组姓名、国籍、证件号码、生日等信息是否一致。

（一）机组出境手续办理流程

根据各航空公司要求及相关规定，准备出入境申报单、出境飞机及员工登记表。向机组收取护照并与申报单和机组名单进行仔细核对。

到达候机楼后，机组在入境时需要在海关申报单上填写出境物品申报单交至海关出境检查处。工作人员引导机组至安检处检查，并至候机厅候机。

工作人员前往检验检疫处领取飞机检疫出境证明并签字；前往出入境管理部门（其他国家为移民局）办理出境登记手续，并提交申报单和机组名单。

出境手续完成后，将护照立即还给机组。将海关和边检盖过章的申报单与未盖章的剩余申报单、入境和出境检疫证明及多余的机组名单等物品交还机组，并进行确认。

（二）机组入境手续办理流程

飞机落地到达指定桥位后，工作人员第一时间到飞机上向机组收取护照并与申报单和机组名单进行仔细核对。将空白海关单和出/入境健康申明卡交予机组，让其填写。

工作人员前往移民局（出入境管理部门）办理相关手续，将申报单和机组名单交给移民局（出入境管理部门），检查后立即将护照还给机组。

工作人员领取飞机检疫入境证明并签字，经卫生检疫后，到达行李转盘区。将申报单交给进港海关。在进港海关处填写随身物品海关申报单，并将海关盖章后的申报单交予机组，以备出港时海关检查使用。

单元四　不正常航班处置

航班正常是指飞机在航班时刻表上公布的离站时间前关好机门，并在公布的离站时间后 15 分钟内起飞，又在公布的到达站正常着陆；反之则为航班不正常。航班不正常主要体现为航班延误。

一、航班不正常的原因

航班不正常的原因有很多，既有承运人方面的原因，也有非承运人方面的原因。

承运人原因造成旅客运输不正常包括航班提前起飞、延误、取消、合并、加降、备降和飞越等不正常情况，也包括由于机组原因造成的航班不正常。

非承运人原因主要是指由于天气、突发事件、空中交通管制、安检和旅客等非承运人原因造成航班在始发站延误或取消，承运人可协助旅客安排餐食和住宿，费用应由旅客自理。

天气原因这简单的四个字实际包含了很多种情况，如出发地机场天气状况不宜起飞，目的地机场天气状况不宜降落，飞行航路上气象状况不宜飞越等。

从世界各地民航运输看，天气原因是导致航班不正常的主要原因。

二、航班不正常业务处理原则

航班延误后，为了缩短延误时间，减少因延误造成的影响，航空公司各业务部门和空勤组应积极配合，尽量缩短过站经停时间。

由于天气等原因造成航班大量延误，旅客大量滞留的，旅客服务部可根据情况决定是否办理未开办航班的乘机手续，并疏散旅客。但对外已公布延误的航班，不得早于公布起飞时间前 30 分钟截止办理乘机手续，飞机不在本站的航班取消后，已安排旅客住宾馆的，应待明确起飞时间（得到后方站的起飞信息）后方可通知接送旅客到机场。两站间飞行时间不足 1 小时的除外。

航空公司的各部门要相互配合，保障航班运输正常；不能正常运输的，承运人要及时通知旅客，做好解释工作，并按照相关规定积极解决旅客的实际困难。

不正常航班的服务是检验机场服务质量好坏的关键因素，机场应在这方面多下功夫，让旅客在延误后仍能享受到机场的优质服务。保障不正常航班时，应遵循“应急处置要到位，准备工作要提前，协调工作要统一”的原则，避免出现航班不正常时各航空公司服务标准不一致而导致机场的整体服务水平下降，要想尽一切办法让旅客从一开始就能够迅速获取不正常航班的动态信息，最大限度地降低航班不正常可能带来的不良影响，提高航班不正常时的服务质量。

三、航班信息通报及跟踪

（一）航班信息通报

航班延误时，旅客最想在第一时间就得到信息的通报以及准确的航班信息，以便做好准备或及早调整行程。机场内部须尽早做好各方面信息通知工作，以避免服务工作的被动。

1. 飞机起飞前 150 分钟内获得延误信息

由机场商务调度部门直接与航空公司联系，请航空公司根据旅客订座记录的联系信息提前通知旅客，尽量让旅客按最新的时间到机场办理乘机手续，避免长时间在机场等候。

由机场指挥中心将延误信息直接输入机场的查询系统，通过查询终端和候机大厅航班显示屏幕，将延误信息向旅客进行公布；无查询系统的机场可通过广播或通告牌的形式向旅客发布。

服务台人员根据航班查询系统内容，向问询的旅客进行解释。

值机员提前 90 分钟正常办理乘机手续，并在值机柜台上放置“延误航班信息通告牌”，及时通知未收到信息的旅客。

广播室每隔 20 分钟广播一次航班延误信息。

2. 飞机起飞前 90 分钟内获得延误信息

由指挥中心将延误信息直接输入查询系统和电脑显示屏，将延误信息向旅客进行公布。

值机员正常办理乘机手续，并在值机柜台上放置“延误航班信息通告牌”，将延误信息及时通知旅客。

服务台人员根据查询系统内容，向问询的旅客进行有效解释。

广播室每隔 20 分钟广播一次航班延误信息，若需要解决旅客食宿，由广播室向旅客进行正式通知，头等舱旅客由头等舱服务员负责通告。

登机口地勤人员在登机口放置“延误航班信息通告牌”，公示于旅客。

3. 飞机起飞前 30 分钟内获得延误信息

由指挥中心将延误信息直接输入查询系统和电脑显示屏，将延误信息向旅客进行公布。

广播室立即广播延误信息，并每隔 20 分钟通告一次航班最新情况。

登机口地勤人员在登机口放置“延误航班信息通告牌”，公示于旅客，必要时，登机口服务员用小喇叭向旅客进行反复通告。

若需要解决旅客食宿，由广播室向旅客进行正式通知，头等舱旅客由头等舱服务员负责通告。

（二）航班信息及时跟踪

在航班延误时间较长的情况下，部分有急事或家住本市的旅客会提出离开机场自行活动的要求。此时，机场完全可以满足旅客的需求，请旅客将联系电话留下，待航班确定起飞时间后由机场服务部门负责通知旅客航班信息。这是一项个性化服务，能够满足旅客的不同需求。

1. 接收旅客

当航班延误时间较长，旅客向机场地勤人员提出离开机场自行活动时，地勤人员应主动向旅客说明情况；由地勤人员询问旅客是否有适当的交通工具，若航班一旦有信息，或在航班时间比较紧张的情况下，旅客是否能够迅速赶到机场。

一般情况下，以提前 60 分钟通知旅客为限；若旅客有交通工具，则由地勤人员向旅客申明：旅客自留的联系电话一定要能够进行联系，否则，若发生电话无法接通而造成未通知到的后果，机场不承担责任；若旅客同意机场方的意见，地勤人员请旅客在机场的“不正常航班旅客跟踪服务登记表”上填写自己详细的资料，旅客签名予以确认；服务台将机场电话问询的号码给旅客，请旅客及时拨打电话进行询问；当该航班所有旅客均已处理完毕后，值班员立即将所有“不正常航班旅客跟踪服务登记表”交予电话问询员，由电话问询员负责通知旅客。

2. 信息通知

当航班有最新信息或已确定起飞时间后，由电话问询员负责将最新信息一一打电话向旅客进行通告，并在“不正常航班旅客跟踪服务登记表”上做好通知记录。若旅客的电话打不通，电话问询员负责多次拨打，并将打电话的时间和次数均在服务单上做好记录。当旅客通知完后，电话问询员及时将通知旅客的情况向值班员汇报。

四、国际航班延误工作流程

如果在旅客前往机场办理乘机手续前已得知航班将延误较长时间，航空公司应尽量根据旅客订座单的联系电话通知旅客航班变更时间。如果事先无法与已购票旅客取得联系，则机场值机部门应按原定办理乘机手续的时间在柜台等候旅客，并向旅客说明情况，做出相应处理。

（一）国际航班延误服务

一般延误 2 小时以内的航班，航空公司应提供饮料，如遇进餐时间，应提供餐食；延误超过 4 小时的航班，应提供宾馆休息服务，并做好与宾馆方面的服务交接工作。

如因特殊情况而无法安排人员陪同旅客前往宾馆，航空公司应事先联系宾馆，请宾馆方面代表航空公司安置旅客，并与宾馆方面保持沟通，及时处理、解决旅客在宾馆提出的相关服务要求。在旅客入住宾馆后，航空公司应及时向宾馆通报航班信息，由宾馆通过电话、告示栏等形式告知旅客。

如果旅客提出自行安排住宿，航空公司可视情况与旅客协商机场到旅客住所的地面交通费用，并将航班预计起飞时间告知旅客。

（二）航班信息通报

应每间隔 30 分钟向旅客通报一次航班动态信息。

航班起飞时间确定后，航空公司应及时将航班信息及宾馆发车时间通知旅客，或由宾馆方面代表航空公司通知旅客，并妥善安排地面运输车辆将旅客送回机场。

（三）其他手续

航空公司可向有需要的旅客出具航班延误证明。

国际航班延误旅客应及时办理出入境注销手续。

五、航班取消工作流程

航班取消是指由于运力、市场等原因造成的航班停止飞行，取消不补。航班取消一般在航班规定离站之日提前两天决定，如果临时决定，不应迟于航班离站前一日 15:00。航班取消后，应锁定订座系统，停止继续售票。售票部门应及时通知已购票旅客，并根据旅客意愿安排后续航班的座位或办理改签、退票。

对于销售部门未能通知到而按原定航班时间到达机场的旅客，地面服务部门应按规定流程处置。

（一）国内航班

（1）值机前取消，停止办理乘机手续；值机过程中取消，继续办理乘机手续。

（2）在值机柜台摆放信息通告牌，通告信息应当包含航班取消原因、航班预计补班时间（无法预计时可写“待定”）、为旅客提供的信息跟踪查询方式。

（3）向旅客通报航班取消后的食宿安排情况。

（4）安排值机人员在原定值机柜台答复旅客的问询。

（5）了解相同航段后续航班的座位可利用情况，协助旅客进行改签。

（6）已办理值机手续的航班重新登机，需告知安检部门旅客使用原先的登机牌，重新核对旅客人数及行李件数，向登机引导部门通报航班旅客人数。

（二）国际航班

（1）无论值机前取消还是值机过程中取消，均停止办理值机手续。

（2）已办理值机手续的旅客需通知出入境检查站注销出境登记；国际航班取消后，应安排旅客及时办理出入境注销手续；补班后，应安排旅客重新办理出入境手续。办理国际航班旅客出入境注销手续时，应事先与出入境工作人员协调注销手续办理事宜。在登机口广播召集旅客，集中带往出入境管理处办理注销手续。

（3）在值机柜台摆放信息通告牌，通告信息应当包含航班取消原因、航班预计补班时间（无法预计时可写“待定”）、为旅客提供的信息跟踪查询方式。

（4）根据航空公司的意见以及航班取消的原因，向旅客通报航班取消后的食宿安排情况。

（5）安排值机人员在值机柜台答复旅客的问询。

（6）交运行李全部退还旅客，协助中转联程旅客办理后续航班的改签手续；旅客要求退票的，按非自愿退票办理。

（7）收回旅客的登机牌，退还旅客的乘机联（如有纸质客票）。

（8）取消所有旅客的值机状态，补班时间确定后，重新为旅客办理值机手续。

六、返航与备降航班处置

（一）返航航班的处置

遇航班返航，工作人员要了解航班返航的原因，做好航班长时间延误、取消的准备工作，同时了解相同航段后续航班座位的可利用情况，提前做好旅客签转的准备工作。

协助旅客办理退票、改签工作，已退票或改签的旅客，确保收回旅客的登机牌和行李提取牌。

航班重新登机时，需重新核对旅客人数及行李件数，向登机引导部门通报航班旅客人数。

（二）备降航班的处置

航班备降是指由于天气、机械故障或旅客原因，航班临时降停在非预定的经停地点。

航班备降后，如果起飞时间不能确定或等待时间较长，应安排旅客下机等候。如需提供膳宿服务，按承运人可以控制的原因造成航班延误的有关规定办理。

如果旅客要求停止继续旅行，按自动终止旅行办理。如果旅客要求退票，按非自愿退票的规定办理。要求改变航程的旅客则应另行购票。

如果航班备降后取消了后续的飞行，应设法安排旅客及行李继续前往原目的地，包括使用本公司的后续航班或签转到其他公司的航班；如果实际情况允许，也可采用其他地面运输方式。若决定使用其他航班继续运送旅客，应按照不同的接运航班，根据原客票的旅客联填写中断旅客舱单，作为运输和日后结算的凭证。此单据一式四份，交运方和接运方各执两份。

国际航班在原入境点之前备降，如需在备降点办理全部入境手续，应按国际到达航班办理运输手续；如继续飞行，可作国内航班处理。备降航班的未利用载量，如需要利用，则按始发航班处理。

单元五　旅客运输特殊情况处置

旅客运输特殊情况是指误机、漏乘、错乘、登机牌遗失、无票乘机、航班超售等运输中某一环节发生问题的非正常情况。

特殊情况发生时，有关人员应及时、慎重、妥善处理，并采取措施设法挽救。特殊情况若由于航空公司原因造成，航空公司必须主动承担责任，做好解释工作；若由于旅客原因造成，航空公司也要弄清楚情况，按照规定实事求是处理。

一、误机旅客的处置

误机是指旅客未按规定时间办妥乘机手续，或因旅行证件不符合规定而未能乘机。

旅客误机按以下规定办理：

（1）旅客如发生误机，应在获得乘机机场误机确认后，在乘机机场或原购票地点或航空公司售票处办理改乘航班手续或退票手续。办理误机手续必须到原指定机场，值机部门在其客票有关乘机联上加盖“误机，收取误机费”字样的印章，并签名、注明日期，之后旅客在机场或到原购票的售票处办理退票手续。

（2）旅客误机后，如要求改乘后续航班，在后续航班有可利用座位的情况下，值机部门应积极予以安排，并按照各航空公司自愿变更规定办理。如旅客原乘航班的票价与后续航班的票价有差额，航空公司需要向旅客补收差额。

（3）旅客误机后，如要求退票，按自愿退票的规定办理。

（4）持特种票价客票的旅客误机后，按该特种票价的规定办理。

（5）团体旅客误机：误机发生在航班离站时间以前，收取客票票价 50%的误机费；误机发生在航班离站时间以后，客票作废，票款不退，只退税费。

例 旅客张军持国航海口至北京 Q 舱、票价为 1 350.00 元（不含民航发展基金和燃油附加费）的客票，误机后，如要求改签后续海航海口至北京航班，需补齐 Q 舱与经济舱正常票价的差价 900.00 元后，再办理改签手续；如旅客要求改签后续国航海口至北京航班，在有同等舱位的情况下，收取票面价 20%的变更费。如后续国航航班没有同等舱位开放，则收取实际舱位票价差额。

例 旅客陈俊持东航海口至上海 V 舱、票价为 830.00 元（不含民航发展基金和燃油附加费）的客票，误机后，若陈俊要求改签后续海航海口至上海的航班，需按自愿退票办理退票后，再重新购买一张海航海口至上海机票；若陈俊要求变更为后续东航海口至上海的航班，在东航航班有同等舱位的情况下，需收取经济舱全票价 5%的变更费，变更费不得低于 50.00 元人民币。如后续东航航班没有同等舱位开放，按照票面价格与变更后实际使用舱位价格收取差额，变更费与升舱费同时发生，两者取一，按较高者收取。

二、漏乘与错乘旅客的处置

（一）漏乘旅客的处置

漏乘是指旅客在航班始发站办妥乘机手续后，或者经停站过站时没有搭乘当班飞机到达终点站。

由于旅客原因发生漏乘，旅客要求退票，按误机处理。

由于承运人原因发生旅客漏乘，承运人应尽量安排旅客乘坐后续航班。如旅客要求退票，按非自愿退票规定处理。

（二）错乘旅客的处置

旅客未按客票的登机牌上注明的航班乘坐飞机旅行称为错乘。错乘主要是有关站点把关不严造成的，民航部门应承担主要责任。

旅客错乘飞机时，应在发现后的第一站下机，原客票仍有效。承运人应安排错乘旅客搭乘最早航班返回始发站。如有其他航班飞抵其客票上的到达站，承运人也可安排旅客直接前往，票款不补不退；如旅客要求退票，按非自愿退票规定处理。

三、中转特殊情况的处置

（一）中转衔接错失

购买航空公司联程客票的中转旅客，在中转站未能衔接下一航班的情况称为中转衔接错失。旅客未能在中转地顺利转机，一般是由于航班不正常、开票差错，以及旅客自身原因等造成的。

航班不正常的原因分为两种：一种是航班调配、商务、机务维护、机组等承运人原因；另一种是天气、突发事件、空中交通管制、安检以及旅客等非承运人原因。

开票差错原因是指由于出票人未按照标准“最短衔接时间”的规定，为旅客所订航班的衔接时间不足，导致旅客在中转站无法正常转机。“开票差错”属于承运人原因。“最短衔接时间”（MCT）是指在正常情况下，由一个航班中转到其续程航班所需的最短时间，可在旅行资料 OAG 中查询。

（二）航班不正常的中转服务工作

需实时监控转机旅客的到达航班及续程航班，根据情况为中转旅客制定合适的转机流程。

按照规定，为由于前站航班延误导致无法正常衔接后续航班的中转旅客在订座系统中预订后续航班的座位，并做好记录。

安排专人为中转衔接错失的老、幼、病、残、孕等特殊旅客做好后续跟踪服务。

如果由于航空公司原因而导致旅客衔接错失，航空公司须安排解决旅客的食宿。

四、有问题客票的处理

（一）持有不合格客票旅客的处理

旅客持有的客票不符合运输规定的，成人旅客按照无效客票对待，客票应予作废。儿童、婴儿未按年龄规定购票，如旅客欲继续旅行，应根据情况补收票款；如旅客欲退票，应退还其全部票款。

（二）无票乘机旅客的处理

承运人可根据需要随时检查旅客是否持有客票。

未满两周岁的婴儿无票乘机，应按婴儿票补收票款。

成人或儿童无票乘机，在始发站应拒绝其乘机；在到达站发现，应加倍收取自始发站至到达站的票款。

（三）无订座记录旅客的处理

旅客持有已订妥座位的客票，但接受承运的航空公司没有该旅客的订座记录或没有收到该旅客申请订座的记录时，视为无订座记录的旅客。发现这种情况，运输工作人员要积极查找发生无订座记录的原因，并优先安排旅客尽快乘机。

五、旅客滋事的处置

当对航班延误、延误服务或延误时间等产生异议时，旅客易在机场做出激烈行为。旅客滋事一般认为自己受到了不公平对待，故机场人员在明白哪些原因容易引起旅客滋事以后，应将工作前移，尽量将旅客的不满意情绪最大限度地化解，使之得到有效控制，以避免机场与旅客之间发生冲突。

（一）旅客滋事的一般原因

旅客滋事的一般原因主要有以下几种：

（1）航班计划调整（取消），旅客未接到信息通报。

（2）航班延误时间一推再推。

（3）工作人员解释的口径不一致，理由不统一。

（4）旅客认为航空公司故意隐瞒航班延误或取消的真实原因。

（5）航班延误较长时间，但航空公司不愿意为旅客提供休息和餐食服务。

（6）航班延误时间较长，航空公司不出面解决问题。

（7）旅客索赔未果。

（二）航班计划调整（取消），旅客未接到信息通报的（不可控）处理

1. 做好退转签工作

当地勤人员或值机人员发现航班已进行了计划调整（取消）的旅客前来办理乘机手续时，需及时向旅客说明航班情况。针对有急事的旅客，地勤人员（值机员）带其到补退票柜台，请补退票柜台人员根据航空公司的具体要求确定是否可进行客票签转。若确定不能进行客票签转，值机员立即将信息传递给服务值班员，请服务值班员根据航空公司事先的安排派人进行服务。

2. 做好旅客的情绪安抚工作

地勤人员到达旅客位置后，先向旅客道歉，然后将机场方面何时得到的调整（取

消）信息以及航空公司事先做好的服务安排向旅客一一说明，并听取旅客的意见。若旅客意见非常大、情绪非常激动，地勤人员可将旅客请到人员较少的地方（如国际厅或接待室），让旅客坐下说明具体情况。若旅客仍不接受，地勤人员则请服务值班员给旅客做进一步解释，必要时，可请航空公司代表出面与旅客进行解释或安排后续航班。

若旅客不止一人，当服务值班员（航空公司代表）在做激动旅客工作时，地勤人员需在一旁做好其他旅客的解释工作。

（三）因航空公司原因，延误时间一推再推的（不可控）处理

将再次修改的航班信息通知给旅客之前，服务值班员需与航空公司代表进行意见沟通，询问延误原因，以及后续的服务安排，并要求航空公司代表在旅客情绪激动时出面给旅客做解释工作。

由服务值班员派员工请旅客到达“不正常航班服务区”休息，并召集旅客进行打扑克、看电视、上网等娱乐活动。在服务区内尽量给旅客提供最舒适的服务，并遵从航空公司代表的意见给旅客提供其他服务。若航空公司同意给旅客安排饮料或餐食服务，服务值班员应事先安排人员做好准备，并在给旅客做解释工作时一并向旅客发放，尽量平息旅客的怒气。

由广播室将延误信息通知给旅客，由登机口地勤人员更改“不正常航班信息通告牌”内容；当旅客情绪激动时，服务值班员和登机口地勤人员应尽量给旅客做好解释工作。在给旅客做解释工作时，机场人员应尽量避免与吵闹最凶或带头闹事的旅客争辩，而应侧重回答其他旅客的问题。

（四）旅客拒绝登机的处置

当旅客拒绝登机时，值班人员必须亲临现场，耐心做好旅客的思想工作，尽最大的努力劝说旅客登机，同时可以了解航空公司意见，迅速协商拟订解决方案，避免造成旅客长时间等待，贻误处理问题的最佳时机。具体可按以下程序处理：

（1）迅速将拒绝登机旅客交运的行李找出，提前将行李卸下，做好减人准备。

（2）了解相同航段后续航班座位的可利用情况，根据拒绝登机旅客的人数，预订后续航班的座位。及时了解航空公司代表及机长的意见，确定是落下拒绝登机旅客，还是继续等待。

（3）确定旅客落下后，需确保未登机旅客的行李全部落下。协助旅客改签后续的航班，协调航空公司代表确定旅客的赔偿方案。

（五）在经停地的处理

无论何种原因，承运人均应负责提供膳宿服务。

航班延误或取消，应根据旅客要求，按非自愿变更和非自愿退票的有关规定做好后续航班安排或退票工作。

六、航班超售的处置

经常有一些购票旅客因某些特殊原因在飞机临起飞前突然改变主意不登机，而是退票或取消订座或改签别的航班，从而造成航班座位虚耗现象，导致航班收入减少。为了弥补这一损失，航空公司便采取航班可用座位数量的超额销售办法来弥补座位虚耗，即超售。

（一）航班超售的损益

航班超售一方面能够增加民航运输企业的航班收入，弥补座位虚耗产生的航班收入损失，另一方面可以获得更有价值的客户。但是，超售有时导致持票者到了机场却上不了飞机，因此会造成新的麻烦。

航空公司实施超售策略，必须为这些有票却上不了飞机的旅客提供几套解决方案，劝其改乘，优先安排在下一航班，并在其等候期间给予适当补偿（如免费餐食、贵宾室候机或经济补偿）。如果旅客不愿意，则动员同一航班的其他愿意改签的旅客出让座位，并给予适当补偿。当然，这些补偿会给航班收入带来一定的损失。对于因超售而不能登机的持票旅客，航空公司应当尽可能给予安排。

（二）航班超售的原因

超售是航空公司销售的一种策略，可以在一定程度上保证航班的客座率，但超售数量太多，也会给运输工作带来困难。所以负责座位控制的工作人员，工作应认真、细致，加强复核，同时应掌握航班关闭的时机，使之留有余地。

（1）主动超售：为提高航班收益，减少座位虚耗，在规定的航班和权限内，由航空公司驻场代表执行或授权执行的超售。

（2）临时强行超售：航空公司因保障临时 VIP、临时加机组、临时机务跟班等原因强行超售。

（3）机型变更超售：由机型变更引起的航班旅客超售。

（三）航班超售处理办法

遇到超售的航班，工作人员要提前预知，及时确定处置方案；处理方法要得当，避免矛盾激化。

1. 弃乘处置

当预先得知航班已存在超售的情况时，航空公司销售部门需要及时作出有针对性的准备，也就是制定超售的预案。目前大多数航空公司的普遍做法便是寻找自愿弃乘的旅客。

弃乘是指由于航空公司的原因或其他非旅客的原因，造成航班座位超员或实际座位减少等，使得航班不能满足所有持有订妥座位客票的旅客相应的座位需求时，部分旅客自愿或经动员、劝说后放弃乘坐原航班。旅客弃乘是一种自愿行为，无索赔权，但可以获得航空公司给予的一定补偿（或奖励）。

弃乘补偿（或奖励）是航空公司对弃乘旅客的一种补偿（或奖励），是对旅客自愿弃乘的鼓励或支持，但不是等价交换（否则有违反合同法之嫌）。航空公司根据情况也有权采取不补偿（或奖励）的方法，动员或劝说旅客自愿无偿弃乘。

能够获得弃乘补偿的旅客需要具备如下条件：

（1）持当次航班且订座状况为 OK 的有效客票。

（2）有订座和相关记录回查。

（3）按规定时间到达值机柜台。

（4）持有有效旅行证件。

在以下情况下，弃乘旅客无法获得此类补偿：

（1）误机。

（2）旅行证件不全。

（3）未能遵守入境国有关规定。

（4）持免费客票、代理人折扣客票或职工折扣客票。

2. 选择落下旅客

航班预计出现超售时，应寻找付费旅客中自愿改乘其他航班的人，并给予其超售补偿。在航班出现超售时落下旅客顺序如下：

（1）享受优惠票的本公司职工及其家属。

（2）本站始发的本公司工作人员。

（3）原机过境的本公司工作人员。

（4）无订座记录的旅客。

（5）其他非本公司重要宾客的免票旅客。

（6）本站有订座记录的经济舱旅客（按旅客办理乘机手续的先后顺序）。

3. 落下旅客的处置

对落下的超售旅客，机场服务部门应与航空公司协商，根据情况按下列办法处理：

（1）优先安排乘坐本公司的后续航班。

（2）持本公司客票要求改变承运人的，如客票无签转限制，可予以签转。

（3）持本公司客票要求改变航程的，如客票无签转和改变航程限制且改变航程后的票价不高于原客票价，可按非自愿改变航程办理。

（4）旅客要求退票的，应协助旅客按非自愿退票办理。

（5）外航的国内客票，签注后请旅客到原购票地点或出票承运人售票处办理。

（6）如不能安排当日成行，需免费安排旅客住宿，向旅客提供超售补偿。

对因超售座位而被迫改换班机的旅客，应由主管领导说明情况并致歉，在最近的航班上优先安排订座。如旅客已购票或已办理座位再证实手续，应按非自愿变更的原则，提供旅客膳宿服务。

4. 超售航班优先保障的旅客

航班超售时，以下旅客的座位应按顺序优先保障：

（1）重要旅客及其随行人员。

（2）持有航空公司金银卡、贵宾卡的常旅客。

（3）头等舱旅客（可降低舱位等级旅行）。

（4）经本公司同意并事先做出安排的特殊旅客。

（5）团体旅客。

（6）到达站转机衔接时间短的联程旅客。

（7）有特别困难急于成行的旅客。

5. 升舱保障

当较低舱位等级座位发生超售而较高舱位等级有空余座位时，可根据逐级升舱的原则按非自愿升舱将较低舱位等级的旅客安排在较高舱位等级的座位上。选择提升舱位等级的旅客顺序如下：

（1）重要旅客。

（2）持卡的常旅客。

（3）重要旅客的重要随行人员。

（4）其他付费旅客。

选择提升到头等舱的旅客时，应考虑旅客的身份、文化素质等因素，谨慎选择升舱的旅客。

6. 降舱保障

当较高舱位等级座位发生超售而较低舱位等级有空余座位时，可在征得旅客同意的情况下，按非自愿降舱将较高舱位等级的旅客安排在较低舱位等级的座位上。

超售航班办理乘机手续时，应逐一核对姓名接收旅客。

思考练习

一、单项选择题

1. 无法交付的航空行李自到达的次日起，超过（　　）天仍无人领取时，按逾期无人领取物品处理。

A. 15　　B. 30　　C. 60　　D. 90

2. 航空运输中每件行李的重量不能超过50kg，体积不能超过（　　），超过上述规定的行李，应作为货物运输。

A. 40cm×60cm×100cm　　B. 30cm×10cm×20cm

C. 20cm×40cm×55cm　　D. 20cm×60cm×80cm

3. 值机工作人员为旅客办理值机手续时，正常接收旅客使用（　　）指令。

A. SB　　B. PR　　C. PA　　D. RK

4. 团体旅客误机发生在航班离站时间以前，收取客票价（　　）的误机费。

A. 20%　　B. 30%　　C. 50%　　D. 100%

5. HAK-CAN 航线的经济舱单程成人全价票为 CNY670.00。某日一航班从 HAK 出发，到达 CAN 后，乘务员发现有成人旅客携带的一名婴儿未购票，按规定，需补收（　　）票款。

A. CNY67.00　　B. CNY70.00　　C. CNY335.00　　D. CNY140.00

二、判断题

1. 登机引导人员在停机坪引导旅客登机时，要严格控制客梯车上人数（不允许超过 20 人）。（　　）

2. 航站多收行李保留 90 天仍无人认领的，按无法交付行李处理。（　　）

3. 作为占座行李，占用每一个座位的行李重量不得超过 75.0kg。（　　）

4. 欧洲和北美航线的行李运送实行计件行李制。（　　）

5. 值机人员为旅客安排座位时，犯罪嫌疑人及押运人员应安排在经济舱最前排。（　　）

三、思考题

1. 值机人员在为旅客安排座位时，应注意哪些旅客不能坐在紧急出口处？

2. 旅客行李到港后，无法交运的行李该如何处理？

3. 办理旅客行李托运时，计件行李适用于哪些航线？

4. 按照现行规定，哪些行李不得作为旅客行李进行运输？

5. 国际出港航班商务运输业务文件主要有哪些？

6. 对于过站航班，如果出现实发过境牌少于预报人数，应如何处置？

7. 团体旅客误机后应如何处置？

8. 发现儿童旅客无票乘机应如何处置？

9. 航班超售时，旅客如果愿意弃乘，符合哪些条件才可能获得弃乘补偿？

10. 旅客乘坐 HAK-PEK 航线 Y 舱，Y 舱单程成人全票价为 CNY3 280.00，旅客 8 折购票，该舱位免费行李限额为 20.0kg。值机时，旅客交运行李 38.0kg，其中 12.5kg 旅客声明价值 CNY4 000.00，请问旅客需缴纳行李费用共多少元？

模块七
民航特殊旅客运输服务

学习目标

了解民航旅客运输服务中关于特殊旅客运输服务的基本要求与运输规则，掌握各类特殊旅客运输的流程与载运限制，并能在运输服务中贯彻执行。

单元一　特殊旅客服务要求

特殊旅客又称特殊服务旅客，是指在接受旅客和旅客运输过程中，承运人需给予特别礼遇，或者给予特别照顾，或者需要符合承运人规定的运输条件方可承运的旅客。特殊旅客服务在民航地面服务工作中，既是重点也是难点，特殊旅客服务质量一定程度上代表着航空公司的旅客服务质量。

一、特殊旅客订座与购票规定

特殊旅客应按航空公司规定的程序办理订座和购票手续，其订座和购票手续必须在航空公司直属售票处或授权代理人处办理。旅客订座单中应体现特殊旅客的性质和分类，以让旅客在申请订座时填写订座单并选择回答的方式体现。受载运范围限制的特殊旅客，须经航空公司座位控制部门进行座位确认方可出票，以满足航空公司对限制载运特殊旅客承运数量的规定。

二、特殊旅客乘机文件

（一）特殊旅客服务需求单

特殊旅客服务需求单由旅客申请服务时填写，是提供特殊旅客信息，始发站、经停站和目的站为特殊旅客实施服务的依据。特殊旅客服务需求单由具有服务需求的特殊旅客，在向航空公司直属售票处、授权售票处或者代理售票处提出乘机申请时填写，或由其监护人代为填写。

特殊旅客服务需求单由专人负责保管，定点存放，留存期为一年。

（二）诊断证明书

诊断证明书由中国境内县、市级或者相当于这一级（如国家二甲级）以上医疗单位医师签字、医疗单位盖章，方为有效。境外诊断证明书必须由经政府部门认可、具备行医资格的医生填写。

一般情况下，诊断证明书开具日期距离旅客航班既定起飞日期不超过 10 天才可视为有效。证明日期也适用于国外旅行，旅客不需要提供第二份证明，除非旅客患有传染病并可能对飞机上其他人的健康或安全造成直接威胁。如果需要采取预防措施或步骤以防止疾病传播，证明中必须予以说明。

对于担架运输或医疗用氧运输的旅客，有效诊断证明书的日期距离旅客计划最初日期必须不超过 3 天。

对于患有直接造成威胁的传染病的旅客，证明日期距离航班计划起飞的时间不能超过 10 天；如果距离返程航班日期超过 10 天，则必须重新提供诊断证明书。

如果旅客病情自开具诊断证明书后显著恶化或证明明显隐瞒疾病对其他旅客的威胁，则可以要求旅客接受额外医疗检查，要求旅客到符合资格要求的医疗机构再次进行检查。如果医疗检查显示旅客在没有特殊医疗救助的情况下可能无法安全结束飞行，则可以拒绝旅客登机；如果医疗检查显示若允许旅客登机将对其他旅客的健康和安全构成直接威胁，也可以拒绝旅客登机。

（三）乘机服务单

乘机服务单由地面服务部门的地勤人员依照乘机服务需求单的信息填写，并与机组交接。乘机服务单是特殊旅客乘机服务单的简称，包含飞机上所有特殊旅客的信息。

（四）旅客运输申明书

旅客运输申明书是旅客运输免除及豁免责任同意书，在旅客身体状况不稳定或者自身原因导致乘机条件不充分，或者旅客携带的旅行证件不符合经停地（中转地）、目的地所在国家的相关规定，地勤人员已提示旅客存在的风险，且旅客已获悉存在的风险，不接受地勤人员给予的其他安排或建议，坚持要求成行时填写。

单元二　重要旅客运输

重要旅客，简称要客，是指具有一定身份、职务或社会知名度的旅客，航空公司对其从购票到乘机的整个过程都给予特别的礼遇和特殊的照顾。重要旅客的手续涉及多个相关部门，包括售票、值机、调度、服务、乘务等部门，因此重要旅客的收运需要由航空公司各部门进行协调处理。

一、重要旅客的分类

按照服务等级的要求不同，重要旅客可分为以下三种类型。

（一）最重要旅客（Very Very Important Person，VVIP）

最重要旅客包括：中共中央总书记，中央政治局常委、委员、候补委员；国家主席、国家副主席；全国人大常委会委员长、副委员长；国务院总理、副总理、国务委员；全国政协主席、副主席；中央军委主席、副主席；最高人民法院院长、最高人民检察院检察长。

外国国家元首、政府首脑、议会议长及副议长，联合国秘书长，国际奥委会主席，外国王室主要成员。

（二）一般重要旅客（Very Important Person，VIP）

一般重要旅客包括：省部级（含副职）党政负责人、在职军级少将（含）以上军队领导；国家武警、公安、消防部队主要领导；香港特别行政区政府、澳门特别行政区政府首席执行领导。

外国政府部长（含副职）、国际组织（包括联合国、国际民航组织）的领导人、外国大使和公使级外交使节。

由省部级（含）以上单位或我国驻外使领馆提出要求按VIP接待的客人。

中国科学院院士、中国工程院院士、社会活动家等社会上具有重要影响的人士。

（三）工商界要客（Commercially Important Person，CIP）

工商界、经济和金融界等重要、有影响的人士；著名企业的主要领导人；国际空运企业组织、重要的空运企业负责人等公司同意按CIP接待的重要客人。

二、重要旅客的订座和售票

重要旅客是航空运输保障的重点，认真做好重要旅客的运输服务工作是民航运输服务工作中的一项重要任务。因此按照“保障重点，照顾一般，方便旅客”的原则，对重要旅客的接收和运输要做到万无一失，确保安全。

接受订座的售票处对重要旅客一般不接受电话订座，目的是确保万无一失；应请订座单位派人前往要客处详细填写 VIP 订座单或传真办理订座。

重要旅客的订座单或传真内容包括：中外旅客准确的中英文姓名、职务，代表团名称，航班航程、日期、座位等级，订座单位电话（昼夜值班电话），联系人姓名和特殊服务要求。

（一）辨明重要旅客身份

凭工作证或军官证辨明重要旅客身份，职务与级别有差异时，以较高身份者为准。

（二）确认重要旅客需求

接受订座时，应详细问清其职务、级别和所需提供的特别服务要求，在有关订座记录中注明，并征求旅客本人或其单位的意见。如愿意向中国民航和其他有关承运企业公开身份，应在 PNR 的 OSI 组注明重要旅客的职务和身份及同行人 PNR、团体总人数和特别服务要求。如遇保密旅客，应根据订座单位的要求办理，不注 VIP 的身份。

重要旅客及随从人员在同一售票处办理；VIP 及随从人员的订座情况一定为“OK”状态；VIP 的职务、级别及随行人员的相关情况要在 OSI 组中注明。

（三）保证重要旅客座位

座位控制部门对重要旅客订座，应尽力保证其座位的需要。预先锁定重要旅客座位，尽可能地安排在靠近所适用舱位的前排座位；在航班未满座时，尽量做到重要旅客座位周围不安排其他旅客；在航班满座时，尽量在重要旅客座位周围安排其随行人员或其他身份较高旅客。在有重要旅客的情况下，一般不安排低舱位旅客升舱至重要旅客所在的舱位。

如订座系统中无回程、联程航班，应根据重要旅客的要求，拍发订座电报，并及时催复，电报留底存查。

（四）出票要求

除按规定建立电子客票或打印客票外，还要在重要旅客的姓名后加注“VIP”字样；客票内所填项目应与订座记录逐一核对，并交值班主任检查，确保航班号、日期、起飞时间正确无误。

重要旅客航程中有一段或几段尚未订妥，订座单位通过驻外机构已订妥，或能够订妥座位而要求出票时，订票单位须提供保证书，并写明“因座位未订妥，如若发生问题，一切责任自负”字样。

出票后应归档登记，要按规定时间向机场有关部门发传真报次日要客，每天 17:00 以前再检查一遍，以免漏报。当天出票的重要旅客机票，应及时报有关部门。若出票后，要改变日期、航程或取消座位，应及时通知机场有关部门。重要旅客订座记录全部资料要妥善保管。

三、重要旅客的运输信息传递

重要旅客的购票手续办理完毕后，在重要旅客的订座记录中用 OSI 项注明重要旅客身份。通常情况下，座位控制部门要在航班起飞前一天 16:00 前（各航空公司有各自的规定时间）将重要旅客的姓名、职务、随行人数、乘机日期、航班、起飞时间、订座舱位、PNR 代码、目的地、特殊服务要求和需要的特殊设备等用传真或拍发电报的形式通知公司的航班生产调度、运行管理部门和始发站当地航班运行管理部门。

如旅客的身份要求保密或身份不明，则在职务项注明“旅客身份保密”或“身份不明”；发完通知后，应与收发单位电话联系，在确认对方已收到通知后，将对方的电话、受话人和收到的时间记录在传真或电报上。

重要旅客取消旅行或变更航班、日期，办理变更的售票部门或重要旅客上机地点的运输业务部门应及时在计算机订座系统中取消或变更有关订座，或拍发变更电报通知有关航站的运输业务部门。

航空公司的航班生产调度、运行管理部门在接到售票部门报告的重要旅客情况后，要逐项做好记录，并编制次日航班重要旅客乘机名单，报送管理局、航空公司、机场值班领导和有关部门；临时收到重要旅客信息应及时补充通知。

四、重要旅客机票变更及退票

重要旅客变更乘机日期，必须更改 PNR 中的航段组，或重新建立 PNR，但不要忘记取消原订座记录，取消续程航班座位前，要与原订票单位进行核实。机票办妥后，要求变更或取消时，先抽出原订座单，认真复核姓名、乘机日期等，并更改重要旅客登记本，如是前日已报过的要客，应及时通知机场要客室，取消或变更重要旅客记录。

重要旅客一行退票，核对无误后，取消 PNR，从重要旅客登记夹中取出原订座单，注上“要客已退票”字样。重要旅客一行多人的票，重要旅客退票或换成非要客票时，先取消 PNR 中的要客姓名，取消 OSI 组，保留其他旅客座位。若是重要旅客当天退票，应及时通知有关部门。

重要旅客所订航班，若变更了起飞时间，要及时通知订座单位。重要旅客变更或取消座位要做详细记录，并在 RMK 组中注明通知人姓名及通知变更或取消的时间。

五、重要旅客服务保障

（一）服务准备

售票处、各航空公司驻外办事处在每日 14:00 前用传真（电话、电报）将次日重要旅客信息通知要客接待处。要客接待处每日设专人负责要客信息的记录。

将生产讲评会上经签派室核对过的要客单带回，再核对整理编制详细的要客单。

每日 18:00 以后将两份更为详细的要客单送到调度室，由调度室送签派室核对并负责印制和发送到机场各个有关部门及联检单位。

（二）重要旅客航班的载运限制

重要旅客乘坐的航班上严禁押送犯人；严禁接收重病号或担架旅客。在接受婴儿、儿童及无成人陪伴的儿童时，应严格按规定办理，座位不得超售；通知货运部门，禁止在该航班上装载危险物品，原则上优先安排重要旅客运输。

（三）乘机手续

重要旅客及其随行人员的乘机手续在头等舱柜台办理。办理乘机手续的时间按一般旅客的要求，如重要旅客未按指定时间到达机场，将信息及时反馈到航班控制部门。对于重要旅客随行人员的认定，以所获得的重要旅客信息为准。要客在售票处购票时未申报要客身份或售票处漏报要客，要客到值机柜台办理乘机手续时，值机员应将情况通告要客接待处和调度室。

重要旅客办理乘机手续时，应在登机牌上注明特殊服务类型，便于乘务员做好服务工作；为重要旅客本人和持头等舱客票的随行人员填发“头等舱服务卡”。在旅客舱单上填写重要旅客姓名后，需在舱单备注栏内注明“VIP”字样。

办理乘机手续时，在重要旅客的托运行李上拴挂 VIP 行李标志牌，填制特殊旅客运输服务通知单。重要旅客的乘机手续应随到随办，然后由地勤人员引导至贵宾室等候登机。

（四）登机服务

对重要旅客上飞机的先后次序，应事先征得重要旅客的同意。在航班起飞前，准确填写“特殊服务通知单”，主动向机组交代重要旅客的身份和要求的特别服务事项。

登机时，由专人负责引导重要旅客上机。如果飞机停靠在远机位，应事先安排好车辆运送，由服务人员引导通过海关、出入境手续办理、检验检疫和安全检查后登机，头等舱乘务员将重要旅客安排好后，在特殊服务通知单上签字。

不愿公开身份的重要旅客乘坐飞机时，免去迎送工作，一切乘机手续按普通旅客办理，但在旅客上机地点，引导员应做好地面服务工作，并通知机组做好机上服务工作。

凡 VVIP 乘坐中国各航空公司班机，在班机起飞前 30 分钟，要客服务员应将要客座位通知单交给该航班乘务长。

（五）拍发重要旅客服务电报

在航班起飞后（外航除外），航空公司始发站的要客接待处拍发 VIP 报，通知有关中途站和到达站的相关要客服务部门，要客服务部门再通知机场各有关单位领导和各有关业务部门。

（六）重要旅客进港服务

重要旅客服务部门应及时了解重要旅客信息，掌握航班的进港动态，做好服务准备。在飞机到达前一小时，重要旅客服务部门将航班信息通知接待单位；在飞机到达前 10 分钟，将接待人员引导至停机位；重要旅客到达后，引导重要旅客下机；行李部门应立即按照重要旅客行李到达信息卸机，无信息时，应优先卸下机上带有“VIP”字样标志和头等舱旅客的行李，由工作人员帮助提取行李后交给贵宾。

（七）航班不正常服务

航班不正常时，应及时将航班延误的情况电告各有关经停站和到达站要客服务部门，要客服务部门应及时报告有关领导、部门和接待单位。

六、贵宾室服务

机场贵宾室服务的主要内容为贵宾送机与贵宾接机服务。送机服务包括为贵宾提供休息地点，协助办理乘机、联检、安检手续，贵宾室中提供茶点、饮料、报纸、杂志、上网等服务，提供摆渡车辆、专人导乘、使用专门停车场。接机服务包括迎客、提供摆渡车辆、协助提取行李等。

（一）贵宾室的服务设施

贵宾室应为旅客营造舒适的候机氛围，保证物品供应充足。

贵宾室内报纸、杂志、读物要及时更新，确保时效性、足量供应。贵宾室光线亮度应该适宜旅客阅读。

贵宾室内环境要符合卫生标准，设有专门的洗手间与供残疾旅客使用的位置。

（二）贵宾室的服务内容

贵宾室服务员应及时了解航班动态信息，提醒旅客登机；协助航班延误旅客安排后续行程。

及时查询重要旅客预报，了解有关要客信息；为重要旅客提供出发、过站、到达的全程陪同服务，协助提取行李；协助重要旅客办理各类乘机手续及联检手续；负责记录重要旅客爱好、生日等各类信息。

在航班不正常情况下，做好解释工作，根据重要旅客的要求协助安排后续行程，尽可能减少对公司的负面影响。

（三）贵宾到达服务

1. 航班到达前准备

贵宾室服务员在重要旅客到达之前应掌握重要旅客到达的所有信息，尤其要知道重要旅客的航班到达信息动态，在收到航班到达信息后，应通知接待单位。

2. 航班到达时的服务

贵宾室服务员应按规定程序到达停机位。飞机停靠廊桥，服务员应提前 15 分钟到达指定停机位；如果飞机停靠远机位，服务员要提前 20 分钟到达指定停机位；如果飞机停靠在基地，服务员要提前 25 分钟到达停机位。

保证提前到达时间是十分重要的，它能够保证接待的质量。有了时间的提前，万一接机工作中出现漏洞可以有时间进行弥补。

如果到港重要旅客需要在贵宾室休息，贵宾室服务人员接待时也应该按照出港重要旅客的服务标准提供服务。

3. 航班到达后的服务

航班到达后，负责提取行李的贵宾室服务员应仔细核对行李牌号、行李件数、到达站及航班号，确保无误。如果发现重要旅客的行李表面不清洁，要及时处理干净。行李核对无误后直接交给重要旅客，递交时要注意行李的把手向上，方便重要旅客提取。

如果重要旅客直接上车，服务员应先把行李装上车，并核对行李的件数，询问是否有误。如果没有，等待车辆离开，车开动后挥手致意，送别重要旅客。

单元三 病残旅客运输

在航空运输中，病残旅客是指由于在精神或身体上有缺陷（或病态）而无自理能力，在航空旅行中，不能自行照料自己的旅途生活，需由他人帮助照料的旅客。

如果是年事甚高的老年旅客，即使该旅客没有疾病，航空运输中也应视其为该类特殊旅客处理，并给予特殊服务。那些带有些许先天残疾，已习惯于自己生活的人，如手部残疾者、腿部残疾者、聋哑人等行动能自理而不需要他人照料的旅客，不应视为病残旅客。

需要注意的是，病残旅客的身体状况有可能在长时间的飞行中，因为过载变化、气压、缺氧、颠簸等原因而恶化，因此并非每位病残旅客都适宜乘机旅行。

一、病残旅客分类

航空运输中，病残旅客分类情况因各航空公司规定不同而差异较大，一般包括身体患病旅客、精神患病旅客、肢体伤残旅客、失明旅客（盲人）、担架旅客、轮椅旅客等。

对于下列旅客，承运人有权拒绝运输：

（1）患有恶性传染病。

（2）因精神或健康情况，可能危及自身或其他旅客的安全。

（3）面部严重创伤，有特殊恶臭或有特殊怪癖，可能引起其他旅客的厌恶。

二、病残旅客的购票要求

病残旅客往往需要航空公司提供特殊服务并需要准备特殊服务器具，因此病残旅客在购票前需要向航空公司有关部门提出申请，经过航空公司允许后方能购票并享受特殊服务。航空公司一旦为病残旅客出票，就意味着承诺接受病残旅客乘坐飞机的要求，需要协调各相关服务部门做好各项服务准备工作。

患重病的旅客购票应根据承运人的规定出示县、市级以上医疗单位出具的适于乘机的诊断证明，填写“特殊旅客（病残）乘机申请书”，申请书应由旅客本人签字，如果本人书写有困难，也可由家属或监护人代签，以表明如果旅客在旅途中病情加重、死亡或给其他人造成伤害，由申请人承担全部责任。接受订座的部门应将有关特殊服务项目通知值机部门。

售票工作人员要搞清病残旅客是否适于乘机和对其他旅客有无不良影响，方可确定是否售票，需购联程票时，应取得联程站的同意后才能售票。我国大多数航空公司、规定病残旅客应在航班起飞前 72 小时以内、48 小时以前购票。

病残旅客需多占座位时，按实际占用座位数售票，若旅客在飞行途中，临时因病需多占座位，如有空位，可以提供，不另补票。

三、病残旅客的值机手续办理

航空公司及机场地勤人员在收到航空公司销售部门拍发的“病残旅客运输通知”电报之后，应检查各有关部门对运输病残旅客的准备情况，例如担架、轮椅、升降机、餐食等的准备情况。运输病残旅客所需的地面设备费用，如救护车、升降机等，应由旅客自行负担。

值机人员应仔细验收旅客的“诊断证明书”和“特殊旅客（病残）乘机申请书”并留存，注意观察旅客的身体状况，如果出现病情恶化等不适宜乘机的情况，应根据当时实际情况拒绝承运。

尽量将病残旅客安排在靠近客舱服务员的座位或靠近舱口的座位（但不能安排在紧急出口处的座位）。地勤人员应在座位布局图（表）上标明病残旅客座位号，并向当班乘务长作简要交代，安排病残旅客提前登机以免影响其他旅客的运输。

飞机起飞后，地勤人员需向该航班沿途所经各站发“病残旅客运输通知”电报。

四、担架旅客的运输

担架旅客是指在飞机上无法在客舱座位上就座，必须处于水平状态的旅客。由于担架旅客往往是病情较重的旅客，因此其运输条件相对严格，必须至少有一名医护人员或家属陪同。

（1）担架旅客在购票时需要向航空公司提出申请，在离班机起飞 72 小时以前订座，航空公司综合各方面因素后答复旅客是否承运。在器具条件符合要求的航段上，每个航班只能载运一名担架旅客。

（2）接到担架旅客通知后，机场值机部门在为旅客办理乘机手续时，应做好以下安排：提早了解预留、拆座的座位数等有关信息；安排值机人员协助旅客或其家属办理乘机手续；通知有关单位准备所需的车辆、人员到场；落实拆座情况；必要时，值机员须上机检查；拆座位必须本着避免影响紧急出口的使用和乘务员服务的原则；担架旅客应先安排登机；飞机起飞后，应发电告知各有关单位及各中途站、到达站等相关部门；担架旅客一般应安排最后下机。

（3）至少一名医生或护理人员与担架旅客同行；若医生证明不需医务护理，也应有家属或监护人同行。

（4）为保证乘机安全，在航班不满座时，担架旅客相邻的座位尽量不安排其他旅客；将担架旅客的陪同人员安排在拆卸座位邻近的位置上。

（5）协助旅客办理相关联检手续，并在普通旅客登机前安置好担架旅客，远机位航班联系相关车辆帮助旅客登机。如果使用航空公司提供的地面担架，应安排足够的人手，上下台阶及斜坡时应告知旅客做好准备并使用保险带将旅客固定好，保持担架的水平位置，行动放缓，避免惊吓旅客。上下电梯时，1 名工作人员按住电梯按钮，避免电梯门关闭，2 名工作人员一前一后抬担架，1 名工作人员在旁辅助，观察周围设施，避免碰撞。进入客舱后，注意避免碰撞座椅及其他设施，并将担架稳妥安放在指定位置。在征得医护人员同意后，可由医护人员负责担架进入机舱过程的观察和监护工作。做好与客舱乘务员的交接。

（6）担架旅客的票价由担架旅客个人票价加担架附加费组成；担架旅客个人票价除儿童按 50%的票价购买外，成人不得使用折扣票价和特种票价。担架附加费头等舱为一个成人单程头等舱全票价；经济舱为两个成人单程经济舱全票价（也有公司按照实际占用座位的数量收费）。

（7）担架旅客的客票填开：

“票价计算”栏：分别列出个人票价、担架附加费，并注明“STRETCHER”字样。

“签注”栏：“STR/CASE”。

“陪伴人员”栏：“ACCSTR/CASE”。

“免费行李额”栏：“60KGS”。

除这些外，其余各栏与一般的客票填写规定相同。

五、轮椅旅客的运输

轮椅旅客是相对常见的病残旅客。在航空运输中，按照行动能力的不同，轮椅旅客一般分为以下三种类型：

（1）客舱轮椅旅客，服务代码为 WCHC（C：Cabin，客舱），不能自行上下，自己不能走到座位上去。此类旅客尽管能在座位上就座，但完全不能动弹，并且前往/离开飞机或休息室时需要轮椅。在上下客梯和进出客舱座位时需要背扶。

（2）客梯轮椅旅客，服务代码为 WCHS（S：Stairs，客梯），不能自行上下，但自己能走到座位上去。此类旅客可以自己进出客舱座位，但上下客梯时需要背扶，远距离前往或离开飞机或休息室时需要轮椅。

（3）机坪轮椅旅客，服务代码为 WCHR（R：Ramp，机坪），能自行上下，自己能走到座位上去。此类旅客能够自行上下客梯，并且在机舱内可以自己走到自己的座位上去，但远距离前往或离开飞机时，如穿越停机坪、站台或前往休息室需要轮椅。

为了不影响对其他旅客的服务质量，航空公司一般会对每个航班上接收到的各种旅客人数有一定限制，对不同的轮椅旅客也有不同的人数限制，WCHC 和/或 WCHS 最多两名，WCHR 的接收人数不限。

六、盲人旅客的运输

盲人旅客，即失明旅客，服务代码为 BLND。航空公司通常把失明旅客分为以下几类：有成人陪伴的盲人旅客、有导盲犬引路的盲人旅客和无成人陪伴的盲人旅客。

有成人陪伴的盲人旅客，航空公司一般视为正常旅客运输。

有导盲犬引路的盲人旅客可以免费携带其导盲犬进入飞机客舱，导盲犬应符合规定（免费载运），同一客舱内只能装运一只导盲犬。

无成人陪伴的盲人旅客生活能自理、上机和下机地点有人接送的方可收运。需要由地勤人员协助送到登机门，由客舱乘务员协助引导到其指定座位上，并由客舱乘务员口述相关设备的使用办法。

为了不影响航空运输服务质量，航空公司一般会限制航班上失明旅客的运输人数，通常同一航班上失明旅客或聋哑旅客不得超过两名。

七、患有传染病、精神病的旅客

患有甲类烈性传染病的旅客，严禁乘坐民航班机。

患有乙类急性传染病的旅客，可以包舱或包机旅行。

精神病严重的旅客，不予承运。

根据国家规定不能乘机的旅客，承运人有权拒绝其乘机，已购票的按自愿退票处理。

单元四　其他特殊旅客运输

一、婴儿旅客的运输

（一）婴儿购票及乘机的规定

在民航运输中，婴儿旅客的代码为 INF，一般是指旅行开始之日年龄未满 2 周岁的人。从医学角度来说，出生不超过14天的婴儿是不适合高空下飞机的客舱环境的。因此，航空公司一般都规定不得接收未满14天的新生儿乘机。

中国国内航空公司规定①：婴儿购票乘机按适用成人票价的10%计算票款，不提供单独座位，没有免费行李额，需要和其陪伴成人合用一个座位。如旅客要求婴儿单独占用座位，其应购买儿童票。每一位成年旅客携带未满2周岁的婴儿超过一名时，超过的人数，应购买儿童票，并可单独占用一个座位。

为了方便携带婴儿的旅客，航空公司一般规定可以为携带不占座位婴儿的旅客免费收运一个折叠式的轻便童车或婴儿摇篮，如果空间允许也可同意其带入客舱。

（二）婴儿旅客值机规定

航空公司及机场值机服务部门应优先安排携带婴儿的旅客办理乘机手续。在办理乘机手续时，应索取婴儿的“出生证明”以核实其年龄。应将携带婴儿的旅客安排在设有婴儿摇篮的座位，不能安排在飞机的紧急出口处。

为婴儿发无座位号的婴儿登机牌。填写舱单时，应在婴儿姓名后的备注栏内注明“INF”字样，以区别成人旅客。航班起飞后，应尽快拍发旅客服务电报给航班的经停站和到达站，告知其搭乘航班携带婴儿旅客的信息。

（三）婴儿旅客接收数量及座位安排规定

为了达到航空器安全程序要求并保证客舱服务的质量，航空公司一般对每一航班接收婴儿旅客的数量加以限制。原则上，要求每一航班接收婴儿的数量应少于该航班机型的总排数，每排旅客座位只允许安排一名婴儿，并且必须确保可以为每一名婴儿提供独立的氧气装置。当然，具体的座位安排办法因航空公司的要求不同和其机型的差异而不同。

二、儿童旅客的运输

（一）有成人陪伴儿童乘机规定

在民航运输中，儿童是指旅行开始之日年龄在2周岁（含）以上、12周岁以下的人。有成人陪伴儿童是指有家长或18周岁以上旅客同行的儿童。因为有成人陪伴儿童在民航运输的全过程中有人照料，航空公司一般将其视为一般旅客运输。

在我国，儿童一般按适用成人全价票价的50%付费购票，占有座位并享有所持客票座位等级规定的免费行李额。

（二）无成人陪伴儿童的运输

1. 无成人陪伴儿童购票及乘机的规定

无成人陪伴儿童服务代码为UM，它是航空公司最早推出的一类针对旅客需求的

---

① 《中国民用航空旅客、行李国内运输规则》（中国民用航空总局令第49号）。

个性化服务项目，旨在服务那些因工作繁忙而无法陪同子女乘坐飞机的旅客，既可以帮助他们节省时间，又可以免去其陪同子女乘机的费用。

无成人陪伴乘机儿童是指年龄在 5 周岁（含）以上、12 周岁以下的无家长或无 18 周岁以上旅客同行的儿童。年龄在 5 周岁以下的儿童，一般情况下应有成人陪伴。若其父母申请，有些航空公司也可提供为年龄在 12 周岁至 15 周岁的未成年人办理无成人陪伴服务。

需要办理无成人陪伴儿童服务的旅客，需要在购票时向航空公司提出申请，经销售部门向相关部门提出申请并确定可接收，方能答复旅客。航空公司应要求旅客承诺无成人陪伴儿童应由儿童的父母或监护人陪送到乘机地点，并在儿童的下机地点安排人员予以迎接和照料。

运输的全航程包括两个或两个以上航段时，在航班经停站，均由儿童的父母或监护人安排人员予以接送和照料，并应提供接送人的姓名和地址。如儿童父母或监护人在上述航班经停站安排人员接送有困难，而要求由航空公司或在当地雇用服务人员照料儿童，应预先提出并经航空公司同意后，方可接受运输并为其出票。航空公司出于不影响正常旅客的空中服务质量的考虑，往往会根据机型对同一航班载运的无成人陪伴儿童人数有所规定。

2. 无成人陪伴儿童值机服务流程

（1）填写运输申请书。

航空公司一般都需要旅客在办理值机手续前填写“无成人陪伴儿童运输申请书”，并承诺内容的真实性，同时为无成人陪伴儿童办理乘机所需各项手续。

（2）核查文件和标识。

航空公司应安排专门地勤人员接待无成人陪伴儿童，并为其佩戴专门使用的无成人陪伴儿童标识，确认儿童是否佩戴“无成人陪伴儿童文件袋”，仔细核对文件袋中的有关凭证资料，如客票、行李票和旅行证件，确保正确无误。检查时，若发现儿童未佩戴“无成人陪伴儿童文件袋”，应予以补发，值机员应填入有关资料，让儿童的父母或监护人确认无误后，方可为儿童佩戴。

（3）安排座位。

为无成人陪伴儿童办理乘机手续时，其座位安排应最大限度地避免影响到其他旅客的客舱服务及体验。无成人陪伴儿童座位安排原则如下：安排在便于指定的随机服务员或乘务员照料的适当位置；靠近机上厨房，最好是过道座位；若有可能，与其他旅客座位分开；若座位满座，应安排与女旅客一起的座位；不得安排在紧急出口旁的整排座位。

（4）候机及登机服务。

地勤人员引导和协助无成人陪伴儿童办理安全检查等手续，并引导其进入候机室内休息等候。在广播该航班上客后，地勤人员将无成人陪伴儿童交给指定的随机服务员或乘务员，并清楚填写“特殊服务通知单”交给客舱乘务员。最后向相关部门报告无成人陪伴儿童情况，以便于相关部门向经停站或到达站拍发有关特殊服务电报。

3. 无成人陪伴儿童经停站及到达站服务

经停站工作人员在接到前方站拍发的关于无成人陪伴儿童服务电报后，应第一时间与迎送儿童的父母或监护人或由他们所安排的人员取得联系，以保证在续程期间有人照料儿童。

对于提供的儿童所要求的服务事项，应将所需费用通知承办的售票服务处。无成人陪伴儿童到达时，应与随机服务员或客舱乘务员进行联系并提供给儿童尽可能的协助。如班机在经停站更换机组，应保证儿童的文件袋转交给下一个机组的随机服务员。

当飞机到达目的地，指定的随机服务员或客舱乘务员应将儿童和文件袋交给到达站的地勤人员。地勤人员将儿童和文件袋交给迎接的儿童父母或监护人并签字交接。如遇特殊情况与始发站联系。航空公司应全力确保将无成人陪伴儿童安全地交给迎接的儿童父母或监护人。

三、孕妇的运输

（一）孕妇购票及乘机的规定

由于大部分民航飞机在万米高空巡航飞行，飞机内氧气成分相对地面减少，气压降低，而孕妇对运输条件变化的适应能力比较弱，航空公司一般都要求孕妇在申请购票时满足以下运输条件：

（1）怀孕 32 周或不足 32 周的孕妇乘机，除医生诊断不适宜乘机者外，可按一般旅客运输。

（2）怀孕超过 32 周的孕妇乘机，一般不予接受，如有特殊情况，怀孕超过 32 周、不足 36 周的孕妇乘机，应提供包括下列内容的医生诊断证明：旅客姓名、年龄；怀孕时间；旅行的航程和日期；是否适宜乘机；在机上是否需要提供特殊照料。诊断证明书应在旅客乘机前 72 小时内填开，并经县级以上的医院盖章和该院医生签字方能生效。

（3）预产期在 4 周以内，或预产期不确定，但已知为多胎分娩或预计有分娩并发症者，不予接受运输。

如孕妇不能提供有效的医院证明，为确保孕妇及胎儿安全，航空公司不予承运。

（二）孕妇旅客值机服务流程

航空公司及机场地勤人员应在接到孕妇旅客运输电话通知后，按通知中所述旅客要求的服务事项作相应的安排。

办理乘机手续时，检查必备文件如“诊断证明书”和“特殊旅客（孕妇）乘机申请书”是否齐备和符合要求。

值机员应尽可能为孕妇旅客提供方便出入和服务的座位。

四、醉酒旅客的运输

醉酒旅客是指由于酒精、麻醉品等中毒，会给其他旅客带来不愉快或造成不良影响的旅客。航空公司一般不接受其乘坐飞机的要求。

判断旅客是否醉酒的方式如下：（1）直线行走。地面画一条6m左右的直线，让旅客在直线上行走6步，然后向后转行走6步，共2组。如果旅客脚离直线2次以上，则可判断醉酒旅客自控能力较差，暂时不宜乘机旅行。（2）原地转身。根据工作人员指令，旅客在原地向左、向右或向后转身，每组4个转身，做3～4组。如果旅客转向错误3次以上，则可判断醉酒旅客自控能力较差，暂时不宜乘机。

在始发站，承运人有权根据旅客的行为、言谈举止对旅客是否属于醉酒旅客进行判断，属于醉酒旅客的，承运人不予承运。

在旅客乘机地点，对于酒后闹事、有可能影响其他旅客旅行生活的醉酒旅客，承运人有权拒绝其登机。

若在飞行途中发现旅客处于醉态，乘务长判断其不适于旅行或妨碍其他旅客的旅行时，机长有权在飞机上采取措施，制止其行为，或令其在下一经停地点下机。

醉酒旅客被拒绝乘机时，如需退票，按自愿退票处理。

五、犯罪嫌疑人的运输

在我国，执行押解犯罪嫌疑人的任务实行“谁押解，谁负责”的原则，未采取防范措施、不能确保安全的，不准乘坐民航班机。公安机关押解犯罪嫌疑人，一般不准乘坐民航班机。确实需要乘坐民航班机押解犯罪嫌疑人的，必须报经押解单位所在地或押解出发地省、自治区、直辖市公安机关批准。

各地公安机关执行押解任务前，必须征得航班出发当地民航公安机关同意，并办理相关押解手续。从境外押解犯罪嫌疑人、偷渡人员乘坐民航班机回国的，必须经押解单位所在地省、自治区、直辖市公安机关批准后，报民航局同意，由民航局通知民航相关单位协助。押解人员在运输的全航程中，对所押解的犯罪嫌疑人负全部责任。

航空公司一般对接受运输犯罪嫌疑人是有限制条件的，每个航班可同机押解三名（含三名）以下的犯罪嫌疑人，押解警力应三倍于犯罪嫌疑人，必须落实各项安全防范措施，可以使用必要的械具，防止失控。但在任何情况下，都不得将犯罪嫌疑人铐在机舱座位或航空器内其他无生命的物体上。押解人员乘机时，不得携带武器，遵循内紧外松的原则，早上机，晚下机。重要旅客乘坐的民航航班上禁止押解犯罪嫌疑人、偷渡人员。运输犯罪嫌疑人，只限于在运输始发地申请办理订座售票手续，且仅限于乘坐经济舱。

在办理犯罪嫌疑人值机手续时，工作人员须查验旅客的押运证明，同时核查押运犯罪嫌疑人是否已向航空公司申报并获得批准。押解人员和犯罪嫌疑人必须提前登机，并安排在客舱尾部的三人座，让被押解人员坐中间座位。他们的座位不能靠近或正对任何出口，也不能在机翼上方的舷窗出口旁。到达目的地后最后下机。

在空中飞行时，要求押解人员在进入机舱前以及整个飞行途中给犯罪嫌疑人戴上手铐，并尽可能适当伪装，以免影响其他旅客。值机员应将航班有犯罪嫌疑人信息报航班乘务员，做好交接记录，并提醒机组注意，不要使犯罪嫌疑人接近可能造成危害的物品。航班起飞后，拍发电报通知各经停站和到达站。

六、遣返旅客的运输

遣返旅客是指由于违反入境国家政府或有关当局规定而被拒绝入境或命令其离境的旅客。遣返旅客包括两种：拒绝入境旅客（INAD）和离境遣返旅客（DEPORTEES）。离境遣返旅客根据是否有人陪伴分为有人押送遣返旅客（DEPA）和无人押送遣返旅客（DEPU）。

（一）拒绝入境旅客

拒绝入境旅客是指由于入境的手续不完备等原因而被入境国家政府或有关当局拒绝入境的旅客。

1. 承运人责任

根据规定，旅客应自行办妥遣返目的地国家的入境手续，除非完全由于承运人的过失或疏忽所致，承运人不负遣返责任。

多数国家政府规定，入境承运人必须将非法入境旅客载运出境。遇此情况发生，承运人应首先了解旅客被遣返的原因，及时妥善处理，如有可能，可向有关当局索取遣返出境书面命令。

2. 回程购票

若旅客已购买回程航段的客票，则不需要重新购票，且原客票的最短停留期限、票价有效期等限制全部取消，原客票适用于立即返回的运输，但在客票的“签注”栏内注明“RESTRICTIONS WAIVED DUE INAD”字样。

若旅客未购买回程客票，则入境航空公司须售予旅客返回原航程最后一个经停点或根据入境政府的要求返回其他适当的回程地点的客票，在客票的旅客姓名后注明“INAD”字样。

3. 旅程费用

遣返旅客的票款由旅客自己负担，可用未使用航段的票款抵付，也可用现金支付。

在被拒绝入境至遣返开始期间所发生的食宿、地面运输等费用由遣返旅客自行负担。如果旅客实在不能支付回程票款，而入境政府又强制遣返，旅客回程票款可由载运入境的航空公司按比例分摊垫付。

根据空运企业间的惯例，如果承运人是该遣返旅客遣返目的地的承运人，又是该旅客原入境航班的交运承运人，旅客的付款方式是运费到付，则该承运人应负责向遣返旅客收取遣返航程的票款和其他地面费用。

（二）离境遣返旅客

离境遣返旅客是指由于违反所在国家的法律而被命令离境的旅客。

离境遣返旅客的回程客票座位必须是经过证实的，若购买新客票，则由旅客自行支付票款，在旅客姓名后注明“DEPA”（有人押送）或“DEPU”（无人押送）字样。

配载人员在载重表的“REMARK”栏中注明离境遣返旅客的姓名和座位号，并在航班关闭后，立即向目的地机场拍发电报，电报内容包括旅客姓名、航班号、日期、航程、是否有人押送等。

思考练习

一、单项选择题

1. 一般情况下，需出具诊断证明书乘机的特殊旅客，其诊断证明书开具日期距离旅客航班既定起飞日期不超过（　　）天才可视为有效。

A. 2　　B. 5　　C. 7　　D. 10

2. 盲人旅客的服务代码是（　　）。

A. BLND　　B. WCHR　　C. WCHS　　D. WCHC

3. 有婴儿旅客乘机的航班，在填写舱单时，应在婴儿姓名后的备注栏内注明（　　）字样。

A. UMNR　　B. CHD　　C. INF　　D. DPL

4. 能自行上下飞机，也能自己走到座位上去的轮椅旅客的服务代码为（　　）。

A. WCHS　　B. WCHR　　C. WCHC　　D. WCHB

5. 拒绝入境旅客的服务代码是（　　）。

A. DEPA　　B. DEPU　　C. INAD　　D. DBML

二、判断题

1. 醉酒旅客被拒绝乘机时，如需退票，按自愿退票处理。（　　）

2. 怀孕不足32周的孕妇乘机，除医生诊断不适宜乘机外，可按一般旅客运输。（　　）

3. 担架旅客乘机，如果其病情不是特别严重，可不要求有医护人员或家属一起乘机。（　　）

4. 旅客在飞行途中，临时因病需多占座位时，需按实际占用座位数补收票款。（　　）

5. 重要旅客乘坐的航班上，严禁接收重病号和轮椅旅客。（　　）

三、思考题

1. 重要旅客有哪些类型？

2. 重要旅客所乘航班的载运限制有哪些？
3. 病残旅客是指哪些乘机旅客？
4. 航空公司可拒绝运输哪些旅客？
5. 担架旅客的费用如何收取？
6. 航空公司对轮椅旅客的限制数量是如何规定的？
7. 为无成人陪伴儿童安排座位应遵循哪些原则？

模块八
民航旅客安全检查

学习目标

了解民航安全技术检查工作中与旅客检查相关的各岗位职责与工作内容，熟悉旅客证件、人身、行李物品检查的程序，能够熟练地进行行李物品和人身检查。

民航安全技术检查简称安全检查，是指在民用机场实施的为防止劫（炸）飞机和其他危害航空安全事件的发生，保障旅客、机组人员和飞机安全所采取的一种强制性的技术性检查。

单元一　民航旅客证件及人身安全检查

民航旅客安全检查岗位可划分为维序岗位、前传岗位、验证岗位、人身检查岗位、开包岗位、开机岗位等。

一、维序岗位

维序岗位负责维持待检区旅客秩序；通知旅客准备好身份证件、机票、登机牌。

发现旅客随身携带的行李物品超过规定的体积、重量或件数的，应劝其到值机柜台办理托运手续，防止三超（超大、超重、超件）行李进入隔离区。

注意观察旅客动态，及时向有关岗位通报情况；依据安全检查的有关政策规定回答旅客的问题。

二、前传岗位

（一）前传岗位的工作职责和主要工作内容

（1）引导和协助旅客将手提行李、物品正确摆放在X光机传送带上，按要求调整受检行李的方向和距离，以获得较好的检查效果。

（2）提醒旅客将随身携带的金属物品放入工作台上的塑料盘内，并仔细检查有无携带、藏匿违禁物品。

（3）引导旅客有秩序地通过安全门，掌握并控制旅客通过安全门的速度，维持安全门检查处的秩序。

（4）及时向人身检查员和X光机检查员传递验证员示意的重点检查信息。

（二）前传岗位操作程序

前传岗位的工作按照迎客—前传—引导的程序进行。

1. 迎客

工作人员笑迎旅客，向旅客问好；将衣物筐放在安全门一侧的工作台上。

站立于安全门一侧，面对旅客进入通道的方向，协助旅客将手提行李有间隔、不重叠地摆在X光机传送带上。

询问和查看全部旅客：人数与登机牌数量是否相符；登机牌上是否加盖验讫章。查完后向旅客致谢。

2. 前传

当有旅客进入检查通道时，引导员提示旅客将随身行李有序地放置于X光机传送带上，同时请旅客将随身物品取出放入衣物筐内，如果旅客穿着较厚重的外套，应请其将外套脱下，一并放入衣物筐内过机检查；遇有贵重、易碎物品及时提醒开机和开包员接好。

对需要复查的行李，按开机、开包员的要求摆放在X光机传送带上进行复查。

询问旅客是否携带了笔记本电脑，如有则请旅客取出电脑及电源线放入大筐单独过机检查；对于不宜经过X光机检查的物品，从安全门一侧交予手检员，并通知开包员检查；询问旅客是否携带了烟花、鞭炮、火柴、打火机。

3. 引导

引导旅客依次通过安全门，遵循“一门一人”“人与行李同步过机检查”的放行原则。

及时收回空筐，并查看筐内有无遗漏物品。

发现进入前传区域的旅客超过3人时，提醒验证员控制旅客流速。

三、验证岗位

（一）验证岗位的职责

（1）按规定查验乘机旅客的有效身份证件、机票和登机牌是否相符，禁止无证、无票、无登机牌的旅客和无关人员进入隔离区。

（2）识别伪造、变造、涂改、冒名顶替以及其他无效证件。

（3）将旅客姓名与电脑查控系统进行比对，遇有旅客姓名与查控对象姓名相同，需进一步核实时，及时报告带班主管或经理。

（4）验证过程中，当确认旅客为在控人员时，应先不动声色地将其放入安检区，再立即报告带班主管或经理。

（5）正确清晰地在旅客登机牌上加盖验讫章，杜绝漏盖、错盖的现象。

（6）密切注意旅客动态，遇有可疑对象，及时向前传检查员传递重点检查的信息。

（7）根据X光机和安全门检查的速度，控制和掌握旅客进入安检通道的速度，提醒旅客在一米黄线外排队候检。

（8）及时报告检查中发现的其他异常情况。

（二）验证岗位工作程序

验证岗位的工作程序为：迎—点—验—刷—盖—还。

1. 迎

按所开通道拿对应编号的验讫章，不得混拿。

笑迎旅客，向旅客问好；对待检旅客说“请在黄线外排队，谢谢”。

2. 点

对同时递交多件登机牌和证件的旅客（尤其是携带儿童、婴儿的家庭旅客），接收时必须先询问、观察旅客人数（如：您好！请问一共几位?），并清点、确认登机牌、证件数量与旅客人数相符后才开始验证，防止漏验。

如发现同一人持有两张以上同一航班同名登机牌，必须报告主管核准。

3. 验

确认或提醒旅客站在柜台正前方。

查验证件真假（二代身份证可使用读卡器辨别）。

查验是否冒名顶替，要先看人后看证。注意观察持证人的外貌特征是否与证件上的照片相符，主要观察其五官的轮廓、分布，如耳朵的轮廓、大小，眼睛的距离和大小、形状，嘴唇的厚薄和形状，以及脸型轮廓，主要是颧骨及下颌骨的轮廓等。发现可疑情况，应对持证人进行仔细查问，弄清情况。

查验登机牌上的姓名是否与证件一致；查验登机牌上的日期是否为当日，若非当日登机牌则应报告主管核准。

4. 刷

刷登机牌为旅客照相，并保存旅客信息。

注意观察是否为在控人员，发现在控人员按预案程序报告，并尽快发现同行人员。

5. 盖

检查无误后，在登机牌骑缝处加盖验讫章；盖章时将验讫章放到骑缝处压下即可，不得用力敲章。

6. 还

验证完毕应复查登机牌上是否正确盖章、登机牌数量是否准确，复查完毕后双手递还旅客，并说“请拿好”或“谢谢，再见”。

如果是折叠式证件（如护照、军官证、户口本等），则将登机牌、机票夹到证件内双手递还旅客。

观察前传处旅客情况，控制前传处旅客不多于 3 人。

四、人身检查岗位

（一）人身检查岗位的工作职责和主要工作内容

（1）对通过安全门时报警或虽未报警但有疑点的旅客，使用手持金属探测器或手工人身检查的方法进行复查，排除疑点后方可放行。

（2）对经过手工人身检查仍有疑点的旅客，报告带班主管或经理，批准后将其带到安检室从严检查，并按规定做好记录，在彻底排除疑点后方可放行。

（3）熟记检查程序和重点检查部位，注意观察安全门报警信号的变化情况，防止发生漏检。

（4）发现安全门或手持金属探测器故障要及时报告带班主管或经理。

（5）从旅客身上查获违禁物品要及时报告带班主管或经理。

（6）提醒受检完的旅客取回自己的物品，防止错拿、漏拿。

（7）疏导旅客尽快离开安检现场进入候机厅。

（二）人身检查岗位操作程序

人身检查岗位的操作程序为：迎客—检查—处置—放行。

1. 迎客

所有乘机旅客都必须通过安全门检查（政府规定的免检者除外）。旅客通过安全门之前，安全门前的引导员应首先让旅客取出身上的金属物品，然后引导旅客按次序逐个通过安全门（要注意控制旅客流量）。检查员笑迎旅客，请通过安全门的旅客站到检查台上；提醒旅客看好自己的行李；询问旅客是否携带了烟花、鞭炮、火柴、打火机。

2. 检查

（1）使用手、眼和探测器三结合的方式对旅客进行全面的人身检查，做到“四到”：探到、手到、眼到、心到（感觉到）。

（2）请旅客转身时说“请转身”，对行动不便的旅客由检查员自行绕圈检查。

（3）重点部位重点检查。对腰部、脚部的检查要采用多种方式（探、提、摸、看等），对靴子、旅游鞋等较复杂、较厚实的鞋子要进行脱鞋检查；当检查到脚部有异常时，应让过检人员坐在椅子上，请其脱鞋接受检查，方法是：用手握住其脚踝判别是否藏有物品，确定其袜中是否夹带物品，检查完毕，将旅客的鞋通过X光机检查，确认无问题后放行。

（4）抽查安全门未报警的青壮年旅客和其他可疑旅客（安全非常时期实行100％检查）。

（5）对经过仪器、手工检查仍不能排除疑点的旅客，报告带班主管或经理对其实施从严检查。

3. 处置

（1）查获违禁物品按规定向旅客解释、处理，如是隐匿携带要立即报告带班主管或经理处理。

（2）旅客如有贴身携带物品，请旅客当场或到检查室取下过机或开包检查，需要掀起衣服观察的必须请旅客自己配合或允许。

（3）发现旅客身上带有枪支、爆炸物等危险物品，或遇有特殊情况时，要按照应急预案处置，并寻找同行人员及其随身物品。

（4）遇有特殊的怀疑不适宜乘机的病残旅客，应报告带班主管或经理，按照有关程序予以进一步确认再放行；遇有醉酒旅客应暂缓放行，请其退回醒酒后再过检。

4. 放行

检查排除疑点后，向旅客说“谢谢，再见”，并提醒旅客拿好自己的行李物品；及时疏导在检查现场停留的旅客。

遇到旅客抱怨，必须耐心细致地解释或道歉，严禁大声说话，严禁与旅客争吵，严禁与旅客打架。情况严重时立即报告。

（三）人身检查的重点对象和重点部位

（1）精神恐慌、言行可疑、伪装镇静者。

（2）冒充熟人、假献殷勤、接受检查过于热情者。

（3）表现不耐烦、催促检查或者言行蛮横、不愿接受检查者。

（4）窥视检查现场、探听安全检查情况等行为异常者。

（5）本次航班已开始登机、匆忙赶到安检现场者。

（6）公安部门、安全检查站掌握的嫌疑人和群众提供的有可疑言行的旅客。

（7）上级或有关部门通报的来自恐怖活动频繁的国家和地区的人员。

（8）着装与其身份不相符或不合时令者。

（9）男性中、青壮年旅客。

（10）根据空防安全形势，有必要采取特别安全措施航线的旅客。

（11）有国家保卫对象乘坐的航班的其他旅客。

（12）检查中发现的其他可疑者。

人身检查的重点部位有头部、肩胛、胸部、手部（手腕）、臀部、腋下、裆部、腰部、腹部、脚部。

（四）手工人身检查的注意事项

（1）检查时，检查员双手掌心要切实接触旅客的身体和衣服，因为手掌心面积大且触觉比较敏锐，能及时发现藏匿的物品。

（2）不可只查上半身不查下半身，特别要注意检查重点部位。

（3）对旅客从身上掏出的物品，应仔细检查，防止夹带危险物品。

（4）检查过程中要不间断地观察旅客的表情，防止发生意外。

（5）对女性旅客实施检查时，必须由女检查员进行。

（五）从严检查

对经过手工人身检查仍不能排除疑点的旅客，可带至安检室进行从严检查。实施从严检查应报告安检部门值班领导批准后才能进行。从严检查必须由同性别的两名以上检查员实施。

从严检查应做好记录，并注意监视检查对象，防止其行凶、逃跑或毁灭罪证。

单元二　民航旅客行李物品检查

依据《中华人民共和国民用航空安全保卫条例》的规定，旅客不得携带或者在行李中夹带民航禁止运输物品，不得违规携带或者在行李中夹带民航限制运输物品。民航安检部门对旅客随身携带及托运的行李物品进行安全检查，以防止旅客将违禁品带上飞机，威胁航空安全。

一、民航旅客禁止随身携带和托运的物品

（一）枪支等武器（包括主要零部件）

能够发射弹药（包括弹丸及其他物品）并造成人身严重伤害的装置或者可能被误认为是此类装置的物品，主要包括：

（1）军用枪、公务用枪，如手枪、步枪、冲锋枪、机枪、防暴枪。

（2）民用枪，如气枪、猎枪、射击运动枪、麻醉注射枪。

（3）其他枪支，包括道具枪、发令枪、钢珠枪、境外枪支以及各类非法制造的

枪支。

（4）上述物品的仿真品。

（二）爆炸或者燃烧物质和装置

能够造成人身严重伤害或者危及航空器安全的爆炸或燃烧装置（物质）或者可能被误认为是此类装置（物质）的物品，主要包括：

（1）弹药，如炸弹、手榴弹、照明弹、燃烧弹、烟幕弹、信号弹、催泪弹、毒气弹、子弹（铅弹、空包弹、教练弹）。

（2）爆破器材，如炸药、雷管、引信、起爆管、导火索、导爆索、爆破剂。

（3）烟火制品，如烟花爆竹、烟饼、黄烟、礼花弹。

（4）上述物品的仿真品。

（三）管制器具

能够造成人身伤害或者对航空安全和运输秩序构成较大危害的管制器具，主要包括：

（1）管制刀具，如匕首（带有刀柄、刀格和血槽，刀尖角度小于60°的单刃、双刃或多刃尖刀）、三棱刮刀（具有三个刀刃的机械加工用刀具）、带有自锁装置的弹簧刀或跳刀（刀身展开或弹出后，可被刀柄内的弹簧或卡锁固定自锁的折叠刀具）、其他相类似的三棱尖刀（刀尖角度小于60°、刀身长度超过150mm的各类单刃、双刃、多刃刀具）以及其他刀尖角度大于60°、刀身长度超过220mm的各类单刃、双刃、多刃刀具。

（2）军警械具，如警棍、警用电击器、军用或警用的匕首、手铐、拇指铐、脚镣、催泪喷射器。

（3）其他属于国家规定的管制器具，如弩。

（四）危险物品

能够造成人身伤害或者对航空安全和运输秩序构成较大危害的危险物品，主要包括：

（1）压缩气体和液化气体，如氢气、甲烷、乙烷、丁烷、天然气、乙烯、丙烯、乙炔（溶于介质的）、一氧化碳、液化石油气、氟利昂、氧气、一氧化氮、水煤气、打火机燃料及打火机用液化气体。

（2）自燃物品，如黄磷、白磷、硝化纤维（含胶片）、油纸及其制品。

（3）遇湿易燃物品，如钾、钠、锂、碳化钙（电石）、镁铝粉。

（4）易燃液体，如汽油、煤油、柴油、苯、乙醇（酒精）、丙酮、乙醚、油漆、稀料、松香油及含易燃溶剂制品。

（5）易燃固体，如红磷、闪光粉、固体酒精、赛璐珞、发泡剂。

（6）氧化剂和有机过氧化物，如高锰酸钾、氯酸钾、过氧化钠、过氧化钾、过氧化铅、过氧乙酸、过氧化氢。

(7) 毒害品，如氰化物、砒霜、剧毒农药等剧毒化学品。

(8) 腐蚀性物品，如硫酸、盐酸、硝酸、氢氧化钠、氢氧化钾、汞（水银）。

(9) 放射性物品，如放射性同位素。

(五) 其他物品

其他能够造成人身伤害或者对航空安全和运输秩序构成较大危害的物品，主要包括：

(1) 传染病病原体，如乙肝病毒、炭疽杆菌、结核分枝杆菌、艾滋病病毒。

(2) 火种（包括各类点火装置），如打火机、火柴、点烟器、铁棒（打火石）。

(3) 额定能量超过 160Wh 的充电宝、锂电池（电动轮椅使用的锂电池另有规定）。

(4) 酒精体积百分含量大于 70%的酒精饮料。

(5) 强磁化物、有强烈刺激性气味或者容易引起旅客恐慌情绪的物品以及不能判明性质可能具有危险性的物品。

(6) 国家法律、行政法规、规章规定的其他禁止运输的物品。

二、民航旅客限制随身携带或托运的物品

(一) 禁止随身携带但可以作为行李托运的物品

1. 锐器

该类物品是指带有锋利边缘或者锐利尖端，由金属或其他材料制成，强度足以造成人身严重伤害的器械，主要包括：

(1) 日用刀具（刀刃长度大于 6cm），如菜刀、水果刀、剪刀、裁纸刀。

(2) 专业刀具（刀刃长度不限），如手术刀、屠宰刀、雕刻刀、刨刀、铣刀。

(3) 用作武术文艺表演的刀、矛、剑、戟等。

2. 钝器

该类物品是指不带有锋利边缘或者锐利尖端，由金属或其他材料制成，强度足以造成人身严重伤害的器械，主要包括：棍棒（含伸缩棍、双节棍）、棒球棒、桌球杆、板球拍、曲棍球杆、高尔夫球杆、登山杖、滑雪杖、指节铜套（手钉）。

3. 其他

其他能够造成人身伤害或者对航空安全和运输秩序构成较大危害的物品，主要包括：

(1) 工具，如钻机（含钻头）、凿、锥、锯、螺栓枪、射钉枪、螺丝刀、撬棍、锤、钳、焊枪、扳手、斧头、短柄小斧（太平斧）、游标卡尺、冰镐、碎冰锥。

(2) 其他物品，如飞镖、弹弓、弓、箭、蜂鸣自卫器以及不在国家规定管制范围

内的电击器、梅斯气体、催泪瓦斯、胡椒辣椒喷剂、酸性喷雾剂、驱除动物喷剂等。

（二）随身携带或者作为行李托运有限定条件的物品

1. 随身携带有限定条件但可以作为行李托运的物品

（1）旅客乘坐国际、地区航班时，液态物品应当盛放在单体容器容积不超过100mL的容器内随身携带，与此同时盛放液态物品的容器应置于最大容积不超过1L、可重新封口的透明塑料袋中，每名旅客每次仅允许携带一个透明塑料袋，超出部分应作为行李托运。

（2）旅客乘坐国内航班时，液态物品禁止随身携带（航空旅行途中自用的化妆品、牙膏及剃须膏除外）。航空旅行途中自用的化妆品必须同时满足三个条件（每种限带一件、盛放在单体容器容积不超过100mL的容器内、接受开瓶检查）方可随身携带，牙膏及剃须膏每种限带一件且不得超过100g（mL）。

旅客在同一机场控制区内由国际、地区航班转乘国内航班时，其随身携带入境的免税液态物品必须同时满足三个条件（出示购物凭证、置于已封口且完好无损的透明塑料袋中、经安全检查确认）方可随身携带，如果在转乘国内航班过程中离开机场控制区则必须将随身携带入境的免税液态物品作为行李托运。

（3）婴儿航空旅行途中必需的液态乳制品、糖尿病或者其他疾病患者航空旅行途中必需的液态药品，经安全检查确认后方可随身携带。

（4）旅客在机场控制区、航空器内购买或者取得的液态物品，在离开机场控制区之前可以随身携带。

2. 禁止随身携带且作为行李托运有限定条件的物品

酒精饮料禁止随身携带，作为行李托运时有以下限定条件：

（1）标识全面清晰且置于零售包装内，每个容器容积不得超过5L。

（2）酒精的体积百分含量小于或等于24%时，托运数量不受限制。

（3）酒精的体积百分含量大于24%、小于或等于70%时，每位旅客托运数量不超过5L。

3. 禁止作为行李托运且随身携带有限定条件的物品

充电宝、锂电池禁止作为行李托运，随身携带时有以下限定条件（电动轮椅使用的锂电池另有规定）：

（1）标识全面清晰，额定能量小于或等于100Wh。

（2）当额定能量大于100Wh、小于或等于160Wh时，必须经航空公司批准，且每人限带两块。

（3）国家法律、行政法规、规章规定的其他限制运输的物品。

三、民航旅客行李物品的开机检查

公共航空运输企业、民用运输机场管理机构应当通过多种方式公示《民航旅客禁止随身携带和托运物品目录》和《民航旅客限制随身携带或托运物品目录》，并在旅客购票、办理乘机手续、安全检查时履行告知义务。旅客应当接受并配合民用航空安全检查。对旅客的行李物品检查包括仪器（X光机）检查和手工检查两个部分。

（一）旅客检查开机岗位的工作职责和主要工作内容

（1）根据X光机检查员的指令，准确掌握可疑物品在箱（包）中的位置，按规定程序进行开箱（包）检查，排除疑点或取出违禁物品，防止漏查。

（2）对查出的违禁物品，根据其种类和数量，按规定要求旅客托运、退回或为其办理暂存、移交手续。

（3）对有违禁物品的行李，经手工检查取出后，再经X光机复查。

（4）协助旅客整理好行李，并提醒旅客拿好自己的行李物品，防止错拿、漏拿。

（5）疏导受检完的旅客离开安检现场进入候机隔离区。

（6）发现危险物品立即报告带班主管或经理，通知其他检查员，并迅速将其转移到安全地带。

（二）行李检查开机岗位的工作职责和主要工作内容

（1）对旅客托运的行李物品进行X光机透视检查，确保其安全性。

（2）熟练掌握X光机的工作原理和检查要点。

（3）按规程正确操作X光机，集中精力，认真观察荧光屏图像变化情况，正确判断物品种类。

（4）对图像分辨不清或有疑点的行李、物品，立即通知开箱（包）检查员进行手工开箱（包）检查并告知可疑物品在箱（包）中的位置。

（5）爱护仪器设备，做好仪器外部的清洁工作，不随意拆卸仪器设备。

（6）如发现仪器故障，要立即切断电源，停止检查行李，并报告值班领导通知设备维修人员维修。

（三）开机检查岗位操作程序

行李开机检查岗位的操作程序为“检查—开包—放行”。

1. 检查

（1）按正确方法操作X光机，充分运用双视角X光机的技术功能，进行双图相结合判读。

（2）集中精力认真判读X光机图像，注意“横看、竖找、最后别忘边角”，熟练运用各种功能键进行检查。

（3）图像模糊不清、无法判断物品性质时，要求开包员将行李更换角度、重新过机检查。

（4）在箱包内疑有枪支、爆炸物等危险品的特殊情况下，要迅速控制箱包，做到人、物分离，寻找确认物主及其同行人员，予以必要的控制。

（5）对笔记本电脑必须要求开包员将电脑与箱包分开过机检查。

2. 开包

（1）发现需要开包检查的行李时，先将行李控制，再将需要开包检查的物品及所在位置准确无误地通知开包员。

（2）对开包员检查结果进行复核，并监督开包员按规定妥善处理查获的违禁物品。

（3）要求开包员对开检的行李重新过机检查。

3. 放行

彻底排除疑点后示意开包员放行；及时疏导在检查现场停留的旅客。

（四）X 光机检查的操作要点

仪器检查即使用 X 光机对旅客的行李物品进行检查。X 光机检查是利用 X 射线的穿透性，由射线发生器产生一束扇形射线对被检物品进行扫描。旅客将被检行李物品放到传送带上，X 射线穿过传送带上移动的行李，由于 X 射线对不同物质的穿透力不同，因此发生的衰减也不同，探测器接收到经过衰减的 X 射线信号，通过信号处理，将其转变为图像显示出来。

1. 识别图像的方法

X 光机操作员在识别一幅 X 光机图像时应做到：

（1）从图像中间向周围进行识别。

（2）按照图像颜色的不同来进行识别。

（3）按照图像所呈现的层次来进行识别。

（4）结合图像识别方法来辅助进行识别。

2. X 光机图像识别的重点

（1）X 光机图像模糊不清，无法判断物品性质的，应调整箱包角度重新通过 X 光机检查。

（2）X 光机图像内发现疑似有电池、导线、钟表、粉末状物、块状物、液体状物、枪弹状物及其他可疑物品的，应采用重点分析、综合分析等方法。

（3）X 光机图像内发现有容器、仪表、瓷器等物品的，应在利用功能键帮助分析的情况下进一步识别，如仍不能确定性质，应开箱（包）检查。

（4）X 光机图像内含有照相机、摄像机及笔记本电脑等物品的，应仔细分析内部结构是否存在异常，如存在异常或不能判明性质的物质，应开箱（包）检查。

（5）如遇旅客声明行李内有不能用 X 光机检查的物品，应按相应规定或具体情况处理，在了解情况后，如可以采用 X 光机进行检查，应仔细分析物品的内部结构是否存在异常。

四、民航旅客行李物品的开箱（包）检查

对于通过仪器检查不能确认内容物或不能判明性质的行李物品，需要进行开箱（包）检查。

（一）开箱（包）检查岗位的工作职责和主要工作内容

（1）根据X光机检查员的指令，准确掌握可疑物品在箱（包）中的位置，按规定程序进行开箱（包）检查，排除疑点或取出违禁物品，防止漏查。

（2）对查出的违禁物品，根据其种类和数量，按规定要求旅客托运、退回或为其办理暂存移交手续。

（3）对有违禁物品的行李，经手工检查取出后，再经X光机复查。

（4）协助旅客整理好行李，并提醒旅客拿好自己的行李物品，防止错拿、漏拿。

（5）疏导受检完的旅客离开安检现场进入候机隔离区。

（6）发现危险物品立即报告带班主管或经理，通知其他检查员，并迅速将其转移到安全地带。

（二）开箱（包）检查岗位操作程序

开箱（包）检查岗位的操作按照“定位—开检—复检—观察”的程序进行。

1. 定位

根据开机员指示，观察显示器图像，对需开检物品进行定位；寻找并对物主进行定位，提醒其拿好全部行李物品，将其引导到开包检查台。

2. 开检

（1）将需要开检的行李放在检查台上，说“对不起，这个包需要打开检查”，并请旅客将行李封口打开（如箱包内有疑似枪支、爆炸物等危险品，须由开包员控制箱包，并做到人、物分离）。

（2）对箱包进行针对性检查，已查和未查物品要按类别分开，放置要整齐有序（取出物品较多时应使用物品筐），同时，询问旅客包内是否有烟花、鞭炮、火柴、打火机。

（3）手提电脑必须与箱包分开过机检查，并请旅客将手提电脑打开，观察前后左右尤其是显示器与键盘中间有无夹带违禁物品。

（4）检查出的物品提交给开机员复核，如为安全物品则交还旅客，如为违禁物品则按规定向旅客做好解释，妥善处理。

3. 复检

将已检的行李重新过机复检；检查完毕说“谢谢”，并协助旅客将行李整齐复原。提醒旅客拿好已检的行李物品到候机隔离区休息。

引导需要办理托运的旅客出隔离区。

4. 观察

观察整个通道的检查节奏与秩序，监督各岗位人员的检查情况，发现拥挤和异常情况立即提醒有关岗位人员注意控制、修正，或报告带班主管或经理采取措施；及时疏导在检查现场停留的旅客。

（三）开箱（包）检查的程序

（1）观察外层。查看箱（包）的外形，检查外包小口袋及有拉链的外夹层。

（2）检查内层和夹层。用手沿行李包的各个侧面上下摸查，将所有的夹层、底层和内层检查一遍。

（3）检查包内物品。按X光机操作员所指的重点部位和物品进行检查。在没有具体目标的情况下应一件一件地检查。已查和未查的物品要分开，放置要整齐有序。如包内有枪支等物品，应先将其取出保管好，及时进行处理，然后再仔细检查其他物品。要对物主采取看护措施。

（4）善后处理。检查后如有问题应及时报告领导，或交公安机关处理。没有发现问题的应协助旅客将物品放回包内，对旅客的合作表示感谢。

（四）开箱（包）检查的方法

开箱（包）检查一般是通过人的眼、耳、鼻、舌、手等感官进行检查，对不同的物品采取相应的检查方法。检查方法主要有以下几种：看、听、摸、拆、掂、捏、嗅、探、摇、烧、敲、开等。

（1）看：对物品的外表进行观察，看是否有异常、包袋是否有变动等。

（2）听：对录音机、收音机等音响器材，通过听的方法判断其是否正常。此法也可以用于对被怀疑有定时爆炸装置的物品进行检查。

（3）摸：直接用手的触觉来判断是否藏有异常或危险物品。

（4）拆：对被怀疑的物品，通过拆开包装或外壳，检查其内部有无藏匿危险物品。

（5）掂：对被检查的物品用手掂其重量，看其重量与正常的物品是否相符，从而确定是否进一步进行检查。

（6）捏：主要用于对软包装且体积较小的物品，如洗发液、香烟等物品的检查，靠手感来判断有无异常物。

（7）嗅：对被怀疑的物品，主要是爆炸物、化工挥发性物品，通过鼻子的嗅闻，判断其性质。基本动作应注意使用“扇闻”的方法。

（8）探：对有疑问的物品，如花盆，盛有物品的坛、罐等，如无法透视，也不能用探测器检查，可用探针进行探查，判断有无异物。

（9）摇：对有疑问的物品，如用容器盛装的液体，佛像、香炉等中间可能是空心的物品，可以用摇晃的方法进行检查。

(10) 烧：对有疑问的某些物品，如液体、粉末状、结晶状等物品，可取少许用纸包裹，然后用火点燃纸张，根据物品的燃烧程度、状态等判断其是否是易燃易爆物品。

(11) 敲：对某些不易打开的物品，如拐杖、石膏等，用手敲击，听其声音是否正常。

(12) 开：通过开启关闭开关，检查手提电话、传呼机等电器是否正常，防止其被改装为爆炸物。

以上方法不一定单独使用，常常是几种方法结合起来，以便更准确、快速地进行检查。

(五) 开箱（包）检查操作要点

(1) 开包员站立在X光机行李传送带出口处疏导箱包，避免过检箱包被挤、压、摔倒。

(2) 当有箱包需要开检时，开机员给开包员以语言提示，待物主到达前，开包员控制需开检的箱包；物主到达后，开包员请物主自行打开箱包，对箱包实施检查。在箱包内疑有枪支、爆炸物等危险品的特殊情况下须由开包员控制箱包，并做到人物分离。

(3) 开包检查时，开启的箱包应侧对物主，使其能通视自己的物品。

(4) 根据开机员的提示对箱包进行有针对性的检查。已查和未查的物品要分开，放置要整齐有序。检查包的外层时应注意检查其外部小口袋及有拉锁的外夹层。检查包的内层和夹层时应用手沿包的各个侧面上下摸查，将所有的夹层、底层和内层小口袋完整、认真地检查一遍。

(5) 检查过程中，开包员应根据物品种类采取相应的方法（看、听、摸、拆、掂、捏、嗅、探、摇、烧、敲、开）进行检查。

(6) 开包员将检查出的物品请开机员复核：若属安全物品则交还旅客本人或将物品放回旅客箱包，协助旅客将箱包恢复原状，然后对箱包进行X光机复检；若为违禁品则交移交台处理。

(7) 若过检人员申明携带的物品不宜接受公开开包检查，开包员应交值班领导处理。

(8) 遇有过检人员携带胶片、计算机软盘等不愿接受通过X光机检查时，应进行手工检查。

(六) 开箱（包）检查的重点物品

(1) 用X光机检查时，图像模糊不清无法判断物品性质的。

(2) 用X光机检查时，发现似有电池、导线、钟表、粉末状物、液体状物、枪弹状物及其他可疑物品的。

(3) X光机图像中显示有容器、仪表、瓷器等物品的。

（4）照相机、收音机、录音录像机及电子计算机等电器。

（5）携带者特别小心或时刻不离身的物品。

（6）乘机者携带的物品与其职业、事由和季节不相适应的。

（7）携带者声称是帮他人携带或来历不明的物品。

（8）旅客声明不能用 X 光机检查的物品。

（9）现场表现异常的旅客或群众揭发的嫌疑分子所携带的物品。

（10）公安部门通报的嫌疑分子或查控人员所携带的物品。

（11）旅客携带的密码箱（包）进入检查区域发生报警的。

（七）开箱（包）检查的要求及注意事项

（1）开箱（包）检查时，物主必须在场，并请物主将箱（包）打开。

（2）检查时要认真细心，特别要注意重点部位如箱（包）的底部、角部、外侧小兜，并注意发现有无夹层。

（3）没有进行托运行李流程改造的要加强监控措施，防止已查验的行李箱（包）与未经安全检查的行李箱调换或夹塞违禁（危险）物品。

（4）对旅客的物品要轻拿轻放，如有损坏，应照价赔偿。检查完毕，应尽量按原样放好。

（5）开箱（包）检查发现危害大的违禁物品时，应采取措施控制住携带者，防止其逃离现场，并将箱（包）重新经 X 光机检查，以查清是否藏有其他危险物品，必要时将其带入检查室彻底清查。

（6）若旅客申明所携带物品不宜接受公开检查，安检部门可根据实际情况，避免在公开场合检查。

（7）开箱（包）的行李必须再次经过 X 光机检查。

五、对开箱（包）检查中危险品、违禁品的处理

《民航旅客限制随身携带或托运物品目录》中禁止随身携带但可以托运的物品，旅客可将其作为行李托运、自行处置或者暂存处理；属于经公共航空运输企业批准后才能作为随身行李物品或者托运行李运输的特殊物品，公共航空运输企业应当向旅客通告特殊物品目录及批准程序，并与民用航空安全检查机构明确特殊物品批准和信息传递程序。

（1）对查出非管制刀具的处理。刃长超过 6cm 的非管制刀具不准随身携带，可准予托运。国际航班如有特殊要求，经民航主管部门批准，可按其要求进行处理。

（2）对查出的走私物品、淫秽物品、毒品、赌具、伪钞、反动宣传品等的处理。对检查中发现走私物品的，移交海关处理。对查出的淫秽物品、毒品、赌具、伪钞、反动宣传品等，应做好登记并将人和物移交机场公安机关依法处理。

（3）对携带含有易燃物质的日常生活用品的处理。对含有易燃物质的日常生活用

品，实行限量携带。具体品名、数量见《民航旅客限制随身携带或托运物品目录》。对医护人员携带的抢救危重病人所必需的氧气袋等凭医院的证明可予以检查放行。

六、暂存、移交的办理

当检查员将旅客及其物品带至移交台后，移交员根据相关规定为旅客不能随身带上飞机的物品办理暂存、移交手续。

（一）属于暂存、移交范围的物品

（1）禁止旅客随身携带或者托运的物品。

勤务中查获的枪支、弹药、警（军）械具类、爆炸物品类、管制刀具、易燃易爆物品、毒害品、腐蚀性物品、放射性物品、其他危害飞行安全的物品等国家法律法规禁止携带的物品移交机场公安机关处理，并做违禁物品登记。

对于旅客携带的少量医用酒精，移交员可请旅客将酒精交给送行人带回或自行处理。如果旅客提出放弃，移交员将该物品归入旅客自弃物品回收箱（筐）中。

（2）禁止旅客随身携带但可作为行李托运的物品。

勤务中查获的禁止旅客随身携带但可作为行李托运的物品（如超长水果刀、大剪刀、剃刀等生活用刀，手术刀、雕刻刀等专业刀具，剑、戟等文艺表演用具，斧、凿、锥、加重或有尖的手杖等危害航空安全的锐器、钝器），移交员应告知旅客可作为行李托运或交给送行人员；如果来不及办理托运，可为其办理暂存手续。

办理暂存手续时，移交员要向旅客告知暂存期限为 30 天，如果超过 30 天无人认领，将不再为其保存。

移交员填写“暂存物品登记表”，开具暂存物品收据。收据一式三联，一联留存，一联交旅客，一联订（粘）在“暂存物品袋”上。

国际航班的移交员还可根据航空公司的要求为旅客办理移交机组手续。填写“换取物品单据”，并告知旅客下飞机时凭此单据向机组索要物品。“换取物品单据”一式三联，一联留存，一联交给旅客，一联贴于“移交袋”上，如果移交袋不能容纳该物品，可贴在被移交物品外包装上。

如果旅客提出放弃该物品，移交员将该物品放入旅客自弃物品回收箱（筐）中。

（3）旅客限量随身携带的生活用品。

勤务中查获的可限量随身携带的生活用品（如摩丝、香水、杀虫剂、空气清新剂等），移交员可请旅客将超量部分送交送行友人带回或自行处理。对于携带的酒类物品，移交员可建议旅客交送行友人带回、办理托运或捐献。如果旅客提出放弃该物品，移交员将该物品放入旅客自弃物品回收箱（筐）中。

（4）勤务中查获的毒品、文物、国家保护动物、走私物品等移交机场公安机关处理。对于国际（地区）出港航班旅客，应交海关或检疫部门处理。

（5）对于旅客（工作人员）丢失的物品：由捡拾人与移交员共同对捡拾物品进行

清点、登记。捡拾物品在当日未被旅客取走的，则上交机场派出所失物招领处，并取回公安机关开具的回执。

（二）暂存、移交物品的处理程序

1. 上交物品

每天在勤务结束后，移交员将暂存物品、旅客自弃物品及“暂存物品登记表”上交值班员兼信息统计员。

2. 签收、登记物品

值班员兼信息统计员负责对移交员上交来的暂存物品进行清点、签收，并保留“暂存物品登记表”，将暂存物品按日期分门别类放置在相应的柜层中，以备以后旅客提取暂存物品时方便查找；收存旅客自弃物品。

3. 暂存物品的领取及收存

旅客凭“暂存物品收据”在30日内领取暂存物品。物品保管员根据“暂存物品收据”上的日期、序列号找到旅客的暂存物品，经确认无误后返还领取人。物品保管员将旅客手中的“暂存物品收据”收回。

对于30天内无人认领的暂存物品将其统一收存，再延长7天存放期，7天后若仍无人认领则视同无人认领物品上交处理。对于已经返还的暂存物品，则在暂存物品登记表上注销，并将暂存物品登记表同无人认领物品一并上交。

旅客自弃的物品定期回收处理。

七、常见物品的检查方法

（一）仪器、仪表的检查方法

对仪器、仪表通常进行X光机透视检查，如X光机透视不清，又有怀疑，可用看、掂、探、拆等方法检查。

看仪器、仪表的外部螺丝是否有动过的痕迹；对家用电表、水表等可掂其重量来判断；对特别可疑的仪器、仪表可以拆开检查，看里面是否藏有违禁物品。

（二）各种容器的检查方法

对容器进行检查时，可取出容器内的东西，采取敲击、测量的方法，听其发出的声音，分辨有无夹层，并测出容器的外高与内深，看外径与内径的比差是否相符。

如不能取出里面的东西，则可采用探针检查方法。

（三）各种文物、工艺品的检查方法

一般采用摇晃、敲击、听等方法进行检查，摇动或敲击时，听其有无杂音或异物晃动声。

（四）容器中液体的检查方法

对液体的检查一般可采用看、摇、嗅、试烧的方法进行。看容器、瓶子是否为原始包装封口；摇液体有无泡沫（易燃液体经摇动一般产生泡沫且泡沫消失快）；嗅闻液体气味是否异常（酒的气味香浓，汽油、酒精、香蕉水的气味刺激性大）；对不能判别性质的液体可取少量进行试烧，但要注意安全。

（五）骨灰盒等特殊物品的检查方法

对旅客携带的骨灰盒、神龛、神像等特殊物品，如 X 光机检查发现有异常物品，可征得旅客同意后再进行手工检查；在旅客不愿意通过 X 光机检查时，可采用手工检查。

（六）衣物的检查方法

衣服的衣领、垫肩、袖口、兜部、裤腿等部位容易暗藏武器、管制刀具、爆炸物和其他违禁物品，因此，在安全检查中，对旅客行李物品箱（包）中的可疑衣物要用摸、捏、掂等方式进行检查。

对冬装及皮衣、皮裤更要仔细检查。看是否有夹层；捏是否暗藏有异常物品，衣领处能暗藏一些软质的爆炸物品；掂重量是否正常。对衣物检查时应用手掌心进行摸、按、压，因为手掌心的接触面积大且敏感，容易查出藏匿在衣物中的危险品。

（七）皮带（女士束腰带）的检查方法

对皮带（女士束腰带）进行检查时，看边缘缝合处有无再加工的痕迹，摸带圈内是否有夹层。

（八）书籍的检查方法

书籍容易被人忽视，厚的书或者捆绑在一起的书可能被挖空，暗藏武器、管制刀具、爆炸物和其他违禁物品。检查时，应将书打开翻阅，看书中是否有上述物品。

（九）笔的检查方法

看笔的外观是否有异常，掂其重量是否与正常相符，按下笔身的开关或打开笔身查看是否改装成笔刀或笔枪。

（十）雨伞的检查方法

雨伞的结构很特殊，往往被劫机分子利用，在其伞骨、伞柄中藏匿武器、匕首等危险物品以混过安全检查。在检查中，可用捏、摸、掂甚至打开的方法进行检查，要特别注意对折叠伞的检查。

（十一）手杖的检查方法

注意对手杖进行敲击，听其发声是否正常，认真查看外观是否被改成拐杖刀或拐杖枪。

（十二）玩具的检查方法

小朋友携带的玩具也有可能暗藏匕首、刀具和爆炸装置。对毛绒玩具进行检查时，通常要看其外观，用手摸查有无异物；对电动玩具进行检查时，可通电或打开电池开关进行检查；对有遥控设施的玩具进行检查时，看其表面是否有动过的痕迹，摇晃是否有不正常的声音，掂其重量是否正常，拆开遥控器检查电池，看是否暗藏危险品。

（十三）整条香烟的检查方法

整条香烟、烟盒和其他烟叶容器一般都是轻质物品，主要通过看其包装是否有被重新包装的痕迹和掂其重量（每条香烟重量约为 300 克）来判断，对有怀疑的要打开包装检查。

（十四）摄像机、照相机的检查方法

对一般类型的摄像机，可首先检查其外观是否正常，有无可疑部件，有无拆卸过的痕迹，重点检查带匣、电池盒（外置电源）、取景窗等部分是否正常，对有怀疑的可让旅客进行操作以查明情况。

对较复杂的大型摄像机，可征得旅客的同意后进行 X 光机检查。照相机内如没有胶卷，可以询问旅客能否打开照相机；也可以掂其重量来判断，如机内装有爆炸物，其重量会不同于正常照相机。对有怀疑的照相机可以通过按快门试拍来判断。

（十五）收音机的检查方法

检查收音机时，一般要打开电池盒盖，抽出接收天线，查看其是否藏匿有违禁物品。必要时，再打开外壳检查内部。

（十六）录音机（便携式 CD 机）等的检查方法

观察是否能够正常工作，必要时打开电池盒盖和带舱，查看是否藏有危险物品。

（十七）手提电脑的检查方法

检查外观有无异常，掂其重量是否正常，可请旅客将电脑启动，查看能否正常工作。对电脑的配套设备（鼠标、稳压器等）也要进行检查。

（十八）手机的检查方法

可用看、掂、开等方法进行检查。看外观是否异常，掂其重量，如藏匿其他物品会有别于正常手机。通过打开电池盒盖和开启关闭开关来辨别。

（十九）乐器的检查方法

乐器都有发音装置。对弦乐器可采用拨（按）、听、看的方法，听其能否正常发音。对管乐器材可请旅客现场演示。

（二十）口红、香水等化妆物品的检查方法

口红等化妆品易改成微型发射器，可通过掂其重量或打开进行检查。部分香水的外部结构在 X 光机屏幕上所显示图像与微型发射器类似，在检查时观看瓶体说明并请旅客试用。

（二十一）粉末状物品的检查方法

粉末状物品性质不易确定，可取少许用纸包裹，然后用火点燃纸张，通过观察其燃烧程度来判断是否属于易燃易爆物品。

（二十二）食品的检查方法

对罐、袋装的食品的检查，掂其重量看是否与罐、袋体所标注重量相符。看其封口是否有被重新包装的痕迹。觉察该物可疑时，可请旅客自己品尝。

（二十三）小型电器的检查方法

电吹风机、电动卷发器、电动剃须刀等小型电器可通过观察外观、开启电池盒盖、现场操作的方法进行检查。对于钟表要检查表盘的时针、分针、秒针是否正常工作，拆开其电池盒盖查看是否被改装成钟控定时爆炸装置。

（二十四）鞋的检查方法

采用看、摸、捏、掂等检查方法来判断鞋中是否藏有违禁物品。看是观察鞋的外表与鞋的内层；摸是用手的触感来检查鞋的内边缘等较为隐蔽之处，检查是否异常；捏是通过手的挤压的感觉进行判断；掂是掂鞋的重量是否正常。必要时可通过 X 光机对鞋进行检查。

单元三　安检现场特殊情况处置

一、旅客不愿接受安全检查及扰乱秩序的处置

在安检现场发现有不愿接受安全检查的旅客时，应及时报安检室值班主管或经理处理。安检室值班主管或经理应礼貌耐心地向旅客讲明安检的有关法律法规，争取旅客的理解和配合。如果旅客不听解释，及时报安检中心值班领导处理。

经安检中心值班领导再次讲明有关法律法规，仍不接受者，拒绝其登机，损失自负，情节严重者交机场公安人员处理。

及时将情况通报机场公司值班领导。

处理完毕后，各级值班人员应做好记录。

二、各类特殊旅客的处置

（一）发现精神病患者的处置

在安检现场发现严重精神病患者时，安检员应立即报告安检室值班主管或经理；

安检室值班主管或经理通知承运人处理。

处理完毕后，及时报告安检中心值班领导。

（二）发现醉酒不能约束自己行为旅客的处置

在安检现场发现醉酒不能约束自己行为者，应立即上报值班室领导；值班领导立即报告候机楼派出所民警处理。

（三）发现查控对象的处置

发现查控对象时，验证人员要沉着冷静，首先应注意观察是否有同行人，不露声色地掌握查控对象特征及航班座位号，待查控对象及同行人都正常通过检查后再及时报告值班领导，对其加以控制，并立即通知候机楼派出所，将查控对象的跟踪、捉拿工作移交候机楼派出所干警。

移交时要做好登记，填写移交清单并请双方签字，现场工作恢复正常。及时将处理情况报告安检中心值班领导。处理完毕后，各级值班人员应做好详细记录。

（四）发现政法干警押解犯罪嫌疑人的处置

遇有政法干警押解犯罪嫌疑人时，安检员应立即上报室值班主管或室领导。

安检室值班主管或领导应立即了解政法干警押解犯罪嫌疑人乘坐的航班是否有国务委员、副总理以上重要旅客乘坐，如有，则该航班上严禁押运犯人，让政法干警押解犯罪嫌疑人更改乘坐的航班。如果该航班可以乘坐，安检室值班领导凭民航公安机关押解通知单，地市以上公安机关证明信和押解人员身份证、工作证件和相关法律文书，从严检查后予以放行。

政法干警可根据需要给犯罪嫌疑人戴手铐，但押解人员乘机时不得携带武器。执行押解任务要内紧外松，早上机，晚下机，避免给同机旅客造成不便。

安检室值班领导及时将情况向安检中心值班领导报告。处理完毕后，各级值班人员应做好详细记录。

（五）发现有已经安全检查的人员和未经安全检查的人员相混或接触的处置

出现这类情况时，安检部门应控制现场秩序，并组织部分安检人员对隔离区进行清场和搜查；或对相应出港旅客及其手提行李再次进行安全检查后方可登机；如已有出港旅客进入航空器，应当对该航空器客舱进行清舱。

立即报告当日值班经理和安检中心值班领导。

及时将相混人员分离并重新进行安全检查，确保安全无误。

处理完毕后，各级值班人员应做好详细记录。

（六）遇有旅客要求非公开检查时的处置

对要求在非公开场所进行安全检查的旅客，包括携带贵重物品、戴心脏起搏器的旅客和残疾人旅客，可在专门场所进行检查。检查的方式包括：

（1）对全部手提行李，轮椅、手杖等辅助工具进行手工或仪器检查。

（2）用手提金属探测器对旅客进行人身检查，如旅客戴有心脏起搏器或为残疾人，不能接受正常金属探测器检查，则用手工检查。

（3）由受过专门训练的安检人员实施检查。

（4）手工人身检查应当由与受检旅客同性别的两名以上安检人员实施。

（5）对经过手工人身检查仍有疑点的旅客，经安检值班领导批准后，可以将旅客带到安检室从严检查。

三、发生冲击安检现场的处置

遇有因航班延误、取消等原因，旅客强行冲击安检现场时：

（1）所有检查通道立即停止检查，劝阻、稳定旅客。

（2）被冲击通道的验证人员立即站在通道口劝阻冲击的旅客；前传、引导和人身检查员立即关闭通道门；维序检查员立即阻止冲击现场旅客。

（3）如有旅客已冲入隔离区，开包或人身检查员对其进行跟踪，防止其与其他旅客接触。

（4）带班主管立即报告派出所现场值勤人员，同时报告安检室值班领导。

四、发现违禁物品的处置

（一）在行李物品检查中发现枪械、弹药的处置

检查中发现枪械、弹药时，X 光机检查员应立即中止行李物品的检查，迅速控制该行李物品，交开箱（包）检查员检查并上报安检室值班主管或经理。主管应站在开箱（包）检查员的身边，协助检查。

值班领导及时将情况报告中心值班领导，中心值班领导立即到现场处理。

密切监视物主的神态及行为举止，防止其行凶。如发现其行凶，开箱（包）检查员和主管要及时将其制服。

处理完毕后，各级值班人员应做好详细记录。

（二）在安检现场出现声称携带有爆炸物者的处置

在旅客接受安全检查过程中，出现声称携带有爆炸物的，应立即将其制服，同时上报安检室值班领导，立即通知候机楼派出所民警到安检现场处理。

及时向机场公司值班领导报告详细情况。处理完毕后，各级值班人员应做好详细记录。

（三）在安检现场发现爆炸物的处置

在安检现场发现爆炸物时，禁止擅自摆弄危险物品。应立即关闭所有通道，人员撤离，疏散所有旅客到安全地带，同时上报室、中心、公司值班领导，立即通知候机

楼派出所民警到安检现场一同处理。

将危险物品妥善放置在防爆箱内，等候专人排险。

候机楼派出所民警到来后，选派人员协助公安人员控制现场，防止人员靠近爆炸物。

处理完毕后，各级值班人员应做好记录。

（四）旅客登机后声称有爆炸物的处置

接到上级通报后，迅速集合有关人员赶到现场，并及时通知备份人员赶往现场。

配合公安、机组人员对嫌疑人及其物品进行控制。

协助公安、机组人员组织所有旅客携带自己的随身行李物品迅速、有序地撤离飞机（如遇有旅客正在登机，立即停止上客）。配合公安部门进行清舱，并做好交接工作。

监护人员协助公安、警卫人员加强对飞机的警戒，严禁无关人员靠近飞机。

监护室派员对该机卸下的货物、行李进行监控，并协助有关部门做好旅客认领行李工作。

部分安检人员按上级指示协助有关部门做好其他工作。

安检室及时召集当班人员了解检查情况，为上级决策提供依据。

安检室根据上级要求组织人员，安排专门通道（可根据当时航班旅客情况选择国内通道、国际通道、贵宾通道和货运通道）对旅客、行李、货物进行二次安检，加强对各现场的组织指挥与协调，确保各项工作有序进行。

协助公安机关做好调查取证工作，收集有关情况及时上报有关部门。

五、现场发现枪械的处置

（一）发现有警卫人员携带枪支乘坐民航班机的处置

如果在检查中发现有警卫人员携带枪支，应立即报告当日值班主管，凭中共中央办公厅警卫局、公安部警卫局、中央军委办公厅警卫局、总政保卫部、大军区保卫部和省（自治区、直辖市）公安厅（局）的证明信（详列持枪人姓名、枪型、枪号、枪支和子弹数量、往返地点、有效期限）与本人的持枪证，安检核对无误后登记放行，并通报机组。

（二）发现运动枪支的处置

在安检现场发现有体育代表团需要携带运动枪支出入境，应立即报告当日值班主管，凭国务院体育行政主管部门批准的证明，国内体育代表团须同时持有当地省级公安机关出具的枪支运输许可证，安检核对无误后登记放行。

六、保密物品及人员的处置

（一）发现有机密以上重要国防军工产品及文件资料的处置

在检查中发现有机密以上重要国防军工产品及文件资料时，应立即报告当日值班主管，凭国家国防科技工业局保卫部门统一出具的免检介绍信、铅封，经机场公安机关审核后，免予安全检查。

（二）遇有中共中央台办、国务院台办接待的保密客人时的处置

在安检现场遇有中共中央台办、国务院台办接待的保密客人时，应立即报告当日值班主管，凭中共中央台办、国务院台办出具的乘机介绍信，免验其身份证件。

及时报告安检室值班经理和安检中心值班领导；处理完毕后，各级值班人员应做好详细记录。

七、发现某条通道设备不能使用的处置

在安全检查中，当某条通道检查设备不能使用时，安检员应立即报告当日值班主管或安检室值班经理。

通知安检设备维修员进行维修并查找原因，同时引导旅客由其他安检通道过检，并在其他通道各岗位增派人手，加快检查速度，确保检查质量。

如设备及时维修完好，将通道工作恢复正常；如设备故障严重，请专业人员进行维修。各级值班人员应做好详细记录。

八、在安检现场发现无人认领包裹的处置

在安检现场发现无人认领包裹时，应立即打电话通知广播室广播，并在第一时间报告候机楼派出所。

及时报告当日值班主管或值班经理。

处理完毕后，各级值班人员应做好详细记录。

思考练习

一、单项选择题

1. 在机场的旅客安检通道，发现进入前传区域的旅客超过（　　）人时，应提醒验证员控制旅客流速。

A. 2　　B. 3　　C. 4　　D. 5

2. 旅客乘坐国际、地区航班时，液态物品应当盛放在单体容器容积不超过（　　）mL的容器内随身携带。

A. 80　　B. 100　　C. 120　　D. 150

3. 充电宝、锂电池禁止作为行李托运，随身携带时有以下限定条件：标识全面清晰；额定能量小于或等于（　　）Wh。

A. 80　　B. 100　　C. 120　　D. 150

4. 办理暂存手续时，移交员要向旅客告知暂存期限为（　　）天，如果超过时间

无人认领，将不再为其保存。

A. 10　　B. 20　　C. 30　　D. 60

5. 安检人员应防止“三超”行李进入隔离区，“三超”是指超重、超大和（　　）。

A. 超限定金额　　B. 超品类　　C. 超件　　D. 超舱位等级

二、判断题

1. 在民航旅客安检工作中，旅客的头颈部是重点检查部位。（　　）

2. 在民航旅客安检工作中，男性青壮年旅客是人身检查的重点对象。（　　）

3. 民航旅客乘坐国内航班时，携带的化妆品的单体容器容积不超过100mL的可以随身携带。（　　）

4. 在民航旅客安检工作中，旅客的手提电脑必须与箱包分开过机检查。（　　）

5. 旅客携带有机密以上重要国防军工产品及文件资料时，凭国家国防科技工业局保卫部门统一出具的免检介绍信、铅封，经机场公安机关审核后，可免予安全检查。（　　）

三、思考题

1. 民航旅客安全检查可分为哪些岗位?

2. 验证岗位的工作流程是如何安排的?

3. 人身检查岗位在对旅客进行检查时，哪些部位是重点部位?应如何进行重点检查?

4. 旅客乘坐国内航班，自用化妆品需要满足哪些条件才允许随身携带?

5. 旅客乘坐民航客机，托运酒精饮料应符合哪些限定条件?

6. 安检人员对旅客的行李进行开箱（包）检查时，应使用哪些方法?

7. 安检人员开箱（包）检查的重点物品有哪些?

8. 安检人员在检查中发现旅客携带有运动枪支时应如何处置?

参考文献

[1] 陆东．民航旅客运输［M］．2版．北京：人民交通出版社，2020.

[2] 中国民用航空局职业技能鉴定指导中心．民航客运员：技能篇（技师、高级技师）［M］．北京：中国民航出版社，2015.

[3] 魏全斌．民航旅客运输［M］．北京：北京师范大学出版社，2013.

[4] 田静，游婷婷．机场旅客服务［M］．北京：中国民航出版社，2015.

[5] 赵晓硕．民航运输生产组织［M］．北京：科学出版社，2016.

[6] 郭沙，汤黎．民航旅客运输［M］．重庆：重庆大学出版社，2017.

[7] 张晓明．民航旅客运输［M］．4版．北京：旅游教育出版社，2016.

[8] 赵影．民航旅客运输［M］．2版．北京：人民交通出版社，2023.

[9] 中国航空运输协会．民航旅客地面服务：初级［M］．北京：中国民航出版社，2020.

[10] 中国航空运输协会．民航旅客地面服务：中级、高级［M］．北京：中国民航出版社，2020.

[11] 黄颖芬，朱海峰，陆叶．民航旅客地面服务［M］．北京：清华大学出版社，2024.

图书在版编目（CIP）数据

民航旅客运输 / 赵影，陈颖主编. -- 2 版. -- 北京：中国人民大学出版社，2025. 7. --（新编 21 世纪职业教育精品教材）. -- ISBN 978-7-300-34122-4

Ⅰ. F562.6

中国国家版本馆 CIP 数据核字第 2025RS5615 号

新编 21 世纪职业教育精品教材 • 民航服务类

民航旅客运输（第二版）

主　编　赵　影　陈　颖

Minhang Lüke Yunshu

出版发行	中国人民大学出版社		
社　　址	北京中关村大街 31 号	**邮政编码**	100080
电　　话	010－62511242（总编室）		010－62511770（质管部）
	010－82501766（邮购部）		010－62514148（门市部）
	010－62511173（发行公司）		010－62515275（盗版举报）
网　　址	http://www.crup.com.cn		
经　　销	新华书店		
印　　刷	北京密兴印刷有限公司	**版　　次**	2020 年 4 月第 1 版
开　　本	787 mm×1092 mm　1/16		2025 年 7 月第 2 版
印　　张	13.5	**印　　次**	2025 年 7 月第 1 次印刷
字　　数	272 000	**定　　价**	39.00 元